“十二五”国家重点图书出版规划项目
中国重大隧道及地下工程建设项目技术总结

Chuanyue Nishiliugou Cangyuan Suidao Guanjian Shigong Jishu

穿越泥石流沟仓园隧道

关键施工技术

◎ 编审 刘宏伟

人民交通出版社股份有限公司
China Communications Press Co.,Ltd.

内 容 提 要

本书主要介绍了浅埋隧道穿越泥石流沟施工技术，共13篇，分别阐述了仓园隧道工程地质概况，仓园隧道围岩力学性能和隧道稳定性的研究，穿越泥石流沟仓园隧道围岩开挖技术、初期支护及二次衬砌施工工艺、基底加固技术、超前加固技术、防排水技术、换拱技术，隧道信息化施工，隧道施工质量安全控制措施以及隧道施工中新工艺的应用。这些技术对我国的穿越泥石流沟隧道的施工有重要帮助。

本书可以作为从事隧道或隧道工程研究、施工的技术人员和从事相关技术工作的工作管理人员、高等院校师生的参考书。

图书在版编目(CIP)数据

穿越泥石流沟仓园隧道关键施工技术 / 刘宏伟编著.
-- 北京 ：人民交通出版社股份有限公司，2015.3
ISBN 978-7-114-12091-6

Ⅰ. ①穿… Ⅱ. ①刘… Ⅲ. ①泥石流-隧道施工-工程技术 Ⅳ. ①U455

中国版本图书馆CIP数据核字(2015)第039554号

书　　名：**穿越泥石流沟仓园隧道关键施工技术**
著 作 者：刘宏伟
责任编辑：王　霞　王景景
出版发行：人民交通出版社股份有限公司
地　　址：(100011)北京市朝阳区安定门外外馆斜街3号
网　　址：http://www.ccpress.com.cn
销售电话：(010)59757973
总 经 销：人民交通出版社股份有限公司发行部
经　　销：各地新华书店
印　　刷：北京鑫正大印刷有限公司
开　　本：787×1092　1/16
印　　张：14.5
字　　数：335千
版　　次：2015年5月　第1版
印　　次：2015年5月　第1次印刷
书　　号：ISBN 978-7-114-12091-6
定　　价：42.00元

编　委　会

前　言

我国是世界上隧道建设规模、数量和难度最大的国家，随着基础设施建设重心逐渐向地质条件极端复杂的西部地区和艰险山区转移，给隧道工程的建设者带来了新的挑战。

兰渝铁路途经的甘肃陇南地区属泥石流多发区，地质构造形态多样，在这些地区修建隧道不可避免的遇到穿越泥石流沟的现象。

兰渝铁路在通过甘家沟泥石流沟时确定了三个方案，一是绕行，即线路避开甘家沟泥石流沟，但是甘家沟泥石流沟南北长 11km，东西宽 6.4km，跨度较大，且甘家沟紧邻陇南武都城区，采取绕行将远离武都城区，给当地经济发展及人民生活带来不便；二是上跨，即线路在过甘家沟泥石流沟时采取桥梁上跨，但是考虑到甘家沟离陇南车站很近，采取桥梁跨越势必抬高陇南车站及临近路基填方，形成高填方，这对铁路的运营安全及防护带来隐患，同时泥石流对桥墩的冲刷随着时间的推移也会造成一定的破坏，影响桥墩的安全；三是下穿，即修建隧道下穿通过泥石流沟，此方案相对于其他两个方案来说是比较好的一个方案，既满足铁路通过武都区城区，同时也避免了高填方带来的隐患，唯一需要处理的就是甘家沟泥石流沟段需要加固，这样的好处在于既保证施工安全，也保证运营安全，是比较合理的一个方案，因此综合考虑三个方案的优缺点，最终确定了仓园隧道下穿甘家沟泥石流沟的方案。

仓园隧道整体属于黄土隧道，围岩破碎，隧道内富水，特别是在 DK378 + 380 ~ DK378 + 643 段穿越的甘家沟为泥石流沟，总长 263m。该泥石流沟规模大，在国内仅次于蒋家沟泥石流冲沟，为全国第二大泥石流沟。隧道穿越结构松散、含水率高的泥石流体，埋深最浅处仅有 15m；隧道内渗水严重，围岩整体稳定性很差。由于甘家沟泥石流爆发时规模大，爆发力强，因此在泥石流沟下方修建隧道会对隧道施工和运营造成很大安全隐患，必须采取措施对隧道所在区域的泥石流进行技术处理。根据仓园隧道泥石流沟所在地的地质特点，综合考虑开挖和运营安全，在施工泥石流沟段隧道时，采取了帷幕地表注浆加固围岩、地表铺砌止水和洞内地基树根桩加固等技术，这些技术的实施有效地解决了隧道施工中坍塌、突泥、涌水等安全风险，同时对后续隧道运营也起到了安全保障作用，最大限度地消除泥石流对于隧道的不良影响。故有必要把穿越泥石流沟隧道施工经验总结整理成册，为以后的类似工程提供借鉴。

本书第 1 章、第 13 章由刘宏伟编写，第 2 章由刘军编写，第 3 章由刘尚芳编写，第 4 章由潘建勤编写,第 5 章由白永厚编写,第 6 章由李华寅编写,第 7 章由张志广编写,第 8 章由李晓刚编写,第 9 章由闫帅编写,第 10 章由成广编写,第 11 章由林安宁编写,第 12 章由唐勇军编写。

在本书的编写和出版过程中,得到了中国地质大学(武汉)殷坤龙教授的大力支持,在此表示衷心感谢!另外,在本书的撰写过程中,王啸、代绍南、姚正源、何金星、周德军、张烨、杜涛、吴蔚等研究生协助做了大量的工作,为此书的出版付出了辛勤的劳动,在此向他们表示感谢!

由于编者学术水平有限,编写本书的过程中虽经过反复修改,也难免有错误和不足之处,希望读者批评指正。

编　者

2015 年 3 月

目　录

第1章　仓园隧道工程地质概况

1.1　项 目 背 景

仓园隧道属于中交二公局承接的“兰渝铁路 LYS-5 标段”工程项目之一。兰渝铁路位于甘肃、四川、陕西及重庆境内，北起兰州枢纽，向南经甘肃的榆中、渭源、漳县、岷县、宕昌、武都后通过陕西省边界进入四川省，经广元、苍溪、阆中、南部到达南充之后，分别经渭沱、广安接入重庆枢纽。该铁路建成后，从兰州到重庆仅需 6 ~ 8 h。兰渝铁路及仓园隧道地理位置如图 1-1所示。

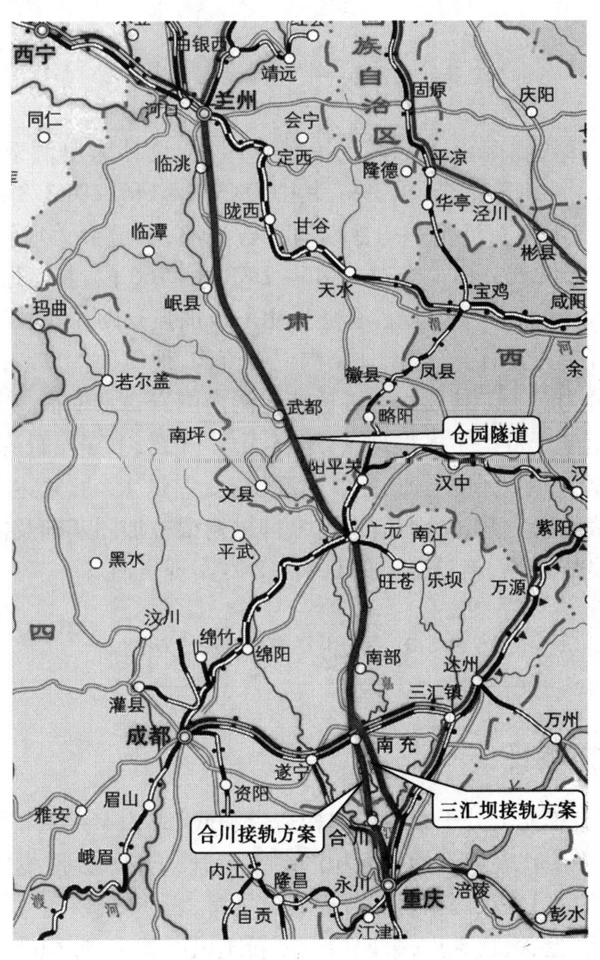

图 1-1　兰渝铁路及仓园隧道地理位置示意图

兰渝铁路首先从兰州东站这一铁路枢纽出发，经过金崖、杨家川，经过渭河，到大草滩，然后以隧道群形式穿越洮河和渭河的分水岭，穿过岷县，穿越长江与黄河的分水岭，接着线路靠山取直以隧道群方式避开甘肃定西与甘肃陇南之间存在的一系列诸如崩塌、滑坡、泥石流之类的不良地质地段，到陇南市，以29.7km长度隧道穿越西秦岭，然后穿越裕河、毛寨省级自然保护区到达四川广元，经过苍溪沿着嘉陵江东岸前进，之后通过阆中、南部、南充、武胜最后到重庆枢纽。铁路在建期间需要穿越秦岭和四川盆地。

兰渝铁路设计技术标准为国铁Ⅰ级，双线电气化铁路，重庆至广元的旅客列车设计速度为200km/h，兰州至广元设计开通速度为160km/h，预留200km/h。

兰渝铁路使西北与西南地区拥有运能大、便捷、快速且客货并重的运输通道，这条重要交通路线的建成，将大大推动区域社会经济的发展，加快全面建设小康社会的进程，加强西南与西北之间的各方面联系。若将兰渝铁路再从重庆经渝黔铁路延伸至贵阳，然后再由贵阳至广州铁路完成从兰州到广州的扩充，最终将形成一个连接西北、西南和珠三角的大动脉。从兰州到重庆，然后由渝怀铁路延长至怀化，经邵阳、衡阳、赣西，最终达到厦门，将会成为连接西部地区和海西经济区的快速便捷通道。

1.2 工程概况

仓园隧道位于甘肃省陇南市武都区汉王镇仓园村，设计为单洞双线，隧道起讫里程为DK378+146~DK378+885，隧道全长739m，其中DK378+146~DK378+178设计为明洞。

隧道下穿全国第二大泥石流沟——甘家沟泥石流沟，隧道最大埋深80m，最浅埋置深度15m，泥石流沟浅埋段总长263m。DK378+146~DK378+760段，断面加宽值为0，从DK378+760~DK378+885断面加宽值为10cm。全隧采用Ⅴ级加强衬砌，属软岩大变形隧道。

该隧道2009年开工建设，由于位于甘家沟泥石流沟，地质条件复杂，主要为泥石流堆积体及破碎质千枚岩，部分为黄土。地表水的渗透使得洞内围岩含水率很高，造成部分断面为淤泥质饱水黄土，这给隧道施工带来了多重难点：地表、山体开裂，下穿泥石流冲沟，洞身围岩破碎，自稳性差，地表水丰富、渗水严重，围岩变形速度快、变形量大（最大达1630mm）等。在施工中，施工人员采取地表帷幕注浆，洞内超前支护、仰拱树根桩加固基础及换拱等技术，使隧道顺利通过浅埋段，取得良好效果，该隧道于2011年12月实现贯通。

1.3 地质条件

1.3.1 工程地质特征

隧道区在大的构造单元上处于秦岭纬向构造带和武都“山”字形构造体系的复合部位，构造作用主要表现为自中生代晚期开始大面积的缓慢抬升，岩体受到上述构造作用及白龙江~武都区域断裂带影响，沿白龙江两岸岩体节理裂隙发育，岩体较破碎。隧道通过地层主要为第四系全新统洪积细角砾土、粗圆砾土，第四系上更新统风积黄土、冲积砂质黄土、粗圆砾土及下伏的志留系千枚岩，隧道整体围岩较差。

陇南市受西秦岭地质构造带挤压影响，中小断层非常发育，构造运动十分剧烈，形成了目前非常差的地质环境现状。志留系(S)是该地区最主要地层，以千枚岩、炭质千枚岩、板岩为主，成薄层状，炭质含量比较高，裂隙发育良好。第三系(N)为砂砾岩，主要分布于甘家沟北部。岩层钙质胶结，砾石直径10～15cm。裂隙发育良好，是该沟中泥石流巨石的主要物质来源。该岩性地段呈悬崖陡壁状，与志留系地层不整合接触。具体各地层岩性分述如下：

第四系(Q)：冲洪积堆积物(Q_4^{al+pl})为主；分布在白龙江谷地Ⅰ、Ⅱ级阶地，以砂卵砾石为主，分选良好，磨圆度较好，粒径2～10cm不等。

泥石流堆积物(Q_4^{sel})：呈扇形的形态堆积在沟口，堆积物粒度差别大，分选差，冲出物体积较大(最大直径可达8～15m)。重力堆积物(Q_4^{del})：甘家沟沟底主要由滑坡、崩塌、坍塌等外力地质作用造成的黄土性基岩等混杂堆积物组成。

残—坡积物(Q_4^{al+dl})：广泛覆盖于该地区内，厚度较薄，小于5m，很多地区小于1m，残—坡积物岩性与母岩相同，碎屑物粒度由于岩石坚硬程度不同而有差别，千枚岩、板岩基本呈粉末状。

中—上更新统黄土(Q_{2-3}^{eol})：岩性为粉质亚黏土，有钙质结核，裂隙发育良好。仓园隧道泥石流沟纵断面如图1-2所示。

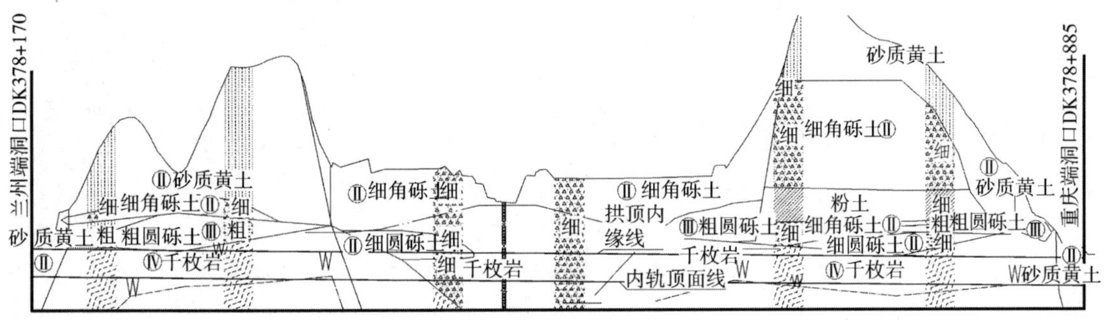

图1-2 仓园隧道泥石流沟纵断面

1.3.2 水文地质特征

隧道所处甘家沟内有少量地表流水，平时流量较小，雨季有大的洪流。根据设计院钻孔提水试验成果，依据《铁路工程地质勘察规范》(TB 10012—2007)中环境水、土对混凝土侵蚀性的判定标准，隧道通过地段的地下水对混凝土具硫酸盐侵蚀作用，环境作用等级为H3。根据常规物探分析，甘家沟内洪积细角砾土内呈富水状。预测隧道通过甘家沟泥石流沟最大总涌水量3219m^3/d，且受季节降水的影响，涌水量变化较大。

1.3.3 不良地质

隧道在DK378+380～DK378+643穿越的甘家沟为泥石流冲沟，总长263m。该泥石流沟规模大，主要地质为圆砾土、角砾土和千枚岩，隧道在甘家沟埋深最浅处仅有15m。

1.3.4 地震烈度

根据1/400万《中国地震动参数区划图》(GB 18306—2001)，该区地震动峰值加速度0.30g

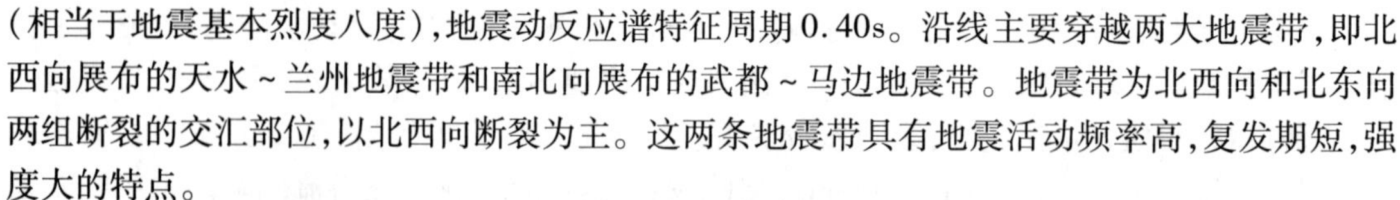

（相当于地震基本烈度八度），地震动反应谱特征周期0.40s。沿线主要穿越两大地震带，即北西向展布的天水～兰州地震带和南北向展布的武都～马边地震带。地震带为北西向和北东向两组断裂的交汇部位，以北西向断裂为主。这两条地震带具有地震活动频率高，复发期短，强度大的特点。

1.3.5　气候条件

仓园隧道位于甘肃省东南部，属北亚热带湿润向暖温半湿润过渡的季风气候，受境内高山深谷地形的影响，在气候上有明显的区域特征，气候差异悬殊，垂直分带的差异性明显，河谷炎热，山地寒冷。年平均气温14.6℃，最高温度38.6℃，最低温度－8.6℃；年平均降雨量471.9mm，相对湿度58％。

第2章 穿越泥石流沟仓园隧道围岩力学性能试验

2.1 引言

隧道工程建设中,岩土的力学试验是非常重要的,试验所反映的岩土体物理力学性质,是影响隧道工程设计、施工、安全、造价的重要因素。

围岩力学参数是隧道变形和稳定研究中的关键问题之一,在隧道稳定分析中,岩体力学参数取值一直都是相关技术人员所关心的重点,如何相对合理地估计岩体力学参数,对于隧道工程的设计和施工,以及准确地估计隧道的变形和稳定十分重要。岩体力学参数取值的准确与否直接影响到隧道工程的安全性和经济性。

岩土力学试验的主要内容包括岩土力学性质、岩土的物理力学性质试验,地应力测试和结构面力学性质试验等。岩土力学性质和变形特性等对隧道的设计和施工质量影响很大,本章就仓园隧道围岩的岩体物理性质和岩体力学性质进行测试,从测试结果分析该段围岩体的受力特征,为隧道衬砌与土体耦合作用的研究和采取可靠的、有效的施工措施提供依据。所有的试验均按照《铁路工程土工试验规程》(TB 10102—2010)要求进行测试。

隧道施工过程中,由于工程荷载(如开挖、爆破等)的作用,改变了山体的初始应力状态,使隧道周围一定范围的岩体受到影响,这部分受到影响的岩体,称之为围岩。在隧道工程稳定分析中,围岩力学参数的选取会对计算结果产生重大的影响,甚至有可能得出不能接受的分析结果。由于岩体中结构面的存在,以及水、风化等外力的作用,使得岩体的力学行为与岩石试块所表现的力学行为之间存在很大差异。因此,将力学参数应用于隧道工程时,要考虑岩石与岩体的这种差异而进行工程处理,以使对隧道工程所做的稳定分析结果更接近于实际情况。

就目前而言,在完全不依靠造价昂贵的现场试验的情况下,要准确描述岩体性质是不可能的,只有通过现场试验结果才可能正确判断岩体强度和变形性质。但是,更多的学者认为,将室内小试件得出的岩石材料性质与现场观测得到的岩体结构紧密地结合起来,通过一定的理论研究和实践检验,就可以应用经验法或解析分析法确定不同条件下岩体强度参数和变形参数,所得的结果可以满足实际隧道工程要求。通过对岩体变形和强度理论的研究,尤其在流变学、强度模型、损伤和断裂、岩体动力特性等方面的创新和突破,均使得岩石力学与工程技术人员对岩体的力学性能包括它的结构性、不均匀性、不连续性等得到正确的理解。

长期以来,已有许多研究学者对隧道围岩力学参数的合理选取做了大量的研究工作,并将这些研究成果用于解决实际岩石隧道工程稳定问题。隧道围岩力学参数的确定,归纳起来主要有如下五种方法:试验法、数值分析法、经验分析法、位移反分析法、不确定性分析法。这些方法的发展与完善,同时伴随着隧道围岩力学参数研究的不断发展。

2.2 岩体力学性能试验

试验法是确定岩体力学参数最基本的手段和方法。对于隧道工程,可通过室内试验和现场原位试验,取得较为符合实际的岩体力学参数。根据岩体力学特性,进行现场试验要比进行室内试验的结果更为合理;进行大比例尺试验要比进行小比例尺试验的结果更接近实际情况。不过原位试验通常受到各种条件如周期长、成本高等的限制,而且还存在着一些尚待解决的技术问题。

在仓园隧道工程中通过对隧道围岩的颗粒组成和物理性质、岩土变形参数、岩土强度参数等进行常规试验,对其试验结果进行分析研究,从而揭示隧道围岩的物理力学性质,为分析隧道围岩稳定性提供可靠的依据。

2.2.1 岩土物理性质和颗粒组成试验

(1)土的含水率试验

含水率是土中水的质量与土颗粒质量之比,它是表示土含水程度的一个重要物理指标。仓园隧道围岩含水率采用烘干法进行试验。仓园隧道围岩含水率的试验结果见表2-1。

围岩含水率试验结果 表2-1

指　标	土　样　1				土　样　2			
盒号	10	2	4	6	4	10	6	2
盒质量(g)	160.20	154.60	150.20	148.60	150.20	160.20	148.60	154.60
盒+湿土质量(g)	705.80	663.14	675.91	650.35	654.25	736.76	661.18	685.26
盒+干土质量(g)	660.20	618.60	630.30	608.50	611.78	687.22	618.43	641.00
水分质量(g)	45.60	44.54	45.61	41.85	42.47	49.54	42.75	44.26
干土质量(g)	500.00	464.00	480.10	459.90	461.58	527.02	469.83	486.40
含水率(%)	9.1	9.6	9.5	9.1	9.2	9.4	9.1	9.1
平均含水率(%)	9.35		9.3		9.3		9.1	

(2)土的密度试验

密度是土体研究的一个重要指标,它反映了土体结构的松紧程度。仓园隧道围岩岩石的固体部分的质量(m_s)用烘干粉碎岩石的试样,通过精密天平测得,相应的固体体积 V_S 采用排开与试样同体积之液体的方法测得,其测试结果见表2-1、表2-2。孔隙比 e、饱和密度 ρ_{sat} 和饱和度 S_r 可由密度相关公式计算得到。仓园隧道土样颗粒密度、孔隙比和饱和度试验结果见表2-3。

土样密度试验结果　　表2-2

土样编号	1		2		3	
环刀号	1	2	3	4	5	6
环刀容积(cm^3)	100	100	100	100	100	100
土样质量(g)	191.3	190.8	194.1	192.6	192.8	192.5
湿密度(g/cm^3)	1.81	1.81	1.84	1.83	1.83	1.83
平均湿密度(g/cm^3)	1.81		1.84		1.83	
含水率(%)	12.35	12.35	10.86	11.49	12.21	12.21
干密度(g/cm^3)	1.65	1.67	1.67	1.69	1.66	1.64
平均干密度(g/cm^3)	1.66		1.68		1.65	

土样颗粒密度、孔隙比和饱和度试验结果　　表2-3

试样	颗粒密度(g/cm^3)	泊　松　比	饱　和　度(%)	饱和密度(g/cm^3)
1	2.63	0.24	65.4	1.84
2	2.64	0.24	62.9	1.82
3	2.62	0.24	65.6	1.83
平均值	2.63	0.24	64.6	1.83

从试验结果分析可知:仓园隧道围岩含水率在9.10% ~9.50%之间,含水率较高。

(3)颗粒分析试验

颗粒分析试验的目的是定量地表示土的颗粒级配。土中的固体颗粒的大小和形状、矿物成分及其组成部分是决定土的物理力学性质的重要因素。

仓园隧道土的颗粒大小试验结果见表2-4。土的粒径分布曲线如图2-1所示。

土的颗粒大小试验结果　　表2-4

筛前总土质量(g)	<0.075mm 占土质量百分比(%)	<2.36mm 占土质量百分比(%)	<4.75mm 占土质量百分比(%)
2196	8.70	28.00	47.00

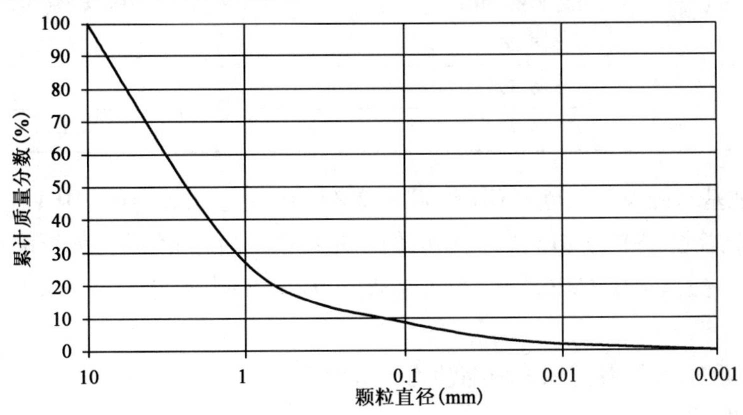

图2-1　土的粒径分布曲线

《铁路工程土工试验规程》(TB 10102—2010)关于土的粒组分类如表 2-5 所示。《岩土工程勘察规范》(GB 50021—2009)规定,粒径大于 2mm 的颗粒质量超过总质量的 50%,应定名为砾土,并按表 2-6 进行进一步分类。通过试验可知,在仓园隧道的土样中的粒径大于 0.075mm的颗粒质量占总质量的 91.3%,按照表 2-5 和表 2-6,应归类为细砾土中的角砾土和圆砾土。

《铁路土工试验规程》(TB 10102—2010)中土的颗粒粒组划分 表 2-5

巨粒组(mm)		粗粒组(mm)						细粒组(mm)	
漂石(块石)	卵石(小块石)	砾(角砾)			砂			粉粒	黏粒
		粗	中	细	粗	中	细		
200	200	60	20	5	2	0.5	0.25	0.075	0.002

《岩土工程勘察规范》(GB 50021—2001)中的碎石土分类 表 2-6

土的名称	颗粒形状	颗粒级配
漂石	圆形及亚圆形为主	粒径大于 200mm 的颗粒质量超过总质量 50%
块石	棱角形为主	
卵石	圆形及亚圆形为主	粒径大于 20mm 的颗粒质量超过总质量 50%
碎石	棱角形为主	
圆砾	圆形及亚圆形为主	粒径大于 2mm 的颗粒质量超过总质量 50%
角砾	棱角形为主	

2.2.2 岩土变形试验和强度试验

1)土体固结试验

仓园隧道土体固结试验的测试结果见表 2-7。

固结试验结果 表 2-7

试样	压缩模量(MPa)	压缩系数(MPa^{-1})
1	5.24	0.12
2	6.56	0.08
3	5.73	0.13

在《建筑地基基础设计规范》(GB 50007—2011)中规定,以$\rho_1=0.1$MPa,$\rho_2=0.2$MPa(ρ_1和ρ_2为侧限压缩试验过程中的加压值)时相应的压缩系数α_{1-2}作为判断土的压缩性的标准。

低压缩性土:$\alpha_{1-2}<0.1MPa^{-1}$;中等压缩性土:$0.1MPa^{-1}\leqslant\alpha_{1-2}<0.5MPa^{-1}$;高压缩性土:$\alpha_{1-2}\geqslant0.5MPa^{-1}$。

从表 2-7 可知,仓园隧道围岩压缩性为中等偏大。

2)抗剪强度试验

目前,室内测试抗剪强度的常用试验方法有直接剪切试验、无侧限抗压试验和三轴压缩试验。仓园隧道土体剪切试验采用直接剪切法。取试样3个，在不同的垂直压力ρ作用下，分别对它们施加水平剪切力，测得破坏时的剪应力τ，再计算土的黏聚力和内摩擦角，其测试结果见表2-8。从表2-9可知，仓园隧道围岩属于泥灰岩、石英岩，其中的圆砾土、角砾土和千枚岩较多。

剪切参数 表2-8

试样	黏聚力(MPa)	内摩擦角(°)
1	0.4227	29.9
2	0.5213	27.6
3	0.4962	30.7
平均	0.4801	29.4

各类岩体的剪切强度参数表 表2-9

岩体名称	黏聚力(MPa)		内摩擦角(°)
黏土岩	范围	0.002~0.18	10~45
	一般	0.04~0.09	15~30
泥岩	0.07~0.44		20~41
泥灰岩	0.01~0.53		22~40
石英岩	0.2~0.75		30~59
闪长岩	0.35~1.4		29~68
片麻岩	0.76~1.38		38~41
辉长岩	0.07~0.44		20~41
页岩	范围	0.03~1.36	33~70
	一般	0.1~0.4	38~50
石灰岩	范围	0.02~3.9	13~65
	一般	0.1~1	38~52
粉砂岩	0.07~1.7		29~59
砂质页岩	0.07~0.18		42~63
砂岩	范围	0.04~2.88	28~70
	一般	1~2	48~60
玄武岩	0.06~1.4		36~61
花岗岩	范围	0.1~4.16	30~70
	一般	0.2~0.5	45~52
大理岩	范围	1.54~4.9	24~60
	一般	3~4	49~55
石英闪长岩	1.0~2.2		51~61
安山岩	0.89~2.45		53~74
正长岩	1~3		62~66

3）无侧限抗压强度试验

试样在无侧向压力条件下，抵抗轴向压力的极限强度称为无侧限抗压强度，它是三轴试验的特例，即 $\sigma_3=0$ 时的三轴试验。由于周围压力不存在，因此试验结果只能作一个参考。在仓园隧道土体无侧限抗压强度试验中共取试样两个，通过试验，得出的试验结果是：试样 1 的无侧限抗压强度为 83.1kPa，试样 2 的无侧限抗压强度为 66.0kPa。

仓园隧道岩体为圆砾土、角砾土和千枚岩，单轴抗压强度为 25.6MPa，岩体基本质量指标 BQ 为 173，岩体完整性系数为 0.37，从表 2-10 ~ 表 2-13 可知：仓园隧道岩体属于典型的软岩，完整性较差，岩体较破碎。

4）根据《铁路隧道设计规范》（TB 10003—2005）估算岩体力学参数

（1）围岩分级步骤

根据《铁路隧道设计规范》（TB 10003—2005）的有关规定，对铁路隧道围岩分级的综合评判方法宜采用两部分级法，并按以下顺序进行：

①根据岩石的坚硬程度和岩体完整程度两个基本因素的定性特征和定量的岩体基本质量指标 BQ，综合进行初步分级。

②对隧道围岩进行详细定级，应在岩体基本质量分级基础上考虑修正因素的影响，修正岩体基本质量指标值。

③按照修正后的岩体基本质量指标[BQ]，结合岩体的定性特征综合评判、确定围岩的最终 BQ 值。

围岩分级中岩石坚硬程度、岩体完整程度两个基本因素的定性划分和定量指标及其对应关系应该符合以下（2）（3）所述规定。

（2）岩石坚硬程度

岩石坚硬程度可按表 2-10 定性划分。

岩石坚硬程度分类 表 2-10

坚硬程度	坚硬岩	较硬岩	较软岩	软岩	极软岩
单轴饱和抗压强度（MPa）	$f_r>60$	$60\geqslant f_r>30$	$30\geqslant f_r>15$	$15\geqslant f_r>5$	$f_r\leqslant 5$

岩石坚硬程度定量指标可用岩石单轴饱和抗压强度 R_C 表达。R_C 一般采用实测值，若无实测值时，可采用实测的岩石点荷载强度指数 $I_{S(50)}$ 的换算值，即按式（2-1）计算：

$$R_C = 22.82\, I_{S(50)}^{0.75} \tag{2-1}$$

（3）岩体完整程度

岩体完整程度可按表 2-11 定性划分，岩体完整程度的定量指标用岩体完整性系数 K_V 表达。K_V 一般用弹性波探测值，若无探测值时，可用岩体体积节理数 J_V 按表 2-12 确定对应的 K_V 值，K_V 与定性划分的岩体完整程度的对应关系可按表 2-13 确定。

岩体完整程度分类 表 2-11

完 整 程 度	完整性指数 K_V	结构面发育程度		主要结构面结合程度	主要结构面类型	相应结构类型
		组数	平均间距			
完整	>0.75	1 ~ 2	≥1	好或一般	节理、裂隙、层面	整体状或巨厚层结构
		1 ~ 2	≥1	差		块状或厚层状结构

续上表

完整程度	完整性指数 K_V	结构面发育程度		主要结构面结合程度	主要结构面类型	相应结构类型
		组数	平均间距			
较完整	0.55~0.75	2~3	1.0~4.0	好或一般	节理、裂隙、层面	块状结构
		2~3	1.0~4.0	差		裂隙块状或中厚层结构
较破碎	0.35~0.55	≥3	0.2~0.4	好	节理、裂隙、层面、小断层	镶嵌碎裂结构
				一般		中、薄层状结构
破碎	0.15~0.35	≥3	0.2~0.4	差	各种类型结构面	裂隙块状结构

K_V与J_V对照表　　表2-12

J_V(条数/m^3)	<3	3~10	10~20	20~35	>35
K_V	>0.75	0.55~0.75	0.35~0.55	0.15~0.35	<0.15

K_V与定性划分的岩体完整程度的对应关系　　表2-13

K_V	>0.75	0.55~0.75	0.35~0.55	0.15~0.35	<0.15
完整程度	完整	较完整	较破碎	破碎	极破碎

岩体完整程度的定量指标和值的测试和计算方法应符合下列规定：岩体完整性指标，应针对不同的工程地质岩组或岩性段，选择有代表性的点、段，测试岩体弹性纵波速度，并在同一岩体取样测定岩石纵波速度。按照式(2-2)计算：

$$K_V = \left(\frac{V_{pm}}{V_{pr}}\right)^2 \tag{2-2}$$

式中：V_{pm}——岩体弹性波速度(km/s)；

V_{pr}——纵波速度(km/s)。

岩体体积节理数J_V(条/m^3)，应针对不同的工程地质岩组或岩性段，选择有代表性的露头或开挖壁面进行节理(结构面)统计。每一测点的统计面积不应小于2m×5m。岩体J_V值应根据节理统计结果按式(2-3)计算：

$$J_V = S_1 + S_2 + S_3 + \cdots + S_n + S_k \tag{2-3}$$

式中：S_n——第n组节理每米长测线上的条数；

S_k——每立方米岩体非成组节理条数(条/m^3)。

(4)岩体抗压强度分类

岩体抗压强度分类可按表2-14分类。

岩块抗压强度分类表　　表2-14

类别	岩块分类	单轴抗压强度(MPa)	岩石类型举例
A	极高强度	>200	石英岩、辉长岩、玄武岩
B	高强度	100~200	大理岩、花岗岩、片麻岩
C	中等强度	50~100	砂岩、板岩
D	低强度	25~50	煤、粉砂岩、片岩
E	极低强度	1~25	白垩、盐岩

围岩基本质量指标 BQ 应根据分级因素的定量指标 R_C值和 K_V值按式(2-4)计算：

$$BQ = 90 + 3R_C + 250K_V \tag{2-4}$$

使用上式时应符合下列限制条件：

当 $R_C > 90K_V + 30$ 时，应以 $R_C = 90K_V + 30$ 和 K_V代入计算 BQ 值；

当 $K_V > 0.04R_C + 0.4$ 时，应以 $K_V = 0.04R_C + 0.4$ 和 R_C代入计算 BQ 值。

(5)围岩详细定级

围岩详细定级按表 2-15 分级。

岩块抗压强度表　　表 2-15

基本质量级别	岩体质量的定性特征	岩体基本质量指标(BQ)
Ⅰ	坚硬岩，岩体完整	>550
Ⅱ	坚硬岩，岩体较完整； 较坚硬岩，岩体完整	451～550
Ⅲ	坚硬岩，岩体较破碎； 较坚硬岩或软、硬岩互层，岩体较完整； 较软岩，岩体完整	351～450
Ⅳ	坚硬岩，岩体破碎； 较坚硬岩，岩体较破碎～破碎； 软岩或软硬岩互层，且以软岩为主，岩体较完整～较破碎； 软岩，岩体完整～较完整	251～350
Ⅴ	较软岩，岩体破碎； 软岩，岩体较破碎～破碎； 全部极软岩及全部极破碎岩	<250

第 3 章 仓园隧道稳定性分析

3.1 引 言

由于甘家沟浅埋段富水，而且泥石流沟常年有水流动，为隧道渗水创造了条件。隧道部分断面为淤泥质饱水黄土，其他部分为泥石流堆积体及破碎千枚岩，围岩情况破碎，自稳能力差，掌子面出现渗水，下台阶四周也均有渗水现象，日渗水量约为 300 ~ $500m^3$。经监测，仓园隧道 DK378 +401 ~ DK378 +448、DK378 +478 ~ DK378 +490、DK378 +510 ~ DK378 +540、DK378 +555 ~ DK378 +570 段在施工中，围岩情况比较破碎，自稳能力较差，掌子面及拱顶出现渗水现象，边墙及下台阶四周也均有渗水，安全性得不到保证。针对这些难题，技术人员制订措施并通过评审，决定对仓园隧道甘家沟泥石流沟采用浅埋段地表注浆加固和仰拱树根桩加固的措施。随后，对仓园隧道所采取的措施的效果进行分析。

选取埋深最浅的断面 DK378 +490 作为研究对象，采用 Midas GTS 软件对仓园隧道采取措施前与采取措施后的两种情况分别进行数值模拟，以分析仓园隧道的稳定性。

3.2 围岩稳定性的影响因素分析

3.2.1 地形地貌的影响分析

仓园隧道位于陇南市武都区汉王镇仓园村，陇南地处西秦岭东西向褶皱带发育的陇南山地，位于我国阶梯地形的过渡带。西部向甘南高原过渡，北部向陇中黄土高原过渡，南部向四川盆地过渡，东部与陕西秦岭和汉中盆地连接。全市地势西北高，东南低。该地区内高山、深谷、丘陵、盆地依次分布，错落相间，形成独具特色、错综复杂的壮美景观。北部西礼山地呈现低山宽谷的黄土地貌，海拔在 1800m 上下；东部徽成盆地介于北秦岭和南秦岭之间，长百余公里，宽数十公里，呈现丘陵宽谷地形，海拔 1000m 左右；西南部为高中山与峡谷地，高峻山岭与深陷河谷错落相接，对比显著，相对高差达 1000m 以上。自西北至东南，由大拉梁、岷峨山（海拔 3552m）等高山，经银洞山（海拔 2468m）、牛头山（海拔 2224m）等中山而至断头山（海拔 1804m）和金子山（海拔 1824m）等低山，重峦叠嶂，崖壁陡绝，角峰锯脊，石骨嶙峋。其间河谷幽深狭长，深切曲流十分发育，多急流险滩和瀑布。峡谷中高岸陡崖，峭立如壁。谷旁多狭窄的冲积平原断续出现，其中武都平原绵长近 50km，宽不过 1km。周边山峰：北为长江黄河分水岭之大拉梁和岷峨山，东有甘陕边界的透马驹山，西有与甘南相邻的葱地山，南为甘川分界的摩天岭。综上所述，此处的地形地貌较为破碎，对于隧道的稳定性具有较大的影响。

3.2.2 围岩岩性的影响分析

隧道施工中围岩的地质描述是隧道围岩的真实反映，施工前地质勘探提供的地质资料是隧道设计的重要依据之一，不同级别的围岩，设计参数不同，相应的施工工法及施工工艺也不一样。

设计依据的地质资料虽然以各种地质调查手段的成果为依据，但是由于受到调查密度的限制，地质调查手段在调查范围的应用只占一定的比例，其余部分则是由地质专业人员根据地质调查手段的成果进行推测。设计依据的地质资料往往包含有部分推测的成果，这就有可能存在一定的误差，因此施工中对围岩地质进行描述是有必要的：一方面是对设计地质情况进行检验，另一方面与设计地质条件有出入时，可为变更设计提供地质条件依据。

仓园隧道通过的地层，以第四系全新统洪积细角砾土和粗圆砾土、第四系上更新统风积黄土和冲积砂质黄土、粗圆砾土及下伏的志留系千枚岩为主，其整体性能较差，软弱程度较高，因此隧道围岩强度不容乐观，也就是说隧道开挖后很有可能无法保持其稳定性。

3.2.3 地质构造的影响分析

隧道区在大的构造单元上处于秦岭纬向构造带和武都“山”字形构造体系的复合部位，秦岭—昆仑纬向构造体系是沿秦岭—昆仑山脉展布的纬向构造带。主体大致在北纬33°~36°，秦岭居于其中段；东段受其他体系严重干扰，从豫西开始分为南、北两支；昆仑褶带为其西段，因受青藏“歹”字形构造干扰而往北挪动。它由古老变质岩系、古生代及中生代岩层构成的东西向隆起褶带和拗陷褶带、冲断带，以及从酸性到镁铁质—超镁铁质岩体组成，岩层、岩体变形变质强烈，东西向逆冲—推覆构造发育，构造动力变质带规模巨大，且西昆仑以断裂深切、蛇绿岩及蛇绿混杂岩沿断裂分布为特色。具悠久发育历史，为东亚地区长期活动的构造带之一，至少部分经历了海西期、印支期及燕山期等南北向挤压的强烈构造运动，挽近期仍有部分活动；边缘断裂显著横移并发生力学性质的张性改变。它成为黄河、长江两大水系的分水岭，南、北气候及地貌景观差异均以此为界。带内产出铁、铜、铅、锌等，以及大型钼钨矿床和大型—特大型金矿床。此带在全球相应纬度的其他地区亦断续出露。

武都山字型构造体系（Wudu Epsilon Structural System）原称陇南山字形，是甘肃南部武都地区形状似“山”字的构造体系。它的前弧弧顶位于武都一带，宽约30km，前弧主要由若干条较大的弧形冲断层与其他压性结构面，以及与之横切的呈放射状展布的张断裂等组成，脊柱位于礼县、武山及通渭、华家岭一带。其主要特征是：

①位处中国腹地，是不同构造体系的复合地带。

②横向来看，属于秦岭—昆仑纬向构造带内一系列山字形或弧形构造的一个；纵向来说，又是中国中部一系列山字形或弧形构造的组成部分。

③前弧两翼曲度不同，东翼较陡，西翼较缓。

④前弧相当宽阔，发育良好，但相对于脊柱要微弱得多。

这正是此类依附于纬向构造带（或经向构造带）而形成的山字形亚型的共同特征，它反映了中国中部曾经发生过自北而南的推挤作用。

秦岭纬向构造带和武都“山”字形构造体系的构造作用主要表现为自中生代晚期开始大面积的缓慢抬升，岩体受到上述构造作用及白龙江~武都区域断裂带（F5 距隧道 1.5km）影响，沿白龙江两岸岩体节理裂隙发育，岩体较破碎，对隧道的稳定性具有较大的影响。

3.2.4 水文地质特征的影响分析

（1）地表水

连续降雨，暴雨，特别是特大暴雨集中降雨，很容易爆发泥石流。因此，泥石流发生的模式具有强降雨时间模式，有明显的季节性，一般发生在夏季多雨季节。隧道范围内甘家沟内有少量地表流水，平时流量较少，在雨季有大的洪流。

（2）地下水

围岩中地下水的赋存和运动会影响围岩的强度及应力状态，进而影响到隧道围岩的稳定。地下水对围岩的影响主要表现在静水压力作用、动水压力作用、软化作用和溶解作用、溶蚀作用和润滑作用等。就静水压力而言，其一，静水压力作用在衬砌上，相当于给衬砌增加了额外荷载；其二，静水压力的存在导致岩体结构面扩展，使得滑动摩擦力减少，这样围岩坍塌、滑落的概率就增大了。岩块在动水压力作用下，顺着水压方向移动；另外，水流的冲刷常把细小矿物颗粒从岩石裂隙中带走，使得围岩的完整性进一步受到破坏。

根据钻孔提水试验成果，依据《铁路工程地质勘察规范》（TB 10012—2007）环境水、土对混凝土侵蚀性的判定标准，隧道通过地段的地下水对混凝土具硫酸盐侵蚀，环境作用等级为H3。按常规物探分析，甘家沟内洪积细角砾土内呈富水状。预测隧道通过甘家沟泥石流沟最大总涌水量为 3219m^3/d，且受季节降水的影响，涌水量变化较大。

3.2.5 工程施工因素影响分析

（1）加固措施

由于仓园隧道所处区域地质条件复杂，需要下穿全国第二大泥石流沟，施工中遇到不少难点。在隧道建设中，采取帷幕注浆及树根桩加固技术，另外结合隧道防排水及支护参数优化措施。通过现场监测数据显示，这一系列措施效果显著，能起到很明显的止水作用，以及可以很好地保证隧道围岩的稳定性，使其变形量大大减小。

（2）施工方法

在施工初期，仓园隧道施工是采用三台阶七步法。其优点是：第一，充分利用核心土的支撑作用，掌子面稳定，易于控制大的坍塌；第二，分台阶施工，施工工序简洁，开挖、支护、加拱架等工序间能配合工作，形成流水施工作业；第三，在地质条件复杂多变时，便于灵活、及时调整施工工序及方法。其缺点是：第一，由于每一级台阶净空不足，尤其上台阶，狭窄的工作空间对人工及机械的操作干扰大；第二，对每一级台阶开挖，均会造成较大沉降变形，不利于控制变形；第三，由于受每一级台阶所需要的长度限制，仰拱距开挖面的距离较远，一般大于 25m，造成封闭成环不及时。

三台阶七步法进行施工，在每一台阶施工时，由于隧道围岩释放应力，会产生二次应力重分布，而净空不足，特别是上台阶，狭窄的空间对人工和机械操作干扰很大，影响施工效率，延

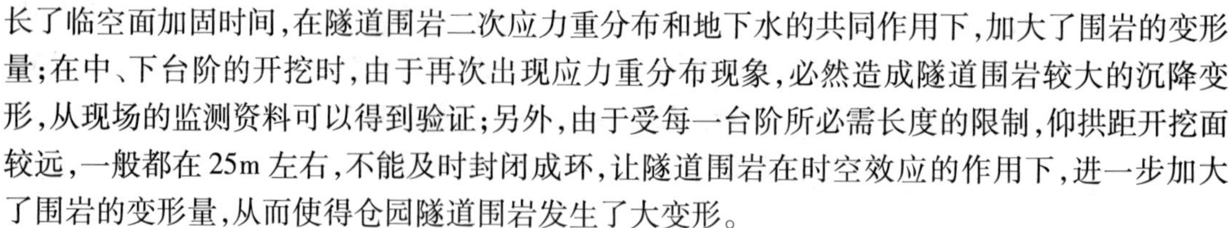

长了临空面加固时间，在隧道围岩二次应力重分布和地下水的共同作用下，加大了围岩的变形量；在中、下台阶的开挖时，由于再次出现应力重分布现象，必然造成隧道围岩较大的沉降变形，从现场的监测资料可以得到验证；另外，由于受每一台阶所必需长度的限制，仰拱距开挖面较远，一般都在 25m 左右，不能及时封闭成环，让隧道围岩在时空效应的作用下，进一步加大了围岩的变形量，从而使得仓园隧道围岩发生了大变形。

3.3 模型分析

采用 Midas GTS 模拟现场条件和施工过程，提供更多的材料模型和边界条件供用户选择。Midas GTS 不仅具备岩土分析所需的基本分析功能，同时还具备强大的分析功能。

3.3.1 计算假定

为了建模和计算的便捷，对模型作如下的假定和简化：

(1)采用符合摩尔—库仑(Mohr - Coulomb)屈服条件的材料模拟围岩，采用平面应变单元模拟大管棚和小导管注浆加固地层，采用线弹性梁单元模拟喷射混凝土和钢拱架，采用植入式桁架单元模拟锚杆和树根桩。

(2)初始应力场不考虑构造应力场而仅考虑自重应力，采用二维平面模型进行此次模拟。

(3)所有材料均视为均质、连续、各向同性材料。

(4)水对隧道稳定性影响很大，由于含水率较大，假设水对隧道衬砌的作用为静水压力荷载作用，在模拟过程中用荷载来体现。

3.3.2 模型范围的确定

隧道断面 DK378 + 490 处最浅埋深为 15m，模型范围向上取全部范围即 15m，向下从拱底面取深度 20m，从隧道中心向左向右均取 45m，模型范围图如图 3-1 所示。

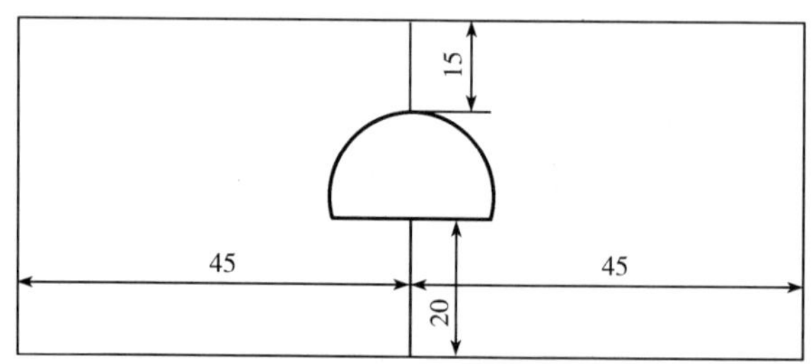

图 3-1　模型范围图(尺寸单位：m)

3.3.3 荷载的确定

在左右两侧边界施加滑动支座约束水平方向的位移($u_x=0$)，底部边界约束竖直方向位移($u_y=0$，$u_z=0$)。未采取地表注浆加固措施前，水压力荷载影响较为明显，在拱顶处压力荷载为 50kN，在拱脚处荷载为 147.78kN，从拱顶到拱底呈现水力梯度状分布。荷载分布图如图 3-2 所示。

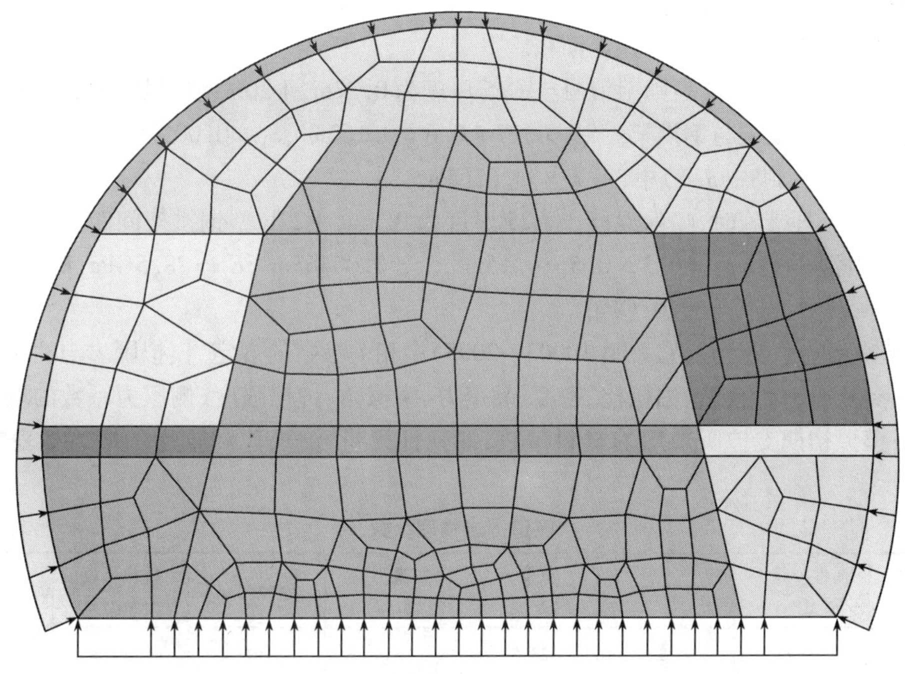

图 3-2　隧道水压力荷载分布图

3.3.4　模型参数选择

未采取特殊处理措施前的支护相关参数为:DK378 +460 ~ DK378 +510 段洞内管棚设置范围为拱顶 120°范围,管棚直径 ϕ89mm,环向间距为 40cm;管棚间的超前小导管间距为 40cm,小导管规格为 ϕ42mm ×3.5mm,小导管注浆采用水泥—水玻璃双液浆;钢拱架为Ⅰ20b,钢架间距为 60cm,拱墙初喷混凝土厚度由 27cm 增加到 30cm。

对 DK378 +450 ~ DK378 +510 段进行地表处理,施作帷幕注浆技术,依据地质实际情况,即隧道仰拱位于软弱地层进行树根桩加固基础。采取特殊处理措施后的支护相关参数为:管棚设置范围为拱顶 180°,管棚直径 ϕ108mm,环向间距为 30cm;管棚间的超前小导管间距为 30cm,小导管规格为 ϕ50mm ×5mm,小导管注浆采用水泥—水玻璃双液浆;钢拱架为Ⅰ22b,钢架间距为 50cm,拱墙初喷混凝土厚度为 30cm。

在进行数值模拟的过程中,为了简化模型和计算快捷方便,对相应的处理措施进行综合、简化。运用植入式桁架单元模拟系统锚杆,将大管棚支护和小导管注浆加固地层等效为注浆加固。

由于喷射混凝土和钢拱架共同作用,可以将钢拱架按照式(3-1)折算入喷射混凝土 C25 中作为一个整体,运用线弹性梁单元进行模拟,等效为初期支护。

$$E = E_c + \frac{S_g E_g}{S_c} \tag{3-1}$$

式中:E_c——喷射混凝土 C25 的弹性模量;

S_g——钢拱架的截面面积;

E_g——钢拱架的弹性模量；

S_c——喷射混凝土 C25 的截面面积。

未采取特殊处理措施时：喷射混凝土 C25 厚度为 0.27m，Ⅰ20b 型钢拱架间距 0.6m，采用梁单元模拟喷射混凝土与钢拱架。$S_c = 0.27 \times 0.6 = 0.162m^2$，$S_g = 0.00395m^2$，$E_c = 28.5GPa$，$E_g = 210GPa$。代入到式(3-1)中，得 $E = 33.62GPa$。

采取特殊处理措施时：喷射混凝土 C25 厚度为 0.3m，Ⅰ22b 型钢拱架间距 0.5m，采用梁单元模拟喷射混凝土。$S_c = 0.3 \times 0.5 = 0.15m^2$，$S_g = 0.00465m^2$，$E_c = 28.5GPa$，$E_g = 210GPa$。代入到式(3-1)中，得 $E = 35.01GPa$。

根据《铁路隧道设计规范》(TB 10003—2005)中相关参数的规定，模拟围岩与注浆加固所采用物理参数，如弹性模量、泊松比、密度、黏聚力、摩擦角、抗拉强度、侧压力系数的取值如表 3-1 所示；模拟初期支护所采用的材料参数，如弹性模量、泊松比和重度的取值如表 3-1 和表 3-2所示。

隧道围岩物理参数 表 3-1

名　称	弹性模量 E (MPa)	泊松比 u	重度 γ (kN/m^3)	黏聚力 c (MPa)	摩擦角 φ	抗拉强度 (MPa)	侧压力系数 K_0
软岩	280000	0.24	23.5	25	30	37	0.4
注浆加固	420000	0.2	26.5	300	50	178	1

注：根据《铁路隧道设计规范》(TB 10003—2005)的规定，Ⅴ级围岩的侧压力系数 K_0 取 0.30 ~ 0.50。伍冬在其硕士论文中实际统计的Ⅴ级围岩的侧压力系数大于 0.50 的工况很多，可以看出现行的侧压力系数取值偏小。由于 K_0 偏小的情况下，隧道受到不均匀的竖直压力和水平压力，对衬砌的结构稳定不利，所以对于衬砌的计算结果就偏于安全，在此软岩的 K_0 取为 0.4。对于细砂 $K_0 = 1 - \sin\varphi$。

隧道初期支护材料参数 表 3-2

名　　称	弹性模量 E(MPa)	泊　松　比 μ	重度 γ(kN/m^3)
未特殊处理初期支护	3362000	0.26	26.5
特殊处理初期支护	3501000	0.26	26.5
锚杆	21000000	0.26	76.9
树根桩	21000000	0.25	76.9

3.3.5 模型网格划分

对仓园隧道建立模型，为了方便比较分析，未进行特殊处理和进行特殊处理的模型网格划分相同，在实际操作过程中只需要将需要的进行激活，不需要的进行钝化处理即可。

在隧道处网格划分比较密，单元长度取为 1，对隧道岩体网格划分稍粗略，由边界线向隧道单元尺寸采用线性梯度的方式由粗略(单元长度为 3)逐渐变密(单元长度为 1)，整个模型由 1301 个节点、1404(1538)个单元组成。仓园隧道整体以及局部自由网格划分、网格模型边界条件如图 3-3 和图 3-4 所示。

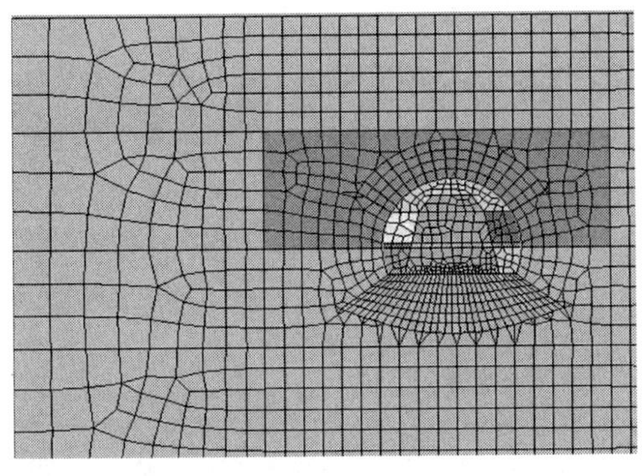

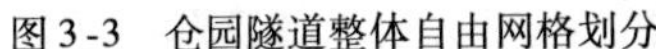

图 3-3　仓园隧道整体自由网格划分

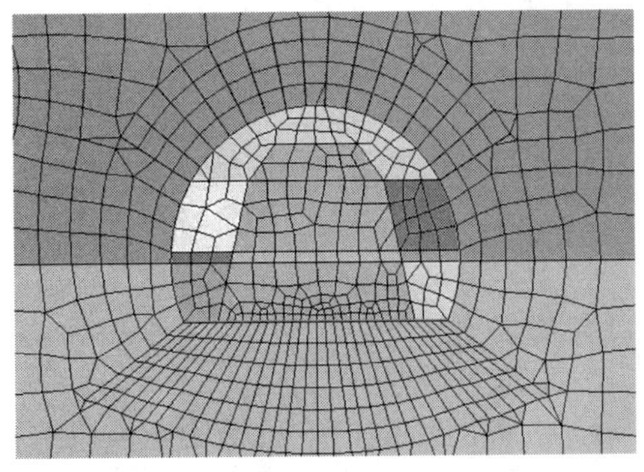

图 3-4　仓园隧道局部自由网格划分

3.4　模拟结果与分析

本节的重点是模拟分析仓园隧道采取地表注浆加固和树根桩加固措施前后仓园隧道的稳定性,分析其水平收敛情况、拱顶沉降情况以及围岩的水平与竖直应力情况。由于隧道模型的网格划分相同,因此隧道的几何边界标注节点号也相同,如图 3-5 所示。分别选取 359、338、344、336、453、37、32、48 等拱顶、拱腰、边墙、拱底控制点处节点号,对其变形情况进行分析。

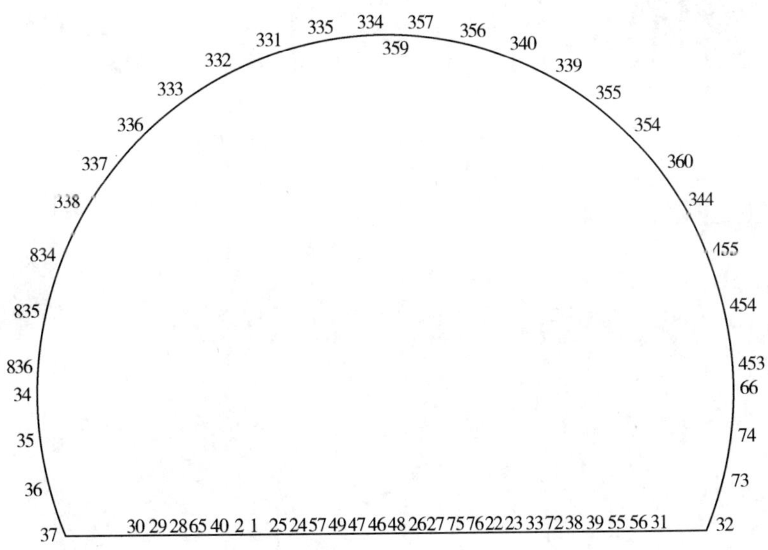

图 3-5　隧道的几何边界标注节点号

3.4.1　未特殊处理前模拟结果与分析

为了尽可能真实地模拟施工过程,在前面所述假定的前提下,分为七个施工阶段来进行模拟。施工阶段顺序如下:

(1)第一阶段为原岩状态,即未开挖状态。

(2)第二阶段为隧道上部拱顶开挖与支护。

(3)第三阶段为隧道左侧中部开挖与支护。

(4)第四阶段为隧道右侧中部开挖与支护。

(5)第五阶段为隧道左侧下部开挖与支护。

(6)第六阶段为隧道右侧下部开挖与支护。

(7)第七阶段为隧道中部核心土开挖与支护。

相关的模拟结果图与分析如下。

水平方向(X)位移云图如图3-6~图3-12所示。

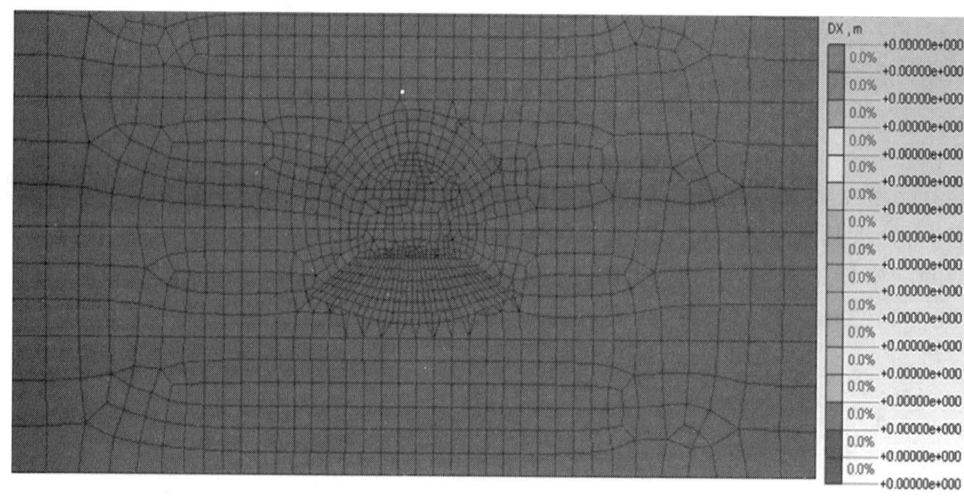

图3-6　第一阶段:未开挖状态水平方向位移云图

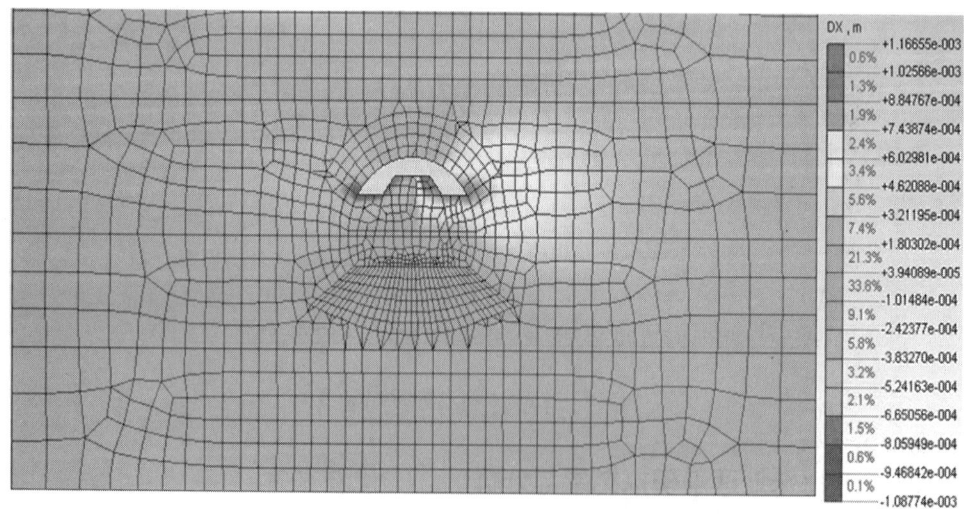

图3-7　第二阶段:隧道上部拱顶开挖与支护水平方向位移云图

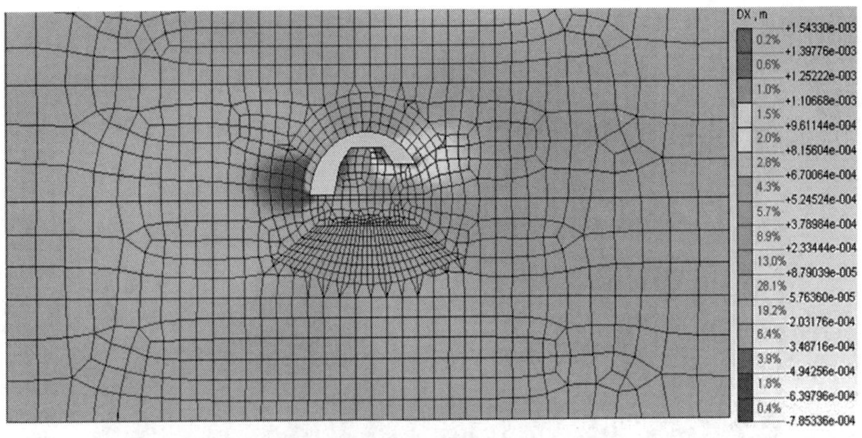

图 3-8　第三阶段：隧道左侧中部开挖与支护水平方向位移云图

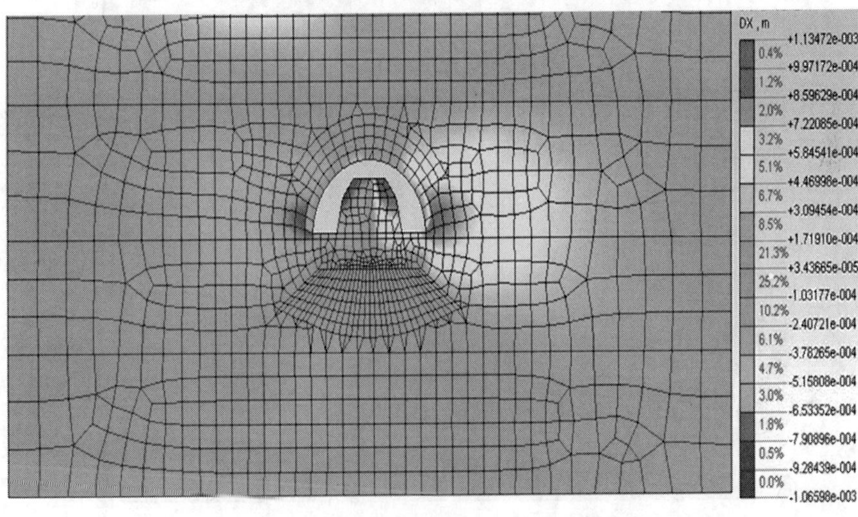

图 3-9　第四阶段：隧道右侧中部开挖与支护水平方向位移云图

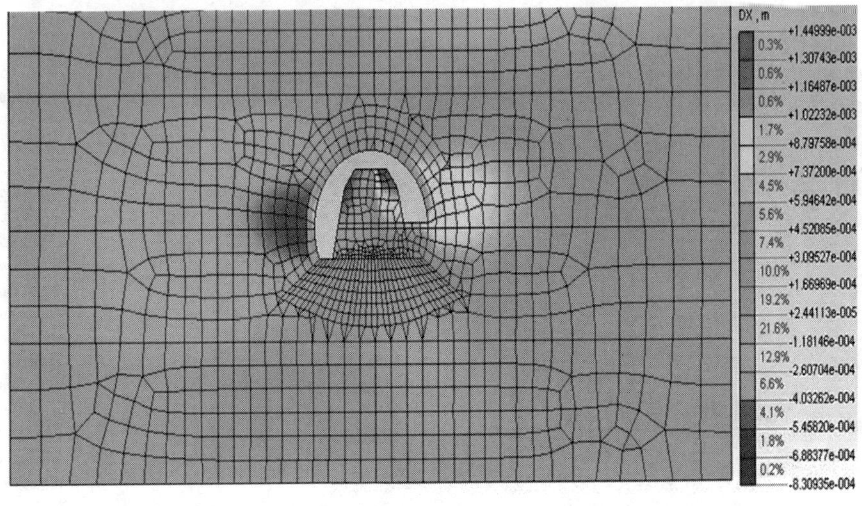

图 3-10　第五阶段：隧道左侧下部开挖与支护水平方向位移云图

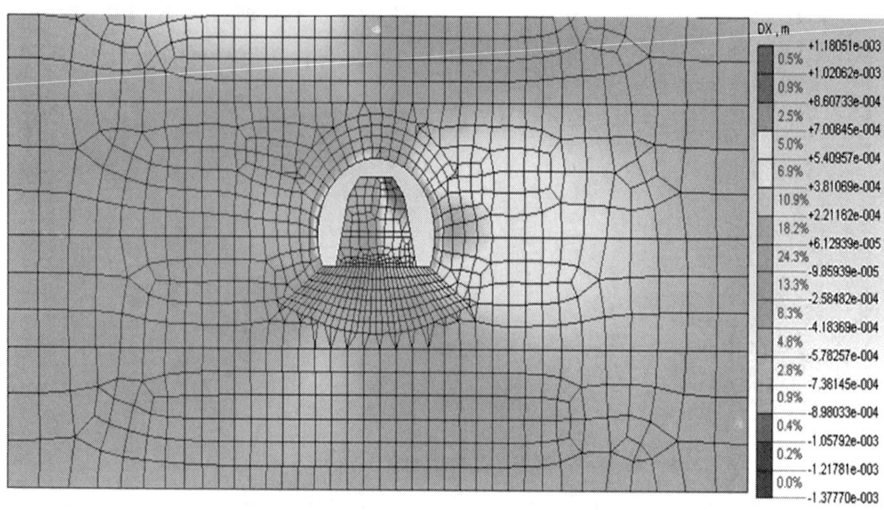

图 3-11　第六阶段:隧道右侧下部开挖与支护水平方向位移云图

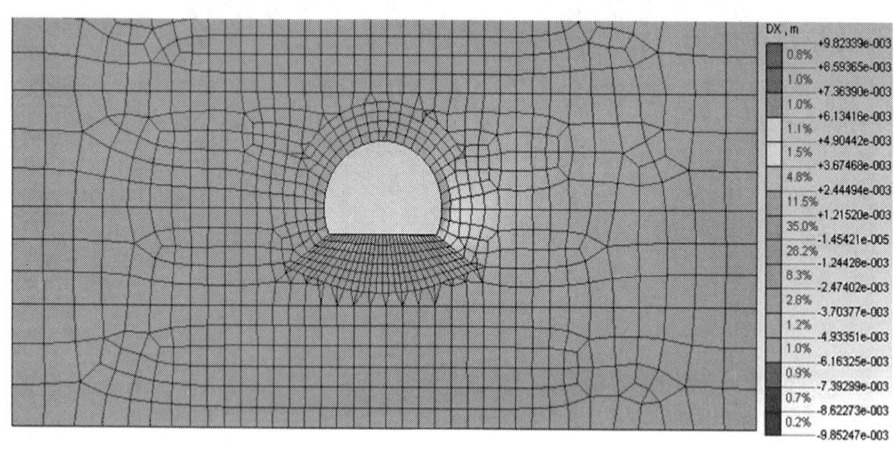

图 3-12　第七阶段:隧道中部核心土开挖与支护水平方向位移云图

竖直方向(Z)位移云图见图 3-13 ~ 图 3-19。

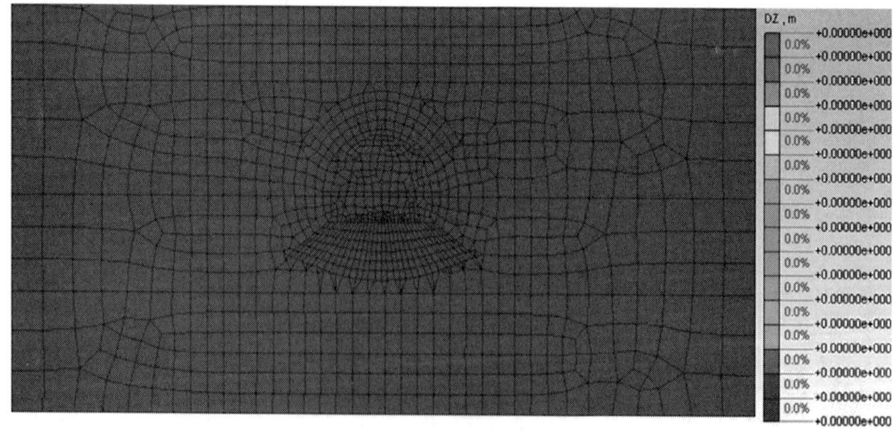

图 3-13　第一阶段:未开挖状态竖直方向位移云图

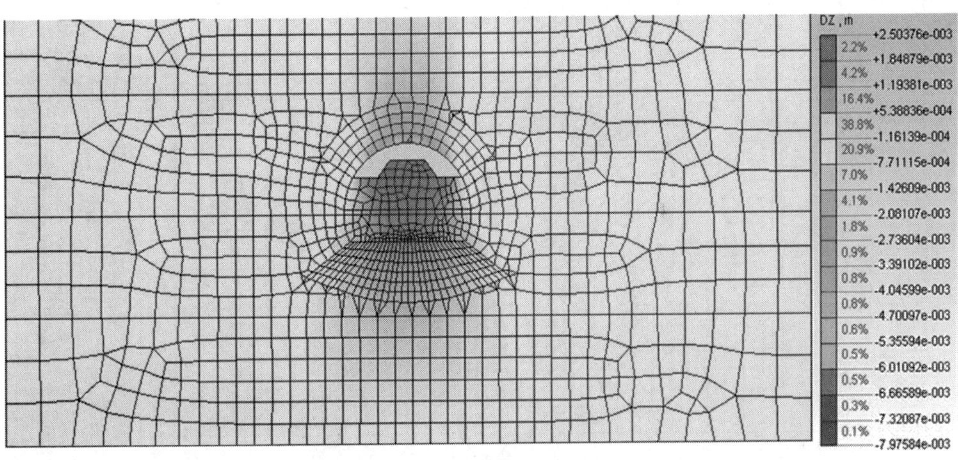

图 3-14 第二阶段:隧道上部拱顶开挖与支护竖直方向位移云图

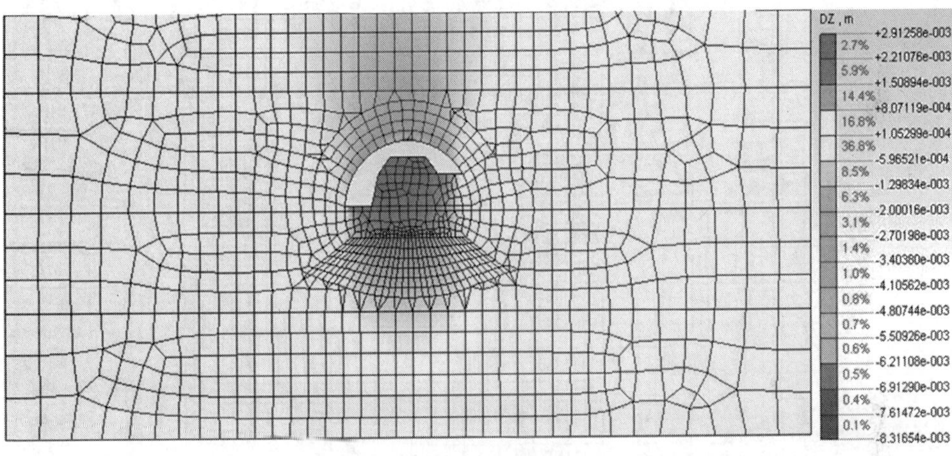

图 3-15 第三阶段:隧道左侧中部开挖与支护竖直方向位移云图

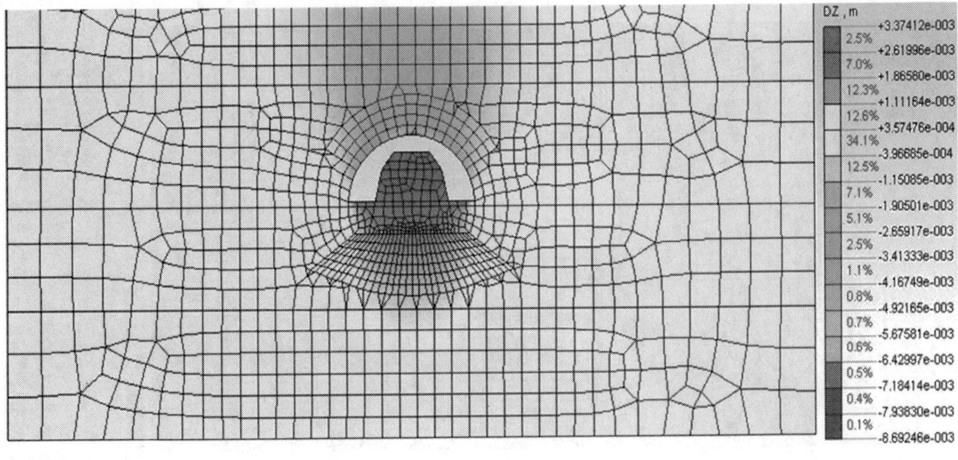

图 3-16 第四阶段:隧道右侧中部开挖与支护竖直方向位移云图

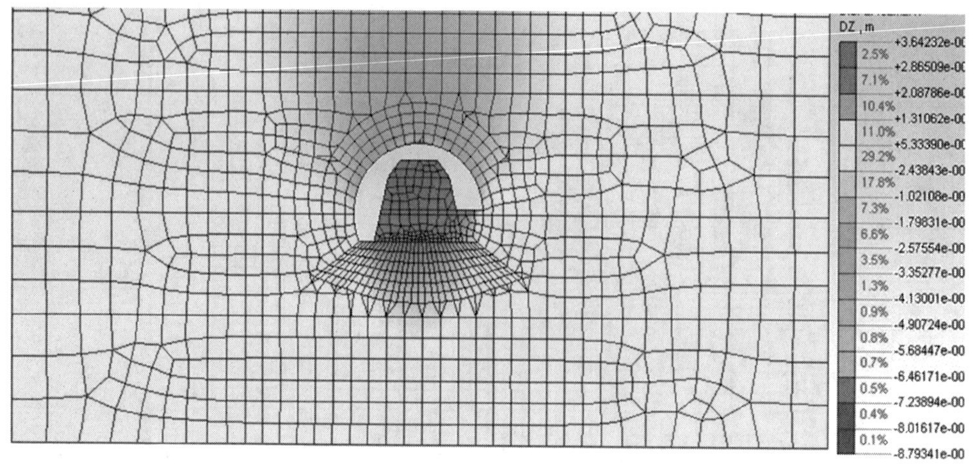

图 3-17　第五阶段:隧道左侧下部开挖与支护竖直方向位移云图

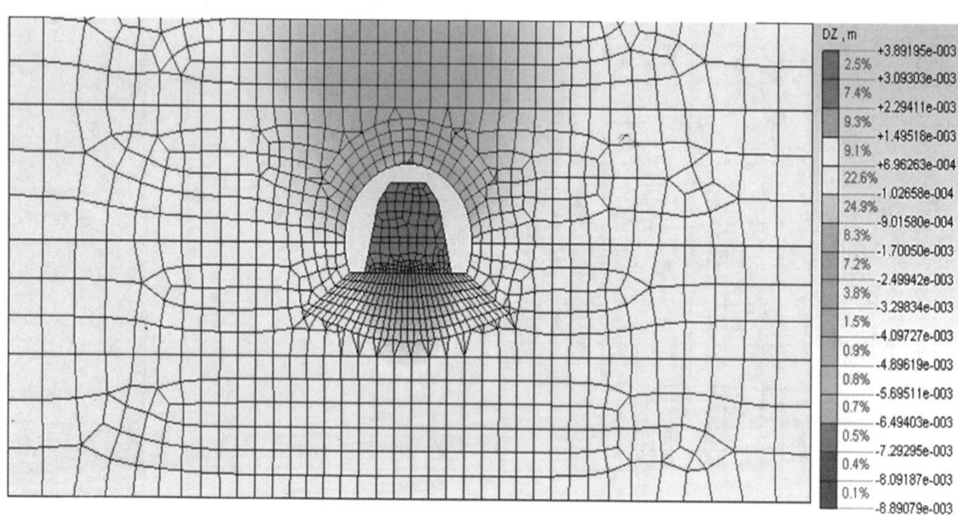

图 3-18　第六阶段:隧道右侧下部开挖与支护竖直方向位移云图

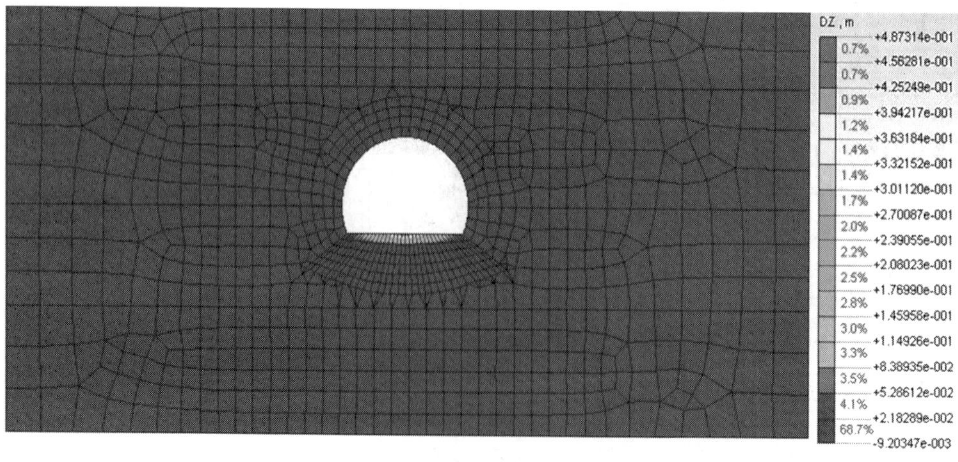

图 3-19　第七阶段:隧道中部核心土开挖与支护竖直方向位移

隧道模拟结果控制关键点位移情况见表3-3和表3-4。

隧道模拟结果控制关键点位移情况(1)　　表3-3

节点	控制点部位	阶　段	DX(mm)	DZ(mm)
338	左拱腰	第一阶段:未开挖状态	0.000	0.000
		第二阶段:上部拱顶开挖与支护	-1.080	-0.300
		第三阶段:左侧中部开挖与支护	0.290	-2.300
		第四阶段:右侧中部开挖与支护	0.222	-2.450
		第五阶段:左侧下部开挖与支护	0.604	-2.760
		第六阶段:右侧下部开挖与支护	0.559	-2.790
		第七阶段:中部核心土开挖与支护	0.231	-2.010
344	右拱腰	第一阶段:未开挖状态	0.000	0.000
		第二阶段:上部拱顶开挖与支护	1.094	-0.310
		第三阶段:左侧中部开挖与支护	1.297	-0.320
		第四阶段:右侧中部开挖与支护	-0.110	-2.330
		第五阶段:左侧下部开挖与支护	-0.070	-2.360
		第六阶段:右侧下部开挖与支护	-0.490	-2.670
		第七阶段:中部核心土开挖与支护	-0.050	-1.930
336	左边墙	第一阶段:未开挖状态	0.000	0.000
336	右边墙	第二阶段:上部拱顶开挖与支护	-0.800	-1.620
		第三阶段:左侧中部开挖与支护	0.237	-3.040
		第四阶段:右侧中部开挖与支护	0.087	-3.230
		第五阶段:左侧下部开挖与支护	0.278	-3.440
		第六阶段:右侧下部开挖与支护	0.216	-3.480
		第七阶段:中部核心土开挖与支护	-0.400	-3.100
453	右边墙	第一阶段:未开挖状态	0.000	0.000
		第二阶段:上部拱顶开挖与支护	0.260	0.073
		第三阶段:左侧中部开挖与支护	0.335	0.100
		第四阶段:右侧中部开挖与支护	0.877	-0.080
		第五阶段:左侧下部开挖与支护	0.923	-0.060
		第六阶段:右侧下部开挖与支护	-1.060	-0.780
		第七阶段:中部核心土开挖与支护	-2.380	2.389

隧道模拟结果控制关键点位移情况(2)　　表3-4

节点	控制点部位	阶　　段	DX(mm)	DZ(mm)
359	拱顶	第一阶段:未开挖状态	0.000	0.000
		第二阶段:上部拱顶开挖与支护	-0.060	-7.970
		第三阶段:左侧中部开挖与支护	0.242	-8.310
		第四阶段:右侧中部开挖与支护	-0.010	-8.690
		第五阶段:左侧下部开挖与支护	0.094	-8.790
		第六阶段:右侧下部开挖与支护	-0.000	-8.890
		第七阶段:中部核心土开挖与支护	0.039	-9.200
37	左拱脚	第一阶段:未开挖状态	0.000	0.000
		第二阶段:上部拱顶开挖与支护	0.014	0.333
		第三阶段:左侧中部开挖与支护	-0.040	0.646
		第四阶段:右侧中部开挖与支护	-0.040	0.746
		第五阶段:左侧下部开挖与支护	-0.250	0.854
		第六阶段:右侧下部开挖与支护	-0.250	0.903
		第七阶段:中部核心土开挖与支护	-5.150	8.615
32	右拱脚	第一阶段:未开挖状态	0.000	0.000
		第二阶段:上部拱顶开挖与支护	-0.020	0.340
		第三阶段:左侧中部开挖与支护	-0.040	0.425
		第四阶段:右侧中部开挖与支护	0.024	0.760
		第五阶段:左侧下部开挖与支护	0.014	0.811
		第六阶段:右侧下部开挖与支护	0.191	0.942
		第七阶段:中部核心土开挖与支护	5.033	8.503
48	拱底中心	第一阶段:未开挖状态	0.000	0.000
		第二阶段:上部拱顶开挖与支护	-0.000	1.076
		第三阶段:左侧中部开挖与支护	-0.110	1.449
		第四阶段:右侧中部开挖与支护	-0.010	1.887
		第五阶段:左侧下部开挖与支护	-0.060	2.127
		第六阶段:右侧下部开挖与支护	-0.020	2.372
		第七阶段:中部核心土开挖与支护	0.544	487.314

由以上图表可知：整体上，随着隧道的施工阶段的进行，隧道各关键控制点的水平位移和竖直位移呈现加大的趋势，其中水平方向位移值均较小。

从水平方向变形量来看，左右拱腰以及左右边墙的水平方向变形量均不太大，基本上不到1mm，只是右边墙部位在右侧下部开挖以及中部核心土开挖时变形量为1.06mm和2.38mm。左右拱脚处的水平方向变形量在前面的六个阶段值不大，但是随着中部核心土的开挖，压力荷载的消失，变形量急剧增大，分别为向左5.15mm和向右5.033mm。

从竖直方向沉降量来看，拱顶处沉降值随着施工阶段的进行由初始阶段的0mm增大到最后阶段的9.2mm。左右拱脚部位变形在前六个阶段表现为逐渐向上隆起，其中左拱脚在拱顶开挖时隆起值为0.333mm逐渐增大到第六阶段的0.903mm。各阶段拱底中心点处的隆起值较左右拱脚处大，特别是第七阶段更是达到了48.731cm，变形量很大。

水平方向应力云图如图3-20～图3-26所示。

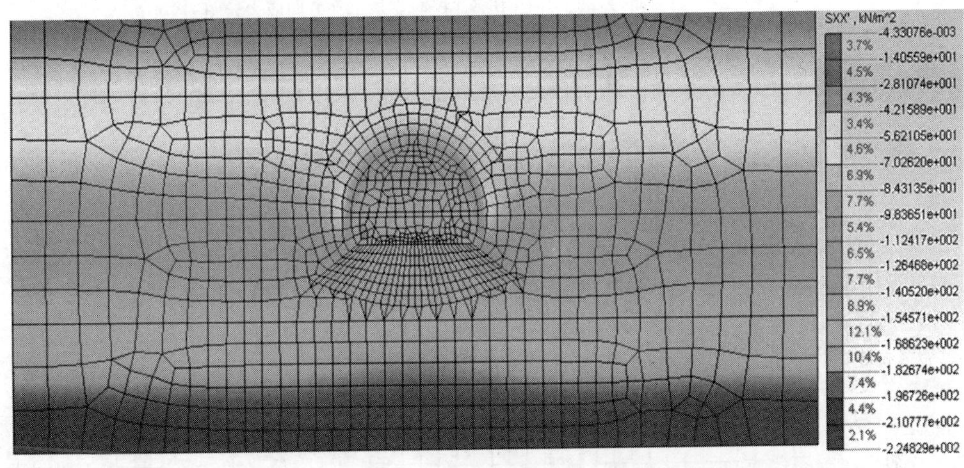

图3 20　第一阶段：未开挖状态水平方向应力云图

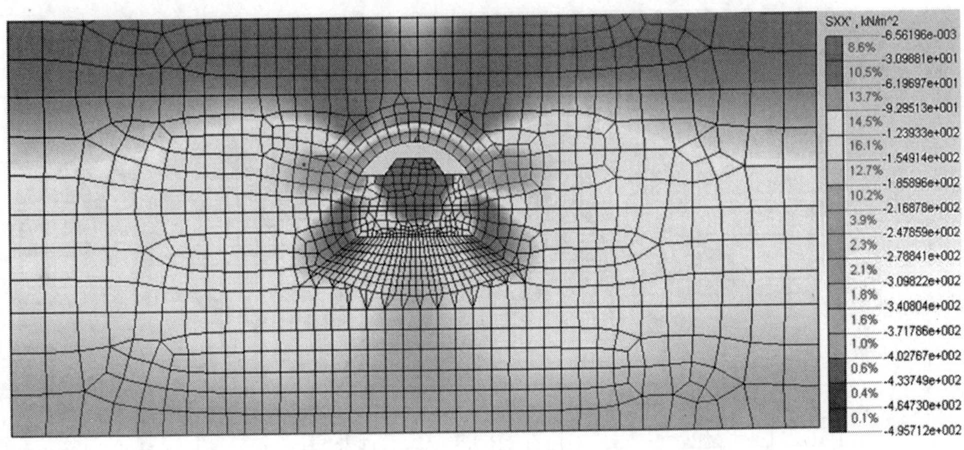

图3-21　第二阶段：隧道上部拱顶开挖与支护水平方向应力云图

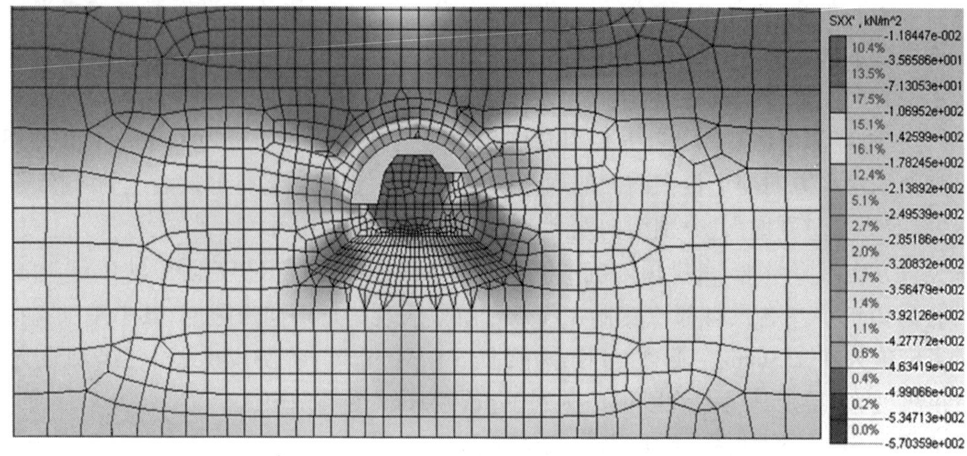

图 3-22　第三阶段:隧道左侧中部开挖与支护水平方向应力云图

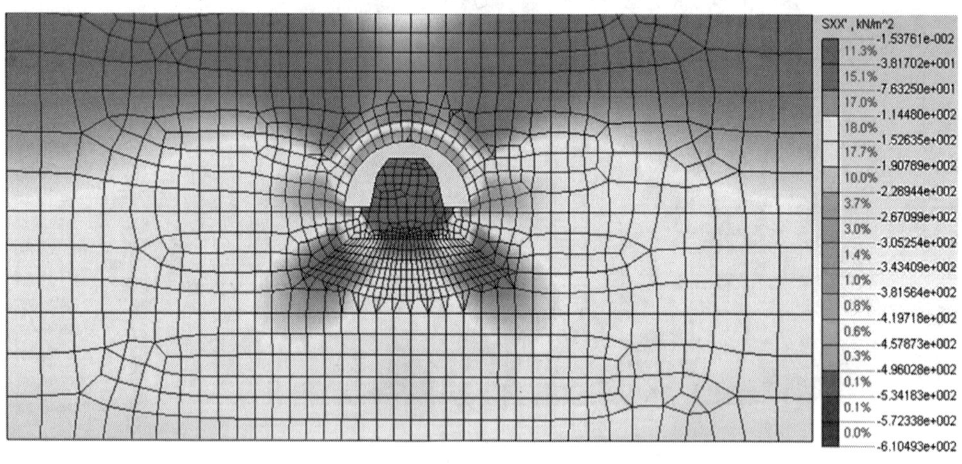

图 3-23　第四阶段:隧道右侧中部开挖与支护水平方向应力云图

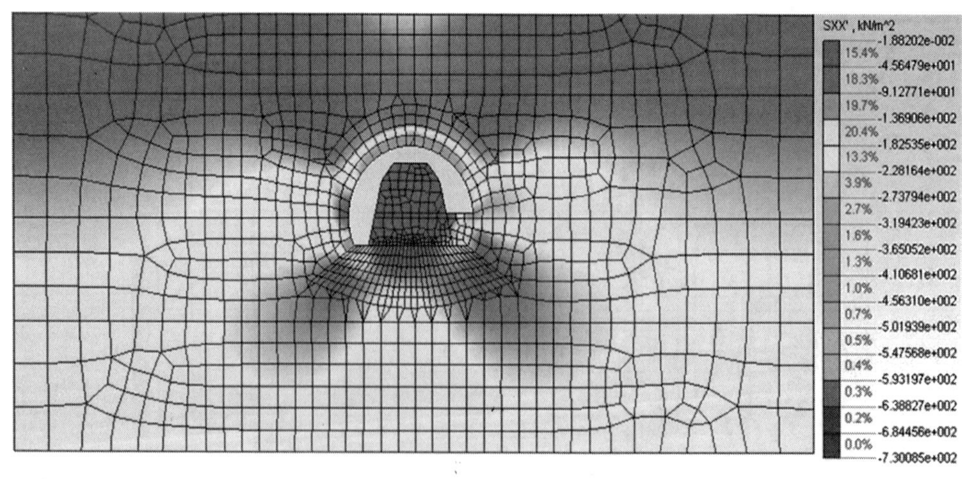

图 3-24　第五阶段:隧道左侧下部开挖与支护水平方向应力云图

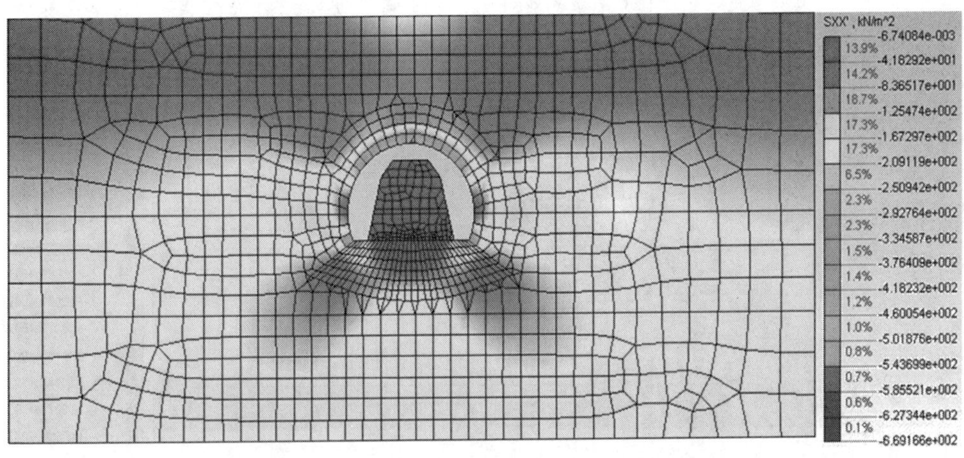

图 3-25 第六阶段:隧道右侧下部开挖与支护水平方向应力云图

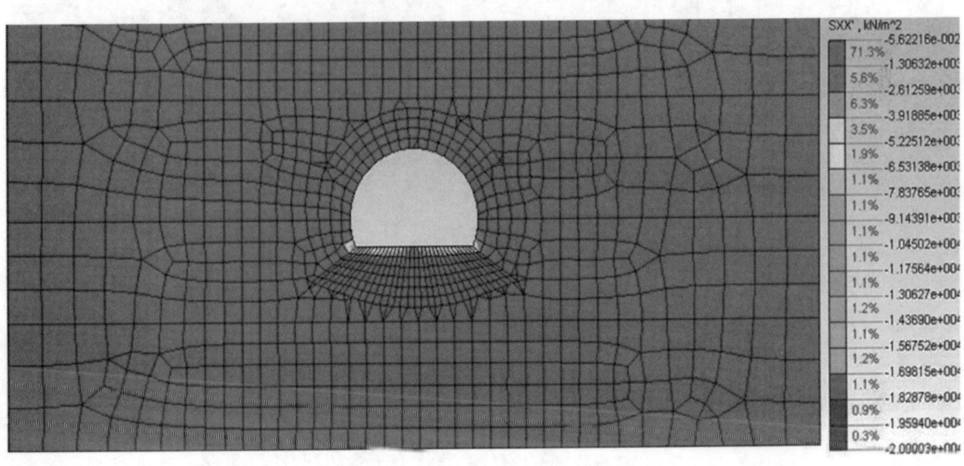

图 3-26 第七阶段:隧道中部核心土开挖与支护水平方向应力云图

由以上水平方向的应力云图可知:第一阶段为初始应力状态,选取的研究对象在水平方向上均处于压应力状态并且从上到下压应力值逐渐增大,最大为 0.225MPa;第二阶段隧道上部拱顶开挖和支护,隧道周围压应力值均有所增大,其中左右拱肩为 0.372MPa,拱顶处为0.495MPa;第三阶段隧道左侧中部的开挖和支护,拱顶处压应力值为 0.57MPa,而且由于左侧中部开挖使得右侧拱肩部位压应力值增大较为明显,达到 0.51MPa;第四阶段,右侧中部开挖和支护,左右边墙部位 0.356MPa,拱顶处为 0.615MPa;第五阶段左侧下部开挖和支护,压应力值进一步增大,左拱脚部位应力值最大,为 0.73MPa;第六阶段右侧下部开挖和支护,左右拱脚部位应力值为 0.7MPa;第七阶段,中部核心土的开挖与支护,应力释放,拱顶以及左右拱腰、左右边墙等部位的压应力值为 0.225 ~ 0.45MPa,但是由于核心土开挖,拱底压应力值急剧增大。

竖直方向应力云图如图 3-27 ~ 图 3-33 所示。

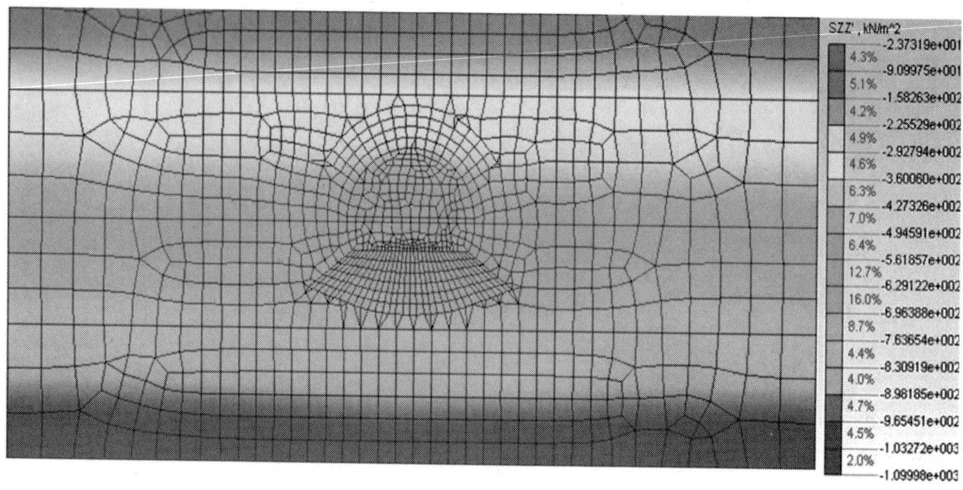

图 3-27　第一阶段:未开挖状态竖直方向应力云图

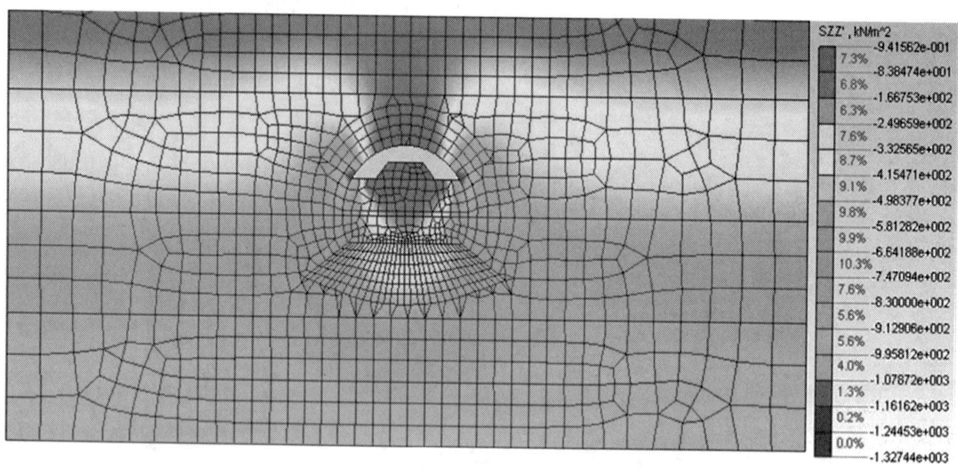

图 3-28　第二阶段:隧道上部拱顶开挖与支护竖直方向应力云图

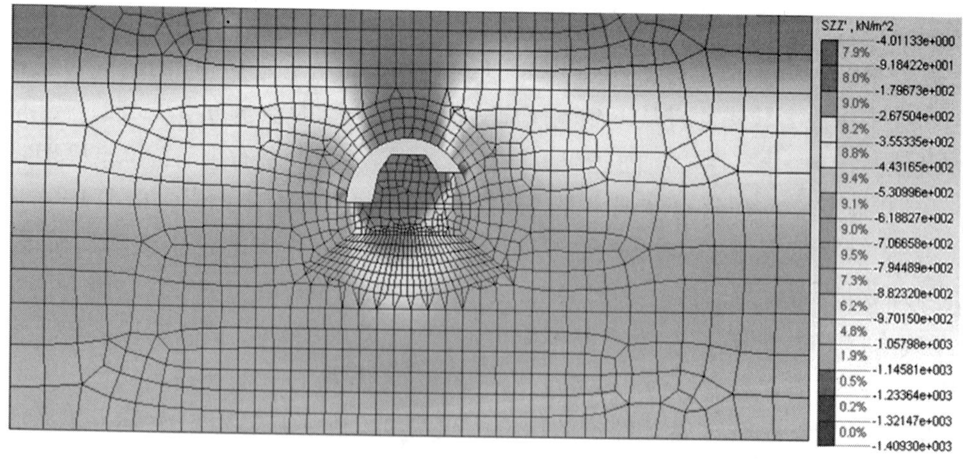

图 3-29　第三阶段:隧道左侧中部开挖与支护竖直方向应力云图

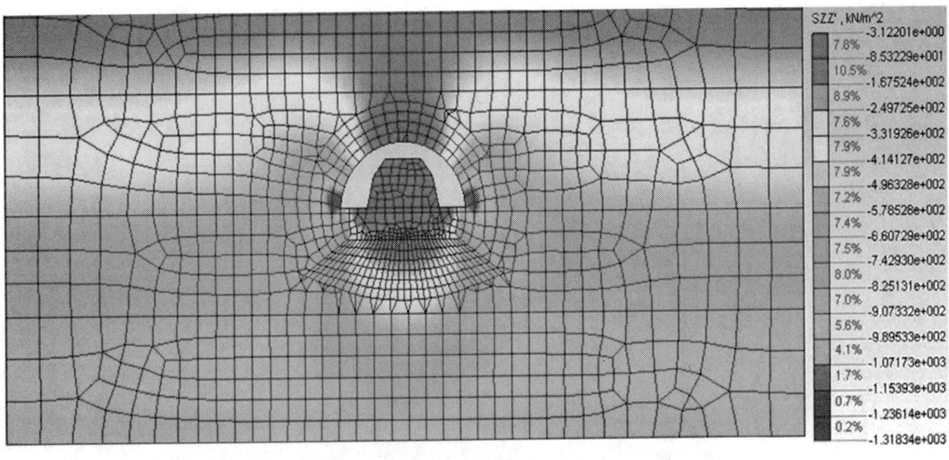

图3-30　第四阶段:隧道右侧中部开挖与支护竖直方向应力云图

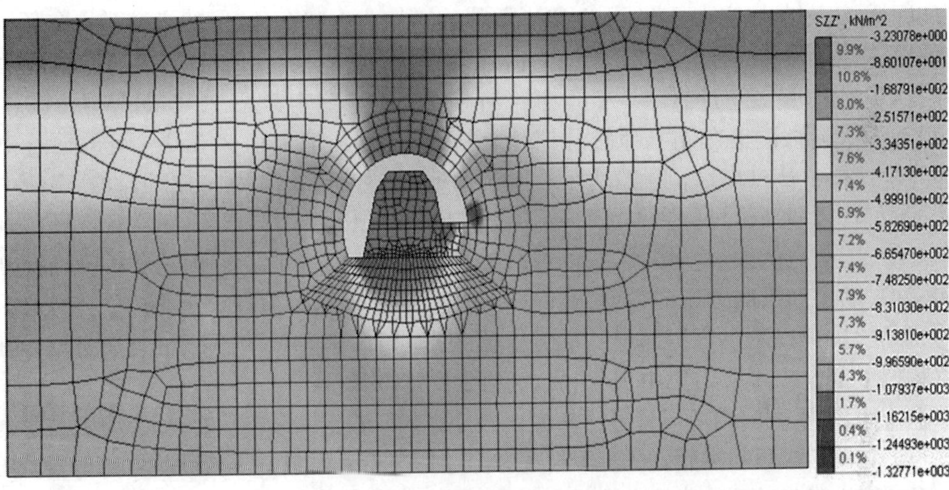

图3-31　第五阶段:隧道左侧下部开挖与支护竖直方向应力云图

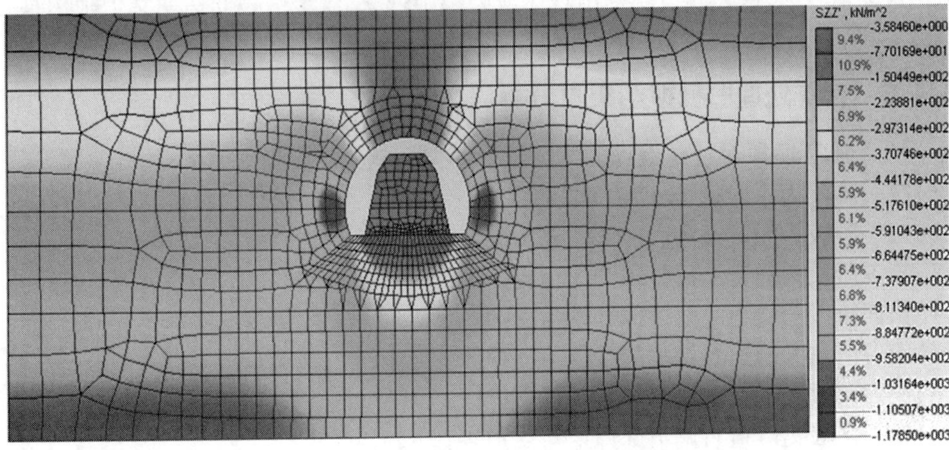

图3-32　第六阶段:隧道右侧下部开挖与支护竖直方向应力云图

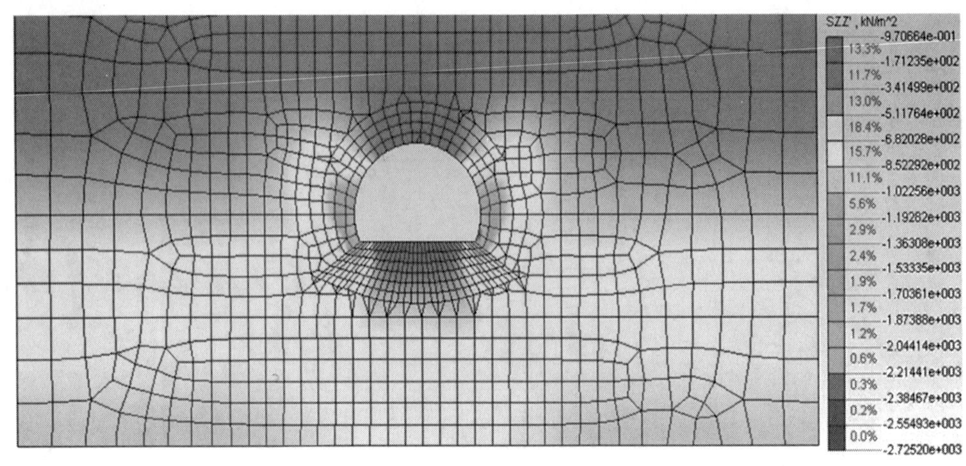

图 3-33　第七阶段:隧道中部核心土开挖与支护竖直方向应力云图

由以上竖直方向的应力云图可知:第一阶段为初始应力状态,选取的研究对象在竖直方向上均处于压应力状态并且从上到下压应力值逐渐增大,最大为 1.033MPa;第二阶段隧道上部拱顶开挖和支护,隧道周围压应力值均有所增大,其中左右拱肩为 1.244MPa,拱顶处为 0.094MPa;第三阶段隧道左侧中部的开挖和支护,拱顶处压应力值为 0.004MPa,而且由于左侧中部开挖使得右侧拱肩部位压应力值增大较为明显,达到 1.321MPa;第四阶段,右侧中部开挖和支护,左右边墙部位压应力值最大为 1.236MPa,拱顶处为 0.019MPa;第五阶段左侧下部开挖和支护,压应力值进一步增大,右侧边墙处应力值最大,为 1.245MPa;第六阶段右侧下部开挖和支护,拱顶和拱底处压应力值为 0.004 ~ 0.664MPa;第七阶段,中部核心土的开挖与支护,应力释放,拱顶以及拱底等部位的压应力值为 0.097 ~ 0.34MPa,但是由于核心土开挖,在左右拱脚偏上部位出现应力集中现象,最大达到 2.555MPa。

综上所述:水平方向的变形量整体来说比较小,竖直方向上的变形量较大,特别是第七阶段中部核心土开挖后拱顶和拱底处的沉降情况和隆起情况不太乐观,若是处理不好,很容易出现由拱顶沉降和仰拱隆起导致的工程事故或者是工程质量问题。另外,在施工过程中拱顶和拱底处水平方向应力值较大,拱脚和边墙则出现压应力集中现象,对于拱脚处初期支护结构具有很大威胁。

3.4.2　特殊处理后模拟结果与分析

可分九个施工阶段对特殊处理的情况进行模拟。施工阶段顺序如下:

(1)第一阶段为原岩状态,即未开挖状态。

(2)第二阶段为泥石流沟表层的注浆加固。

(3)第三阶段为隧道上部拱顶开挖与支护。

(4)第四阶段为隧道左侧中部开挖与支护。

(5)第五阶段为隧道右侧中部开挖与支护。

(6)第六阶段为隧道左侧下部开挖与支护。

(7)第七阶段为隧道右侧下部开挖与支护。

(8)第八阶段为隧道中部核心土开挖与支护。

(9)第九阶段为拱底树根桩加固。

相关的模拟结果图与分析如下：

水平方向(X)位移云图如图3-34～图3-42所示。

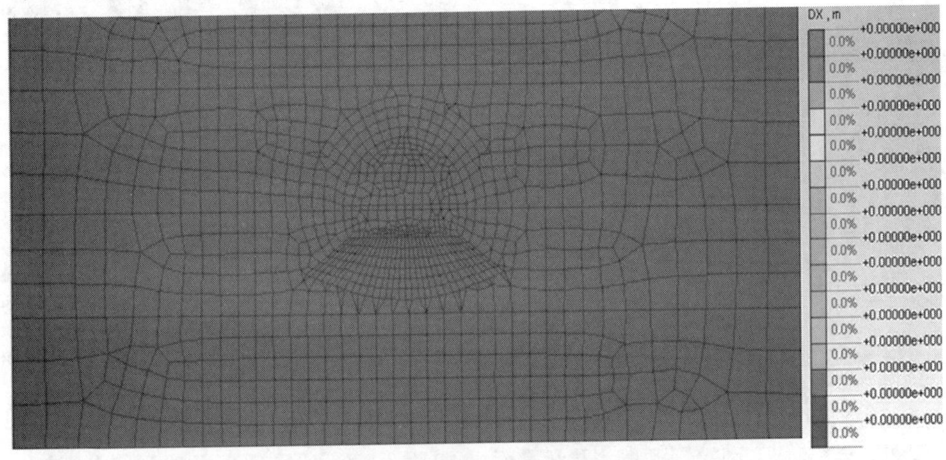

图3-34　第一阶段：未开挖状态水平方向(X)位移云图

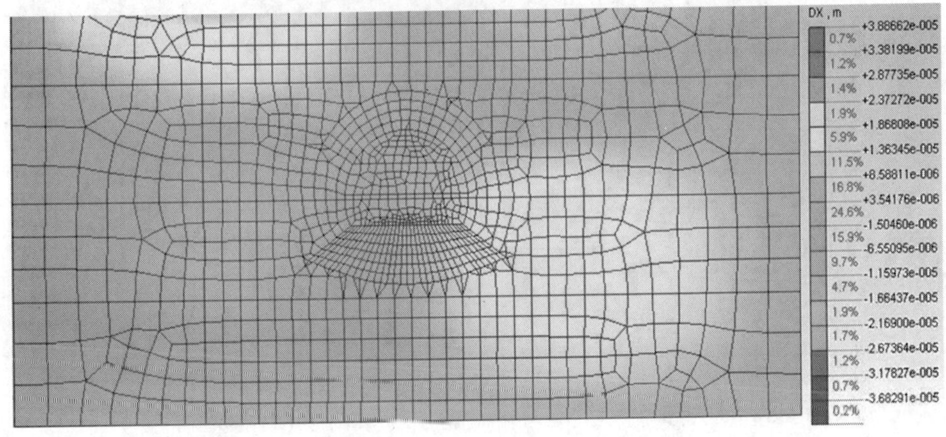

图3-35　第二阶段：泥石流沟表层注浆加固水平方向(X)位移云图

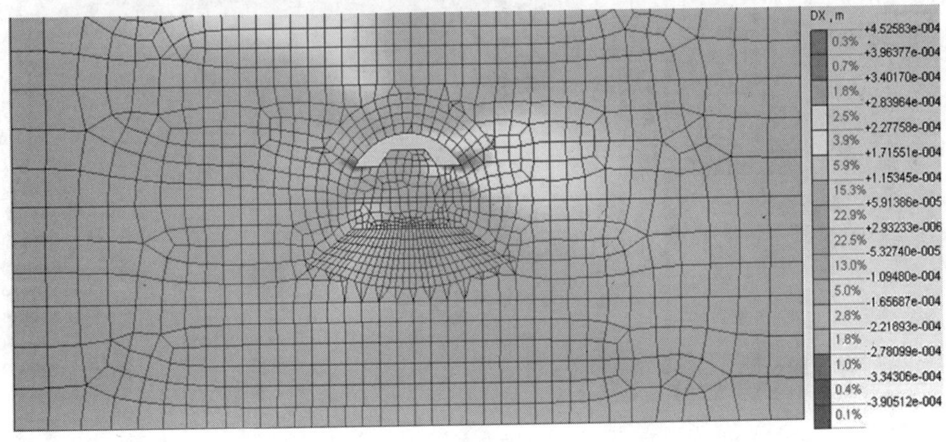

图3-36　第三阶段：隧道上部拱顶开挖与支护水平方向(X)位移云图

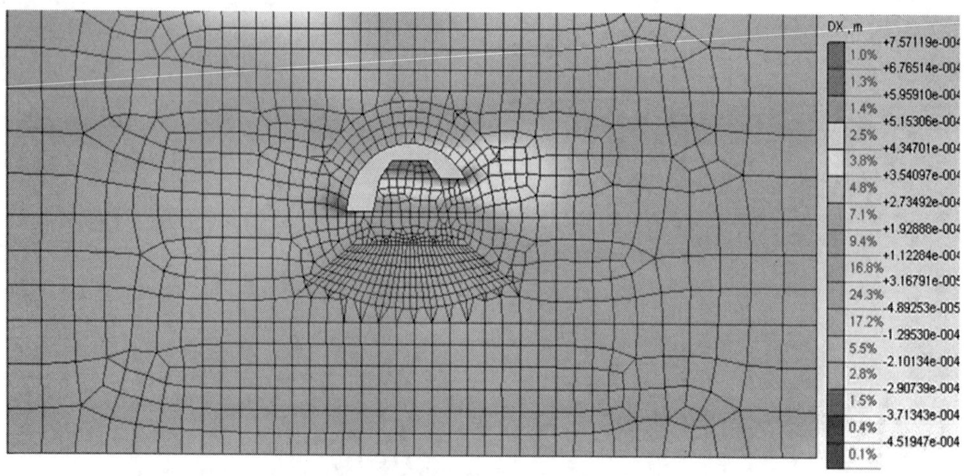

图 3-37　第四阶段:隧道左侧中部开挖与支护水平方向(*X*)位移云图

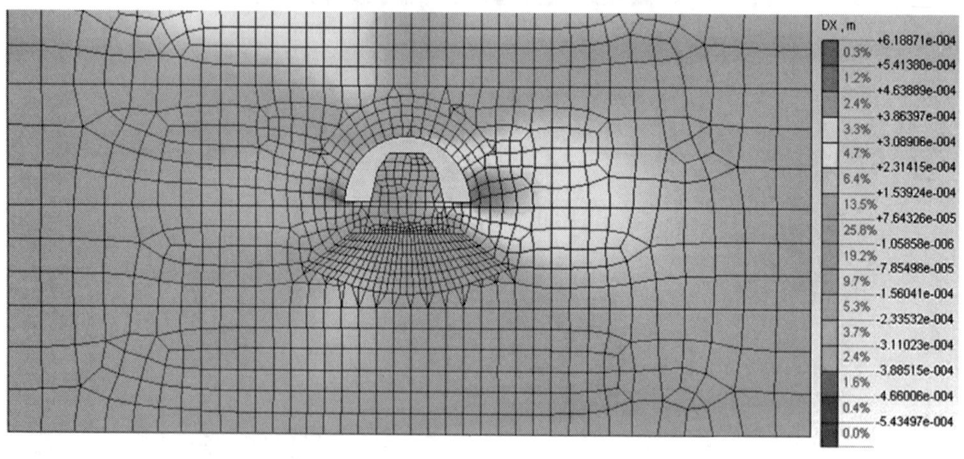

图 3-38　第五阶段:隧道右侧中部开挖与支护水平方向(*X*)位移云图

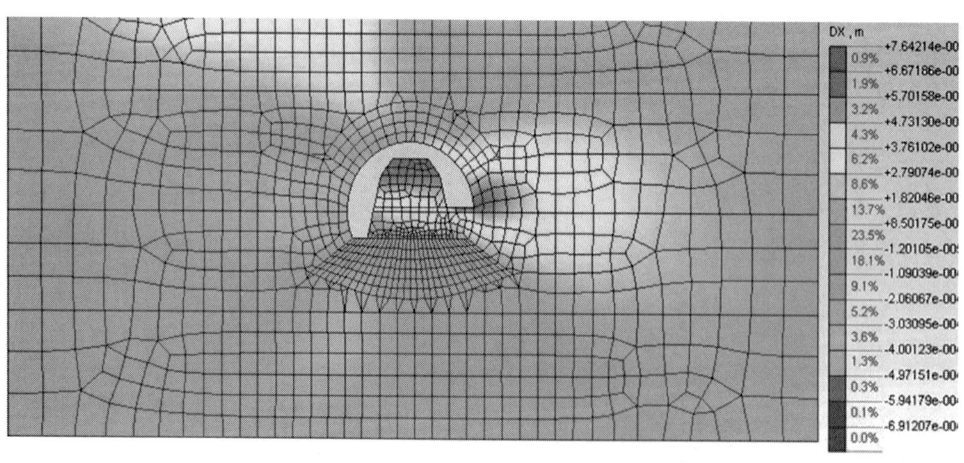

图 3-39　第六阶段:隧道左侧下部开挖与支护水平方向(*X*)位移云图

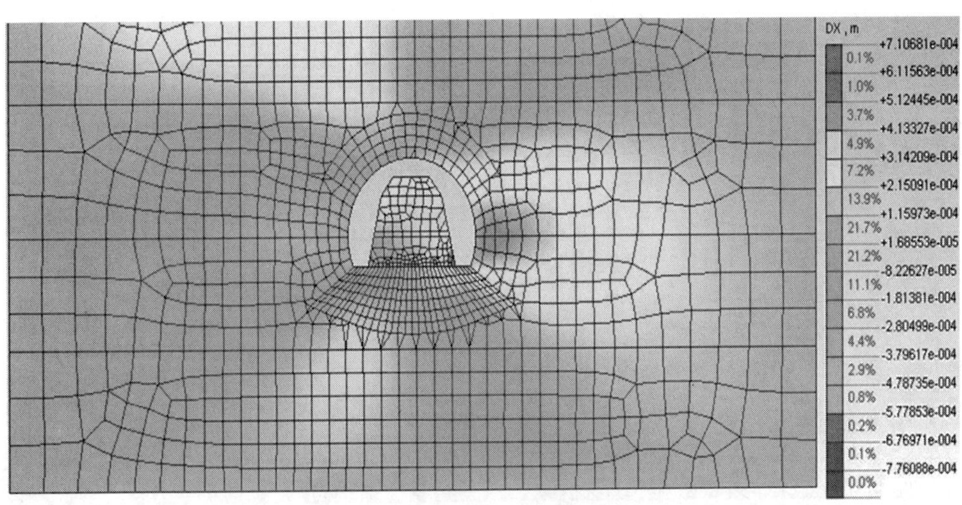

图3-40　第七阶段:隧道右侧下部开挖与支护水平方向(X)位移云图

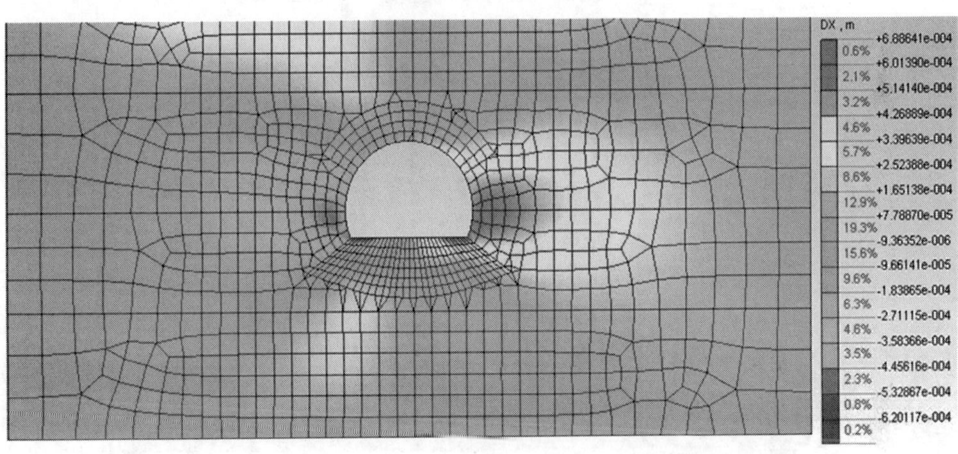

图3-41　第八阶段:隧道中部核心土开挖与支护水平方向(X)位移云图

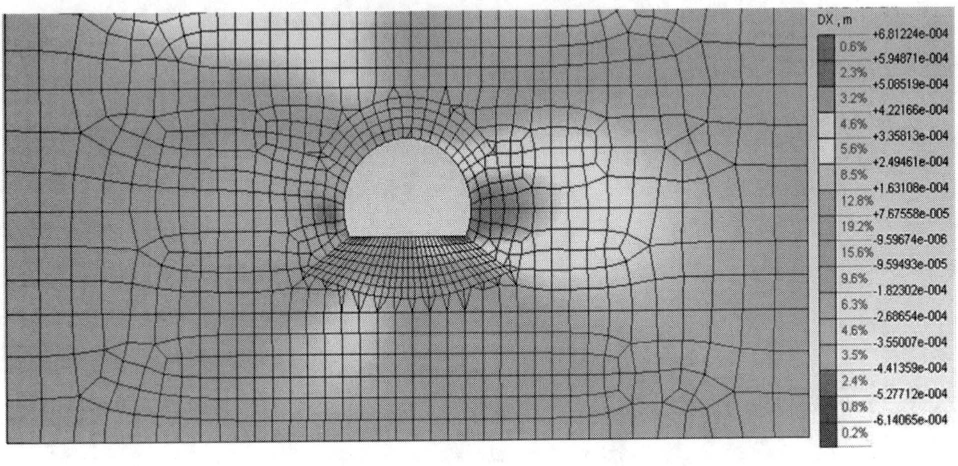

图3-42　第九阶段:拱底树根桩加固水平方向(X)位移云图

竖直方向(Z)位移云图如图 3-43 ~ 图 3-51 所示。

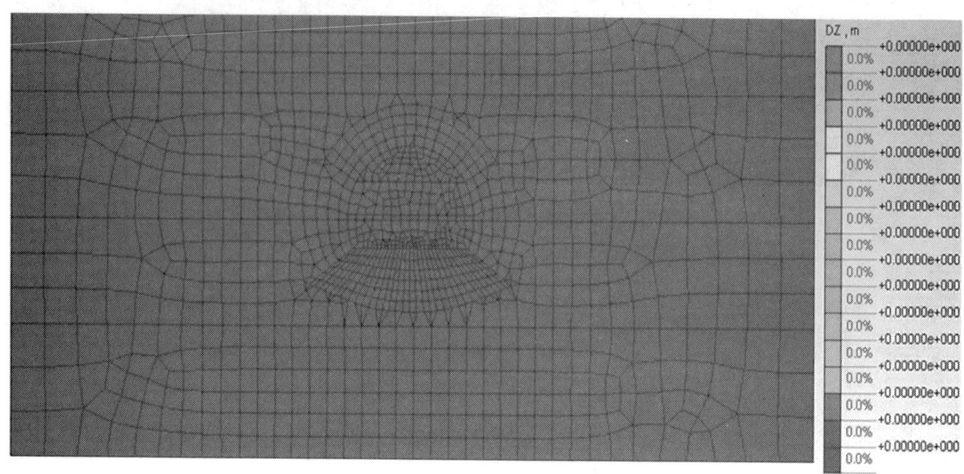

图 3-43 第一阶段:未开挖状态竖直方向(Z)位移云图

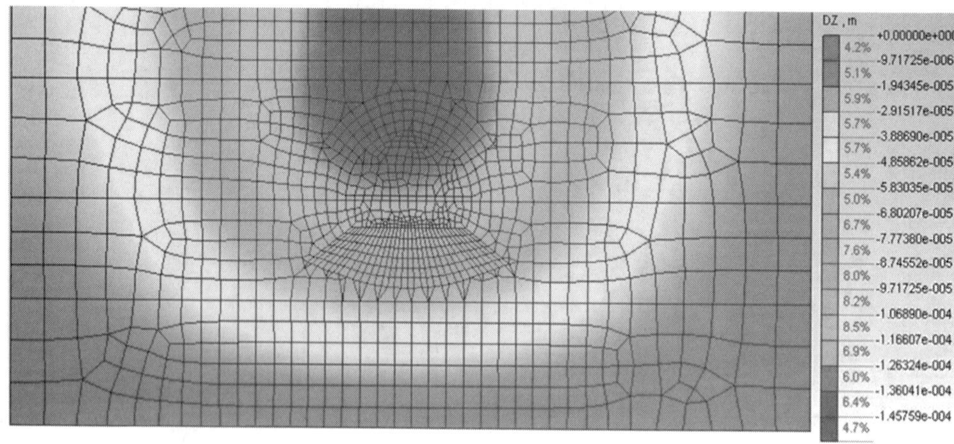

图 3-44 第二阶段:泥石流沟表层注浆加固竖直方向(Z)位移云图

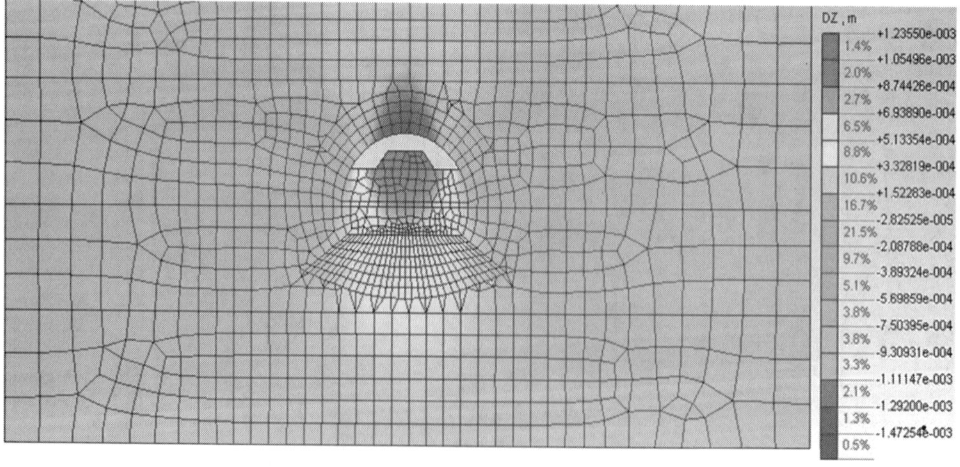

图 3-45 第三阶段:隧道上部拱顶开挖与支护竖直方向(Z)位移云图

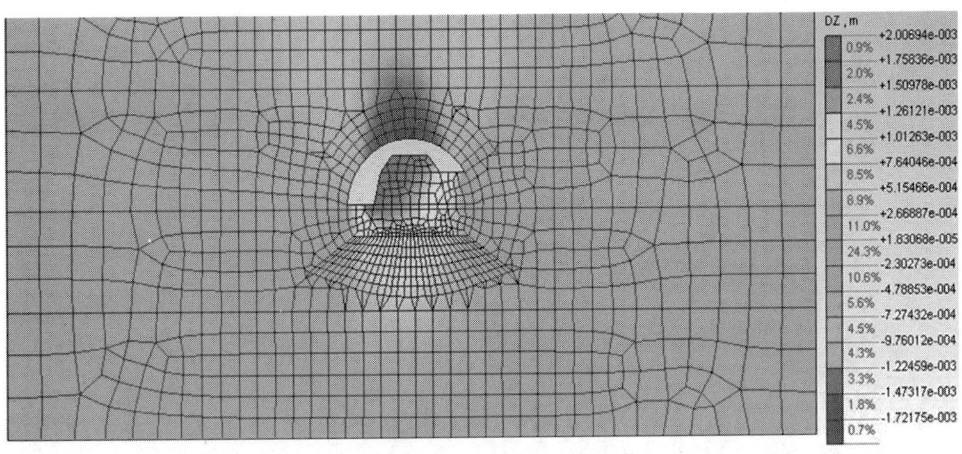

图 3-46　第四阶段:隧道左侧中部开挖与支护竖直方向(Z)位移云图

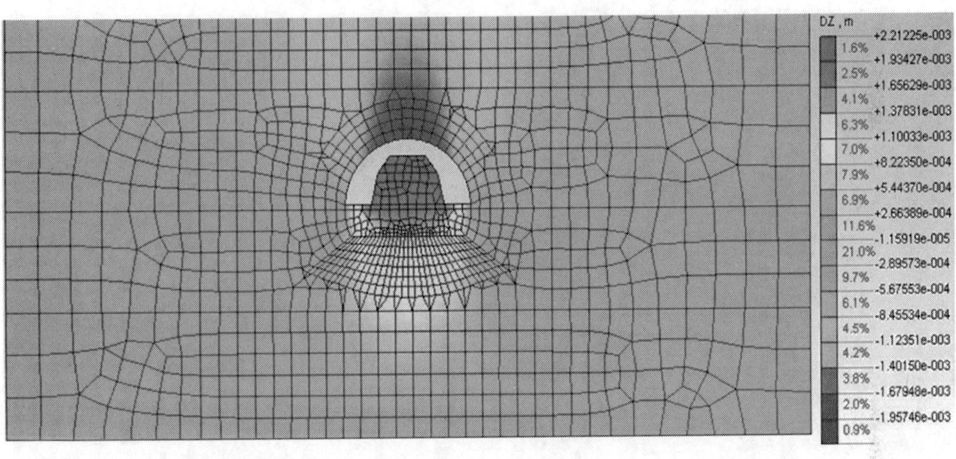

图 3-47　第五阶段:隧道右侧中部开挖与支护竖直方向(Z)位移云图

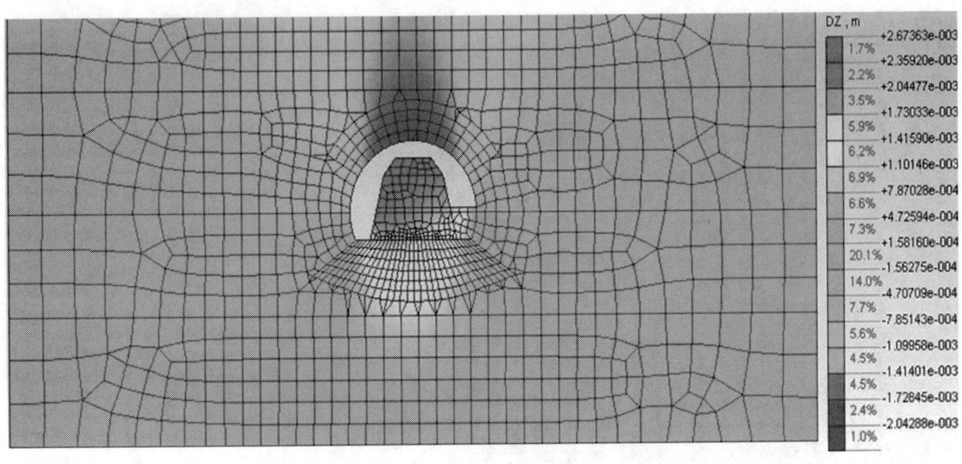

图 3-48　第六阶段:隧道左侧下部开挖与支护竖直方向(Z)位移云图

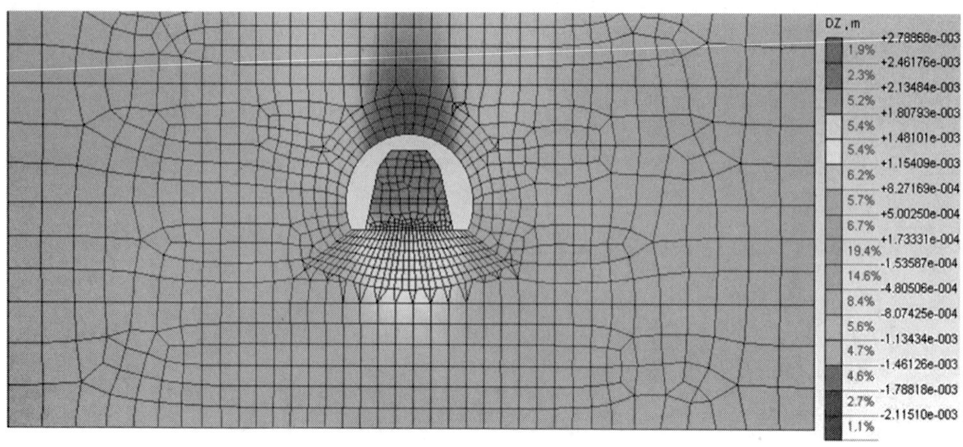

图 3-49　第七阶段:隧道右侧下部开挖与支护竖直方向(Z)位移云图

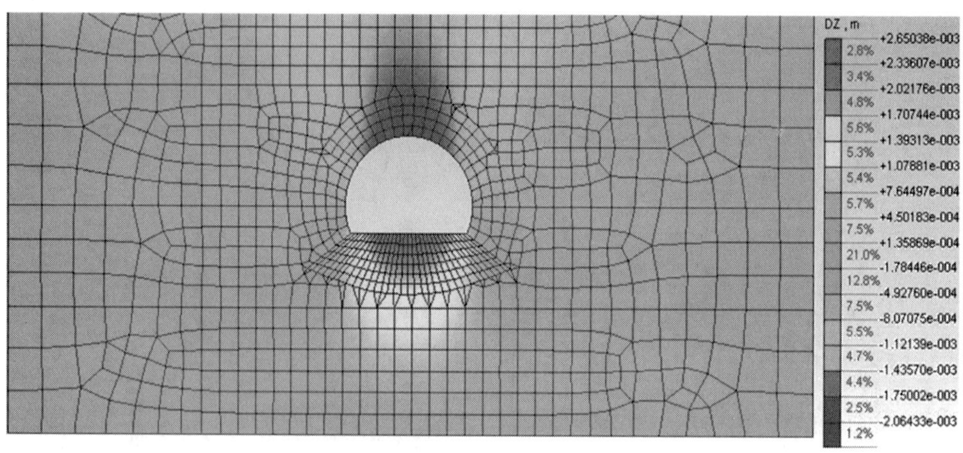

图 3-50　第八阶段:隧道中部核心土开挖与支护竖直方向(Z)位移云图

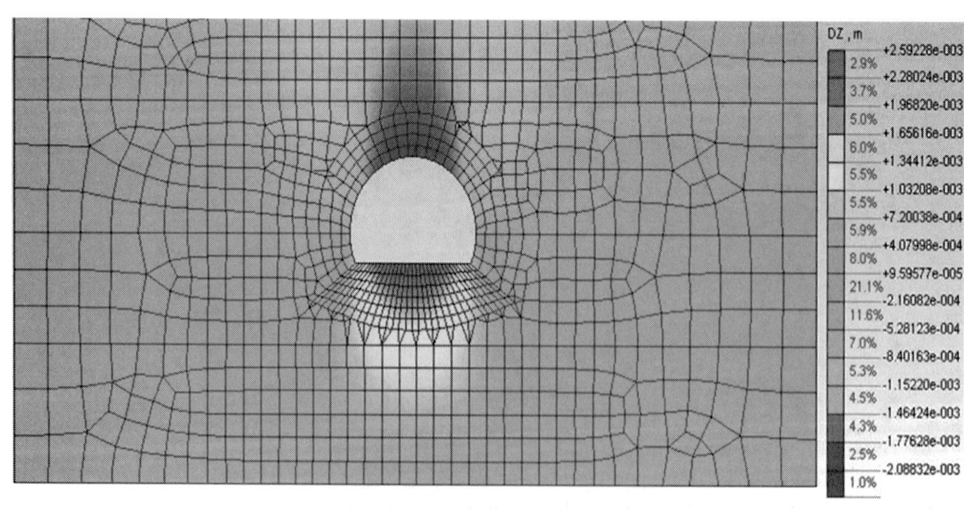

图 3-51　第九阶段:拱底树根桩加固竖直方向(Z)位移云图

隧道模拟结果控制关键点位移情况见表3-5和表3-6。

隧道模拟结果控制关键点位移情况(1) 表3-5

节点	控制点部位	阶段	DX(mm)	DZ(mm)
338	左拱腰	第一阶段:初始状态	0.000	0.000
		第二阶段:泥石流沟地表注浆加固	-0.003	-0.142
		第三阶段:拱顶上部开挖与支护	-0.447	-0.241
		第四阶段:左侧中部开挖与支护	-0.262	-1.203
		第五阶段:右侧中部开挖与支护	-0.364	-1.269
		第六阶段:左侧下部开挖与支护	-0.288	-1.513
		第七阶段:右侧下部开挖与支护	-0.331	-1.538
		第八阶段:中部核心土开挖与支护	-0.368	-1.463
		第九阶段:树根桩加固	-0.364	-1.487
344	右拱腰	第一阶段:初始状态	0.000	0.000
		第二阶段:泥石流沟地表注浆加固	0.004	-0.137
		第三阶段:拱顶上部开挖与支护	0.453	-0.237
		第四阶段:左侧中部开挖与支护	0.679	-0.287
		第五阶段:右侧中部开挖与支护	0.374	-1.283
		第六阶段:左侧下部开挖与支护	0.447	-1.334
		第七阶段:右侧下部开挖与支护	0.341	-1.533
		第八阶段:中部核心土开挖与支护	0.379	-1.457
		第九阶段:树根桩加固	0.375	-1.481
336	左边墙	第一阶段:初始状态	0.000	0.000
		第二阶段:泥石流沟地表注浆加固	-0.001	-0.147
		第三阶段:拱顶上部开挖与支护	-0.288	-0.996
		第四阶段:左侧中部开挖与支护	-0.159	-1.550
		第五阶段:右侧中部开挖与支护	-0.273	-1.675
		第六阶段:左侧下部开挖与支护	-0.201	-1.859
		第七阶段:右侧下部开挖与支护	-0.205	-1.898
		第八阶段:中部核心土开挖与支护	-0.277	-1.828
		第九阶段:树根桩加固	-0.274	-1.851

续上表

节点	控制点部位	阶　　段	DX(mm)	DZ(mm)
453	右边墙	第一阶段:初始状态	0.000	0.000
		第二阶段:泥石流沟地表注浆加固	0.008	-0.124
		第三阶段:拱顶上部开挖与支护	0.002	-0.030
		第四阶段:左侧中部开挖与支护	0.129	-0.054
		第五阶段:右侧中部开挖与支护	0.545	-0.185
		第六阶段:左侧下部开挖与支护	0.655	-0.209
		第七阶段:右侧下部开挖与支护	0.418	-0.723
		第八阶段:中部核心土开挖与支护	0.484	-0.628
		第九阶段:树根桩加固	0.478	-0.656

隧道模拟结果控制关键点位移情况(2)　　表3-6

节点	控制点部位	阶　　段	DX(mm)	DZ(mm)
359	拱顶	第一阶段:初始状态	0.000	0.000
		第二阶段:泥石流沟地表注浆加固	-0.000	-0.152
		第三阶段:拱顶上部开挖与支护	0.006	-1.653
		第四阶段:左侧中部开挖与支护	0.154	-1.956
		第五阶段:右侧中部开挖与支护	0.007	-2.235
		第六阶段:左侧下部开挖与支护	0.077	-2.354
		第七阶段:右侧下部开挖与支护	0.007	-2.442
		第八阶段:中部核心土开挖与支护	0.007	-2.379
		第九阶段:树根桩加固	0.007	-2.400
37	左拱脚	第一阶段:初始状态	0.000	0.000
		第二阶段:泥石流沟地表注浆加固	-0.006	-0.111
		第三阶段:拱顶上部开挖与支护	0.094	0.140
		第四阶段:左侧中部开挖与支护	-0.024	0.371
		第五阶段:右侧中部开挖与支护	-0.039	0.416
		第六阶段:左侧下部开挖与支护	-0.392	0.525
		第七阶段:右侧下部开挖与支护	-0.416	0.542
		第八阶段:中部核心土开挖与支护	-0.559	0.716
		第九阶段:树根桩加固	-0.552	0.674

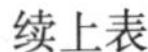

续上表

节点	控制点部位	阶 段	DX(mm)	DZ(mm)
32	右拱脚	第一阶段:初始状态	0.000	0.000
		第二阶段:泥石流沟地表注浆加固	0.009	-0.107
		第三阶段:拱顶上部开挖与支护	-0.091	0.147
		第四阶段:左侧中部开挖与支护	-0.069	0.189
		第五阶段:右侧中部开挖与支护	0.043	0.426
		第六阶段:左侧下部开挖与支护	0.113	0.430
		第七阶段:右侧下部开挖与支护	0.402	0.555
		第八阶段:中部核心土开挖与支护	0.650	0.728
		第九阶段:树根桩加固	0.643	0.686
48	拱底中心	第一阶段:初始状态	0.000	0.000
		第二阶段:泥石流沟地表注浆加固	0.002	-0.114
		第三阶段:拱顶上部开挖与支护	0.002	0.684
		第四阶段:左侧中部开挖与支护	-0.097	0.971
		第五阶段:右侧中部开挖与支护	0.002	1.348
		第六阶段:左侧下部开挖与支护	0.049	1.598
		第七阶段:右侧下部开挖与支护	0.040	1.612
		第八阶段:中部核心土开挖与支护	0.032	2.650
		第九阶段:树根桩加固	0.032	2.592

由以上图表可知:整体上,隧道各关键控制点的水平方向上的位移很小,不足1mm,竖直方向上的变形量较水平方向大,但是总体也很小。

从水平方向变形量来看,左右拱腰、左右边墙的水平方向变形量均不太大,都不到1mm,左右拱脚处变形量在七八九阶段变形量稍大。

从竖直方向沉降量来看,拱顶处沉降值随着施工阶段的进行由初始阶段的0mm增大到最后阶段的2.4mm。

可以看出,水平方向和竖直方向的变形量值均要小很多。

水平方向应力云图如图3-52~图3-60所示。

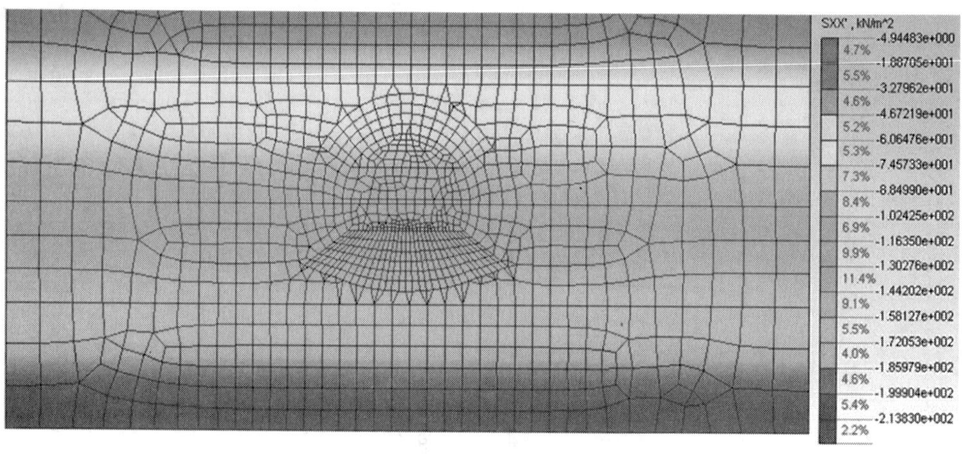

图 3-52　第一阶段：未开挖状态水平方向应力云图

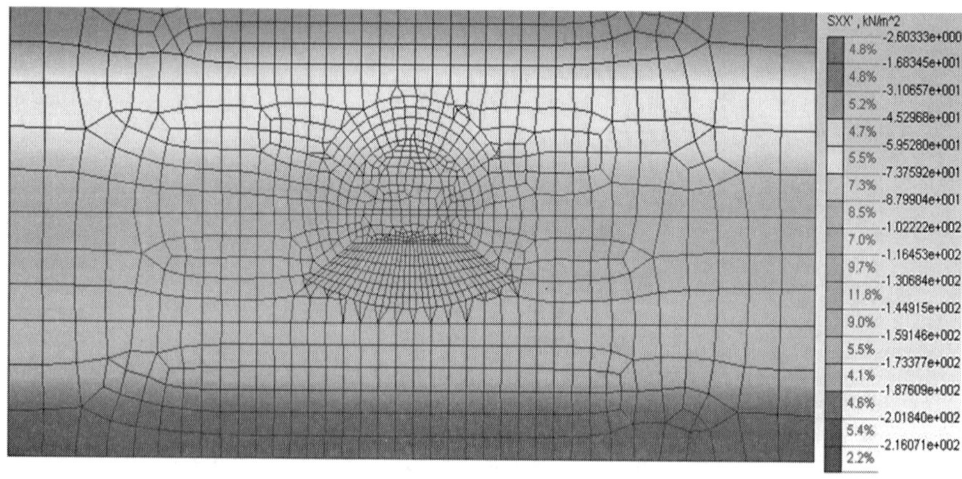

图 3-53　第二阶段：泥石流沟表层注浆加固水平方向应力云图

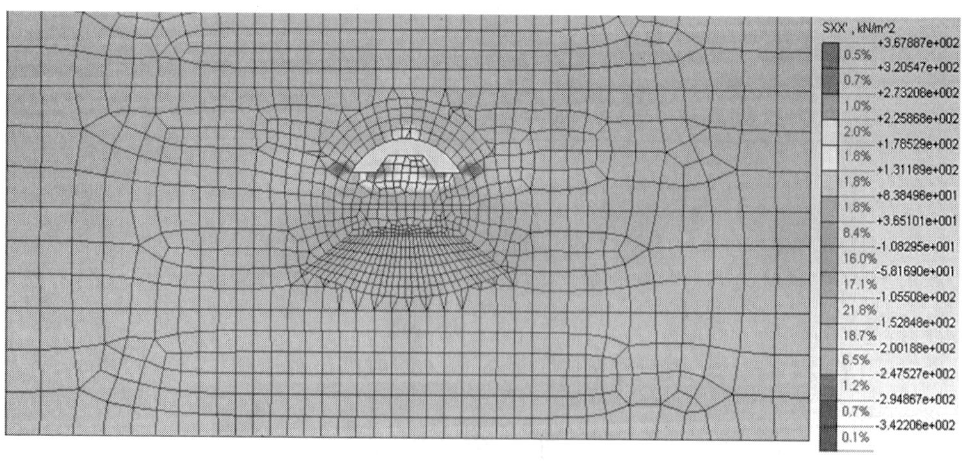

图 3-54　第三阶段：隧道上部拱顶开挖与支护水平方向应力云图

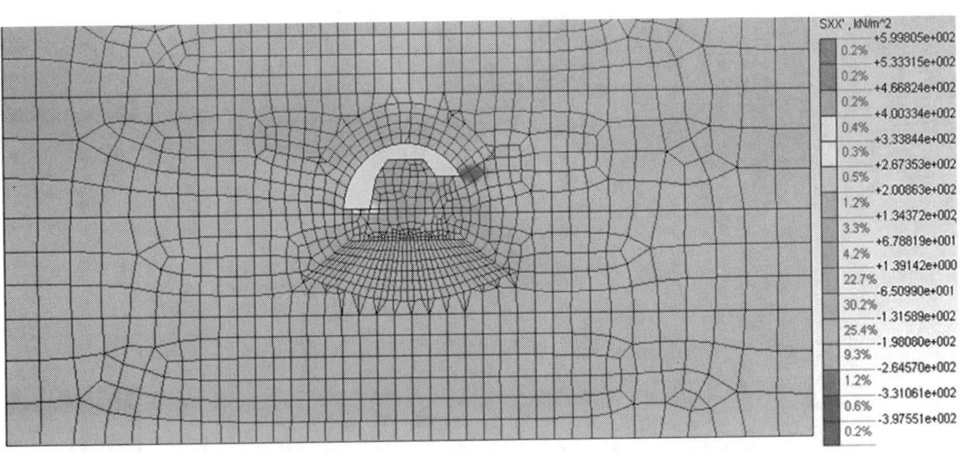

图 3-55　第四阶段：隧道左侧中部开挖与支护水平方向应力云图

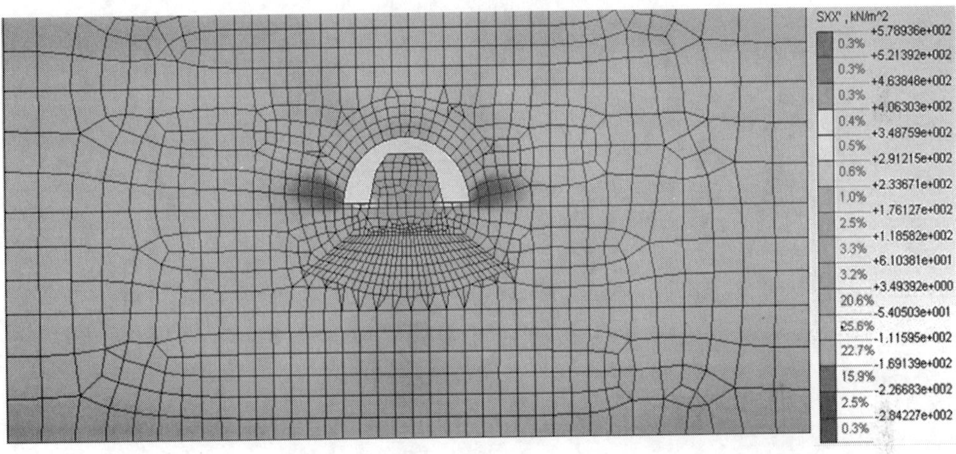

图 3-56　第五阶段：隧道右侧中部开挖与支护水平方向应力云图

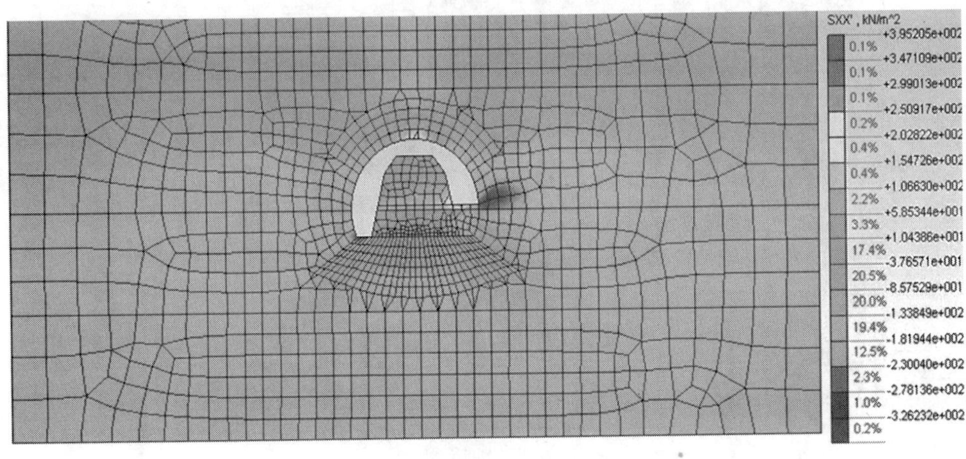

图 3-57　第六阶段：隧道左侧下部开挖与支护水平方向应力云图

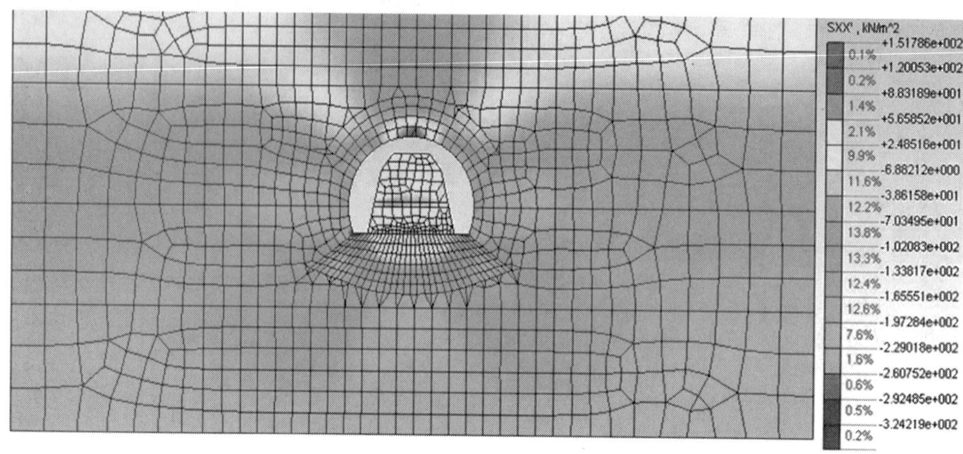

图 3-58　第七阶段:隧道右侧下部开挖与支护水平方向应力云图

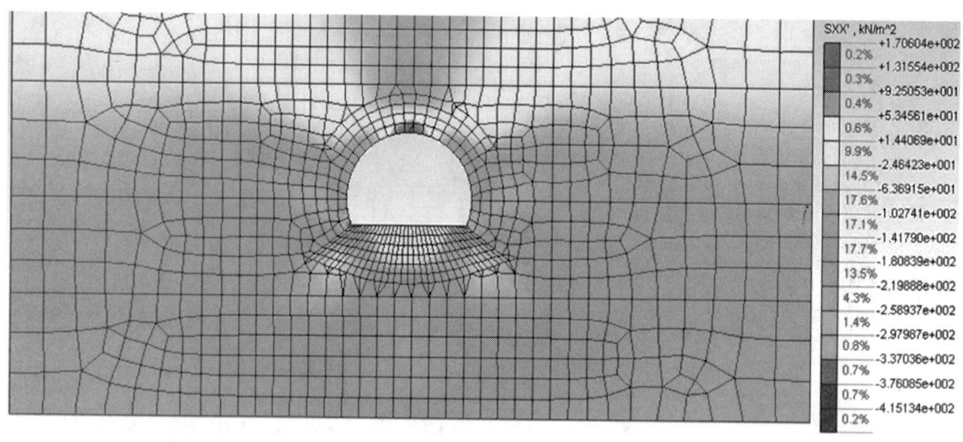

图 3-59　第八阶段:隧道中部核心土开挖与支护水平方向应力云图

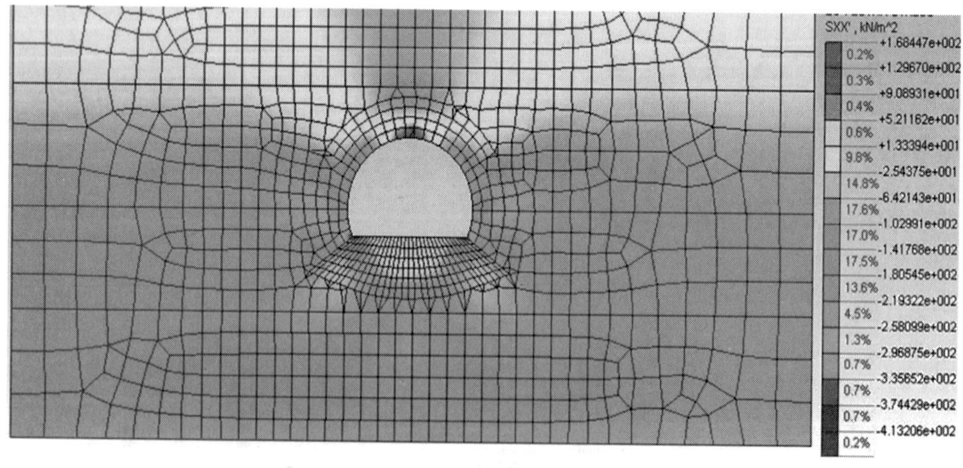

图 3-60　第九阶段:拱底树根桩加固水平方向应力云图

由以上水平方向的应力云图可知：第一阶段为初始应力状态，选取的研究对象在水平方向上均处于压应力状态并且从上到下压应力值逐渐增大，最大为0.172MPa；第二阶段进行泥石流沟地表注浆加固，压应力值整体稍稍减小；第三阶段，隧道上部拱顶开挖和支护，隧道周围关键点压应力值均有所增大，其中左右拱肩处压应力值最大，为0.389MPa，只有拱顶处于拉应力状态，拉应力值为0.161MPa；第四阶段，隧道左侧中部的开挖和支护，拱顶处于拉应力状态，值为0.173MPa，而且由于左侧中部开挖，中台阶左侧与核心土交点部位产生拉应力，值为0.599MPa，并且右侧拱肩部位压应力值增大较为明显，达到0.464MPa；第五阶段，右侧中部开挖和支护，左右边墙部位处压应力值最大，为0.342MPa，拱顶处拉应力值为0.157MPa；第六阶段，左侧下部开挖和支护，压应力值进一步增大，左拱脚部位与右边墙处压应力值最大，分别为0.326MPa和0.374MPa，中台阶右侧与核心土交点处出现拉应力，最大为0.395MPa；第七阶段，右侧下部开挖和支护，左右拱脚部位应力值最大，为0.36MPa，拱顶处拉应力值为0.152MPa；第八阶段，中部核心土的开挖与支护，应力释放，左右拱腰、左右边墙等部位的压应力值为0.087～0.22MPa，左右拱脚部位应力值最大，为0.454MPa，拱顶处拉应力值为0.171MPa；第九阶段为树根桩加固，整个隧道初期支护范围拱顶处拉应力值为0.168MPa，其余均处于受压状态，在左右拱脚处压应力值最大，为0.452MPa。

竖直方向应力云图如图3-61～图3-69所示。

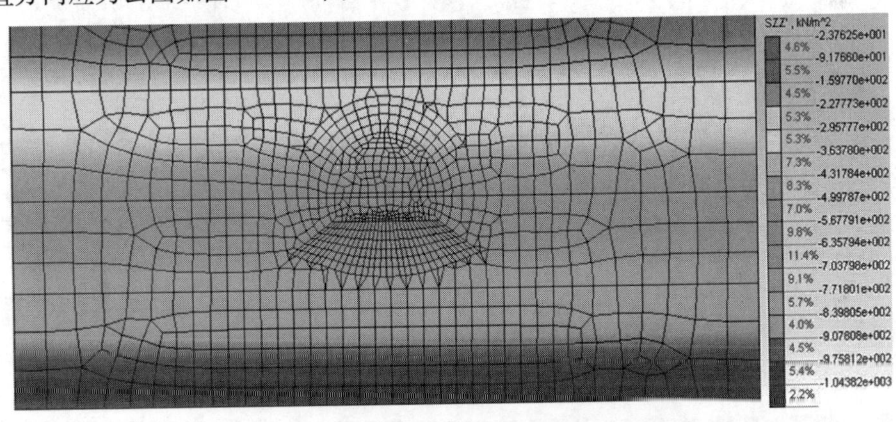

图3-61　第一阶段：未开挖状态竖直方向应力云图

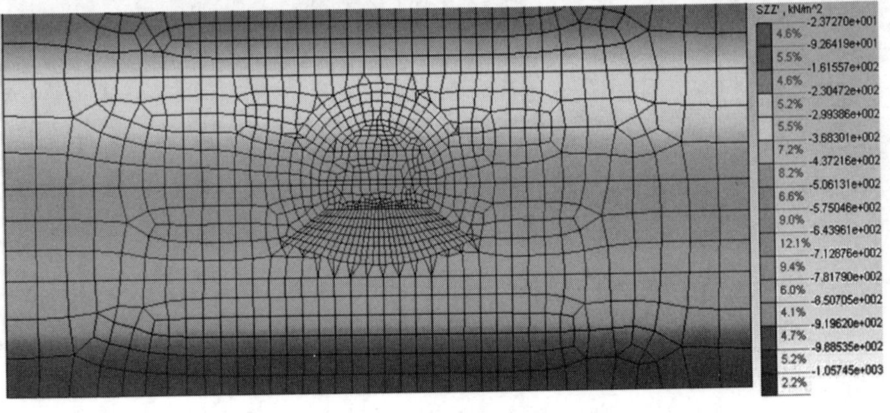

图3-62　第二阶段：泥石流沟表层注浆加固竖直方向应力云图

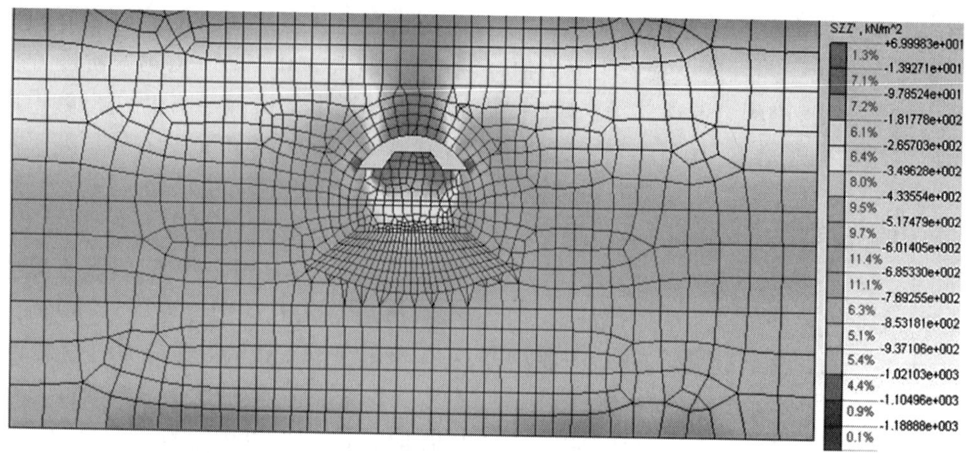

图 3-63　第三阶段:隧道上部拱顶开挖与支护竖直方向应力云图

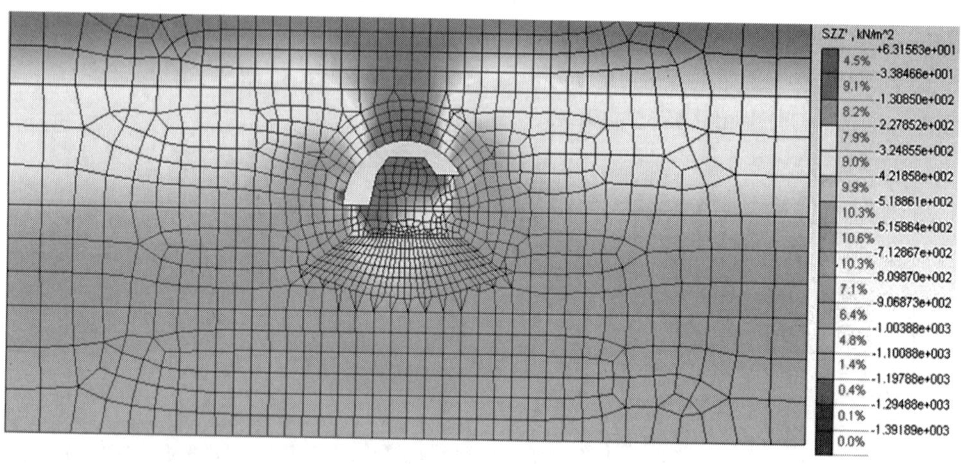

图 3-64　第四阶段:隧道左侧中部开挖与支护竖直方向应力云图

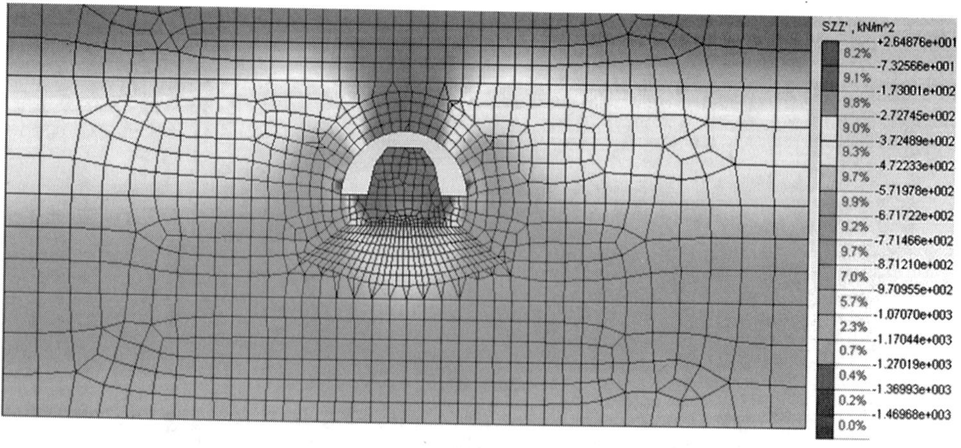

图 3-65　第五阶段:隧道右侧中部开挖与支护竖直方向应力云图

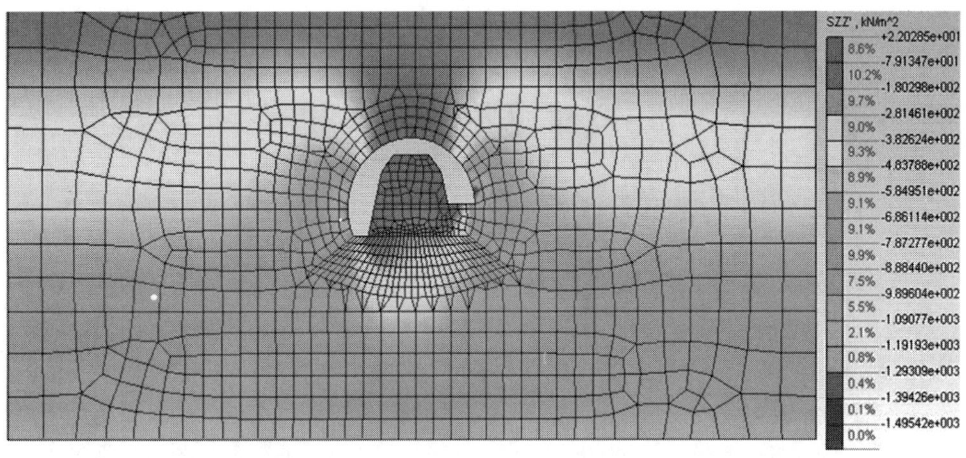

图 3-66　第六阶段：隧道左侧下部开挖与支护竖直方向应力云图

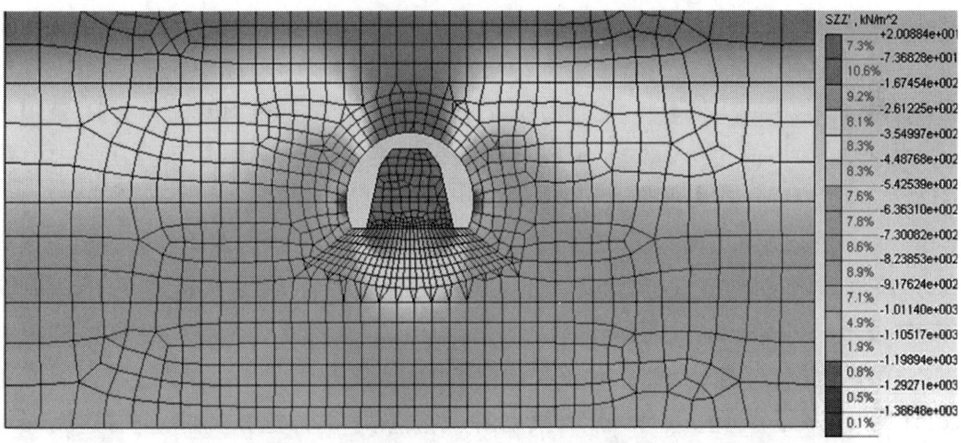

图 3-67　第七阶段：隧道右侧下部开挖与支护竖直方向应力云图

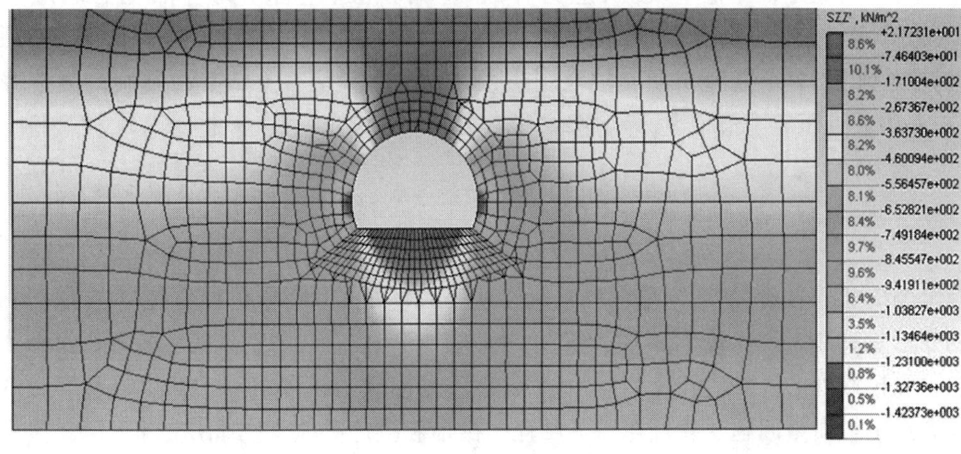

图 3-68　第八阶段：隧道中部核心土开挖与支护竖直方向应力云图

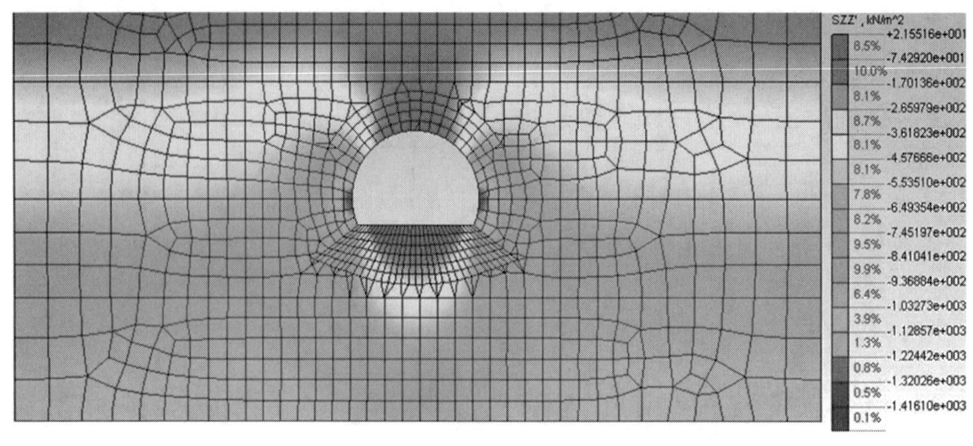

图 3-69　第九阶段:拱底树根桩加固竖直方向应力云图

由以上竖直方向的应力云图可知:第一阶段为初始应力状态,选取的研究对象在竖直方向上均处于压应力状态并且从上到下压应力值逐渐增大,最大为 1.112MPa;第二阶段进行泥石流沟地表注浆加固,压应力值整体稍稍减小;第三阶段,隧道上部拱顶开挖和支护,隧道拱顶处于拉应力状态,拉应力值为 0.02MPa,周围其他关键点则处于压应力状态,且压应力值均有所增大,其中左右拱肩处压应力值最大,为 1.273MPa;第四阶段,隧道左侧中部的开挖和支护,拱顶处于拉应力状态,值为 0.024MPa,而且由于左侧中部开挖,中台阶左侧与核心土交点部位产生拉应力,值为 0.063MPa,并且右侧拱肩部位压应力值增大较为明显,达到 1.35MPa;第五阶段,右侧中部开挖和支护,左右边墙部位处压应力值最大,为 1.569MPa,拱顶处拉应力值为 0.018MPa;第六阶段,左侧下部开挖和支护,压应力值进一步增大,左边墙与右边墙处压应力值最大,分别为 1.445MPa 和 1.596MPa;第七阶段,右侧下部开挖和支护,左右边墙部位应力值最大,为 1.48MPa,左右拱脚压应力稍有减小,为 0.917MPa,拱顶处拉应力值为 0.02MPa;第八阶段,中部核心土的开挖与支护,应力释放,左右拱腰、左右拱脚等部位的压应力值为 0.171 ~ 0.22MPa,左右边墙部位应力值最大,为 1.52MPa,拱顶处拉应力值为 0.022MPa;第九阶段,树根桩加固,整个隧道初期支护范围拱顶处拉应力值为 0.022MPa,其余均处于受压状态,在左右边墙处压应力值最大,为 1.424MPa。

3.5　结　　论

由上述的比较分析可知,未采取泥石流沟地表注浆加固和树根桩加固措施之前,虽然水平方向的变形量整体来说比较小,但是竖直方向上的变形量较大,特别是第七阶段中部核心土开挖后拱顶和拱底处的沉降值和隆起值均较大,很容易出现由拱顶沉降和仰拱隆起导致的工程事故或者是工程质量问题。并且在施工过程中拱顶和拱底处水平方向应力值较大,拱脚和边墙则出现压应力集中现象,对于拱脚处初期支护结构具有很大威胁。

采取泥石流沟地表注浆加固和树根桩加固措施后,水平方向和竖直方向上的位移量明显减小,之前的拱底处大变形得到了很好的解决,并且之前的应力集中现象得到有效的控制。采取树根桩加固后左右拱脚处的应力显著减小,虽然左右边墙应力较其他部位大,但总体上不会对支护结构产生较大的影响。但是拱顶部位出现拉应力,宜及时进行后期的支护,拱脚和边墙部位容易产生应力集中,这些关键控制点是整个隧道支护比较薄弱的地方,应该及早施作仰拱,以便初期支护封闭成环,加强初期支护的支护作用;同时应尽快施作二次衬砌,增加隧道结构的安全储备。

第4章　穿越泥石流沟仓园隧道围岩开挖技术

4.1　引　　言

隧道施工方法的选择，是一项复杂的决策过程，需要考虑多种因素。首先在勘察阶段时，相关技术人员应当做好详细的地质调查和勘探，尽可能地准确掌握隧道工程范围内的岩层岩体强度、完整程度、地应力场、自稳能力、地下水状态、有害气体和地温等状况，并根据这些原始资料，初步选定合适的施工方法，确定相应的施工措施和配套的施工机具。在获得勘察资料后，隧道施工方法的选择，还需要考虑诸多方面的因素：

(1)隧道所处的工程地质和水文地质条件，这是施工方案选择的决定性因素。

(2)工程的特性，一般由工程的规模(包括隧道的埋深、跨度规模、衬砌类型)、使用上的特殊要求以及工期的缓急体现出来。不同的施工方法都有其自身特点，要结合具体实际去考虑。

(3)施工技术条件和机械装备状况，这是决定施工方案的客观条件。

(4)施工中动力和原材料供应情况。

(5)工程投资和运营后的社会效益和经济效益。

(6)施工安全状况。

(7)有关污染、地面沉降等环境方面的要求和限制。在城区施工或隧道周围有重要建筑时，尤其要考虑此方面的要求，更需要慎重考虑施工方法的选择。

此外，由于隧道工程是隐蔽工程，且工程量都较为巨大，一旦建成以后就很难修改，除了在选择施工方法时需要谨慎外，在施工过程中更需要做好现场的监测工作，严格遵守相关的质量安全制度，精心施工，确保整个隧道工程的施工安全、平稳进行。

总之，隧道工程施工方法的选择需要综合考虑多方面因素，科学统筹彼此间的利害关系，在相同条件下，可供参考的方法往往不止一种，这就需要工程技术人员依照此前的原则，优化施工方法，以期以较小的成本实现最大的收益。

一个多世纪以来，世界各国的隧道工作者在实践中已经创造出能够适应各种围岩的多种隧道施工方法，习惯上将它们分为钻爆法(旧称矿山法)、沉管法、盾构法、掘进机(TBM)法和明挖法等。沉管法只在隧道通过江河时采用；盾构法适用于淤泥质黏土、含水土层、含水砂层等均质土质隧道；掘进机法只在石质条件下的长或特长隧道掘进时采用；明挖法则主要用于城市潜埋地铁隧道；钻爆法适用范围广，是铁路隧道修建通常采用的方法。鉴于本工程特点，仓园隧道采用钻爆法开挖。

4.2　钻爆法施工工序及基本原则

采用钻爆法开挖,以木或钢构件作为临时支撑,隧道开挖成型后,逐步将临时支撑撤换下来,而代之以整体式厚衬砌作为永久性支护的施工方法称为钻爆法。钻爆法的施工程序可用框图表示,如图4-1所示。

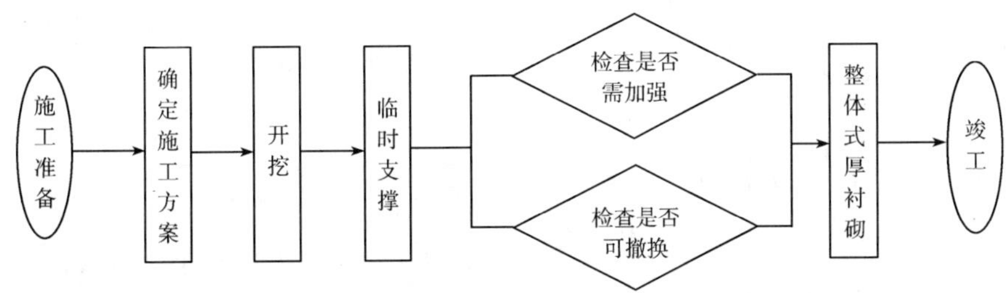

图4-1　钻爆法施工程序

钻爆法施工的基本原则是:少扰动、早支撑、慎撤换、快衬砌。

(1)少扰动,指在进行隧道开挖时,尽量减少对围岩的扰动次数、扰动强度、扰动范围和扰动持续时间。采用钢支撑,可以增大一次开挖断面的跨度,减少分部开挖次数,从而达到减少对围岩的扰动次数。

(2)早支撑,指开挖坑道后应及时施作临时构件加以支撑,使围岩不致因为变形松弛过度而产生坍塌失稳,并能承受围岩松弛变形产生的压力——早期松弛荷载。定期检查支撑的工作情况,若发现变形严重或出现损坏征兆,应及时增设支撑,予以加固和加强。作用在临时支撑上的早期松弛荷载的大小,可以比照设计永久衬砌的计算围岩压力大小来确定。临时支撑的结构设计,也采用类似于永久衬砌的设计计算方法,即结构力学方法。

(3)慎撤换,指拆除临时支撑而代之永久性模筑混凝土衬砌时应慎重,即要防止在撤换过程中围岩坍塌失稳。每次撤换的范围、顺序和时间要视围岩稳定性及支撑的受力状况而定。若预计到不能拆除,则应在确定开挖断面大小及选择材料时就予以研究决定。使用钢支撑作为临时支撑,一般可以避免拆除支撑带来的麻烦和不安全因素。

4.3　钻爆法开挖围岩的具体过程

钻爆法开挖隧道分为全断面法、台阶法(两台阶、三台阶、三台阶七步开挖法、环形开挖预留核心土法)、中隔壁法(中隔壁法、交叉中隔壁法)、双侧壁导坑法,具体见表4-1。本节将具体阐述各种方法的实施过程。

铁路隧道施工方法及其适用条件　　表4-1

开挖方法	适用围岩级别及说明	备　注
全断面法	1.单线隧道Ⅰ、Ⅱ、Ⅲ级围岩; 2.双线隧道Ⅰ、Ⅱ级围岩; 3.地下水状态:干燥或潮湿	循环进尺宜控制在3~4m

续上表

开挖方法	适用围岩级别及说明	备注
下导洞超前法	1. 单线隧道Ⅲ、Ⅳ级围岩; 2. 双线隧道Ⅱ、Ⅲ级围岩; 3. 地下水状态:有渗水或股水	
台阶法	1. 单线隧道Ⅲ、Ⅳ级围岩; 2. 双线隧道Ⅲ、Ⅳ级围岩; 3. 地下水状态:干燥或潮湿	台阶长度应有利于施工操作和机械设备效率的发挥,同时应利于支护尽早封闭成环
环形开挖预留核心土法	1. 单线隧道Ⅳ、Ⅴ级围岩 2. 双线隧道Ⅲ、Ⅳ、Ⅴ级围岩 3. 地下水状态:有渗水或股水	施工中尽量减少开挖分部,采用大断面分部
双侧壁导坑法	1. 单线隧道Ⅳ、Ⅴ级围岩; 2. 双线隧道Ⅳ、Ⅴ级围岩; 3. 地下水状态:有渗水或股水	
中洞法	中洞法双联拱隧道	
中隔壁法(CD法)	单、双线隧道Ⅴ级围岩,浅埋隧道、三线隧道	
交叉中隔壁法(CRD法)	双线、三线隧道Ⅳ、Ⅴ级围岩,浅埋隧道	

4.3.1 全断面法

(1)全断面法的适用条件

全断面开挖法是指按隧道设计轮廓线将其一次爆破成型,再进行下一步工序施工。其适用条件包括较好的围岩级别和适度的开挖断面。而围岩级别低,其自稳性差,若采用全断面开挖必须先行预加固,这对施工进度和效益并无益处;断面面积过大,不但对钻爆设备性能有特殊要求,而且起爆顺序复杂,雷管段位多,超过常用段位需要生产厂家特制,费用较高,一次起爆药量大,对围岩的扰动较大。对隧道施工来讲,松动圈过大,不但对结构的耐久性有影响,而且加大了固结灌浆费用。

从施工实践来看,只要满足以下两条件即可考虑采用全断面开挖:

①隧道围岩为Ⅰ、Ⅱ级。

②设计断面不大于120m^2。另外,断面面积小于60m^2的Ⅲ级围岩隧道也可考虑采用全断面开挖。

(2)施工工序

全断面法施工工序示意图如图4-2所示,图4-3所示为全断面法施工实例。

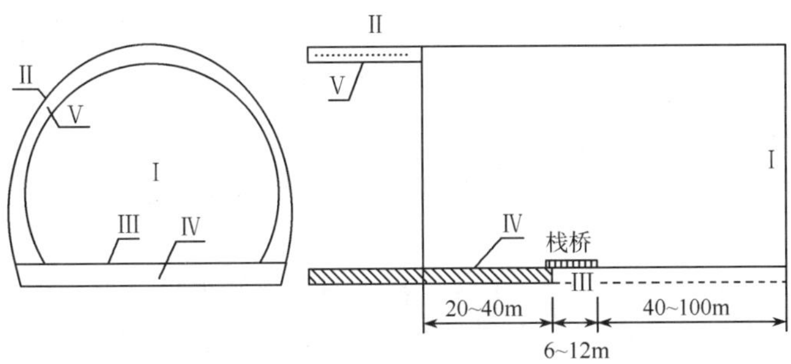

图 4-2 全断面法施工工序示意图

Ⅰ-全断面开挖；Ⅱ-初期支护；Ⅲ-隧道底部开挖（捡底）；Ⅳ-底板（仰拱）浇筑；Ⅴ-拱墙二次衬砌

全断面法的具体施工顺序为：

①适用钻孔台车全断面一次钻眼，并进行装药连线。

②钻孔台车后退到安全地点，引爆炸药，开挖出整个隧道断面。

③排除危石后，用装渣机将石渣装入出渣车运出洞外。

④钻孔台车再开进到下一个开挖断面就位，开始下一个循环的钻爆作业，同时进行边墙和拱部衬砌。

图 4-3 全断面法施工实例

（3）全断面开挖法主要优点

①开挖面大，作业空间大，钻爆效率高，可以采用深眼爆破的方法，掘进速度快。

②施工工序少，互相干扰小，便于施工组织和施工管理。

③坑道空间大，便于组织大型机械化施工，减轻工人的劳动强度，提高劳动生产率，降低工程造价，施工速度快，质量好。

④开挖一次形成，对围岩扰动少，有利于围岩的稳定。

（4）全断面法的技术要点

①地质复核。只要隧道围岩条件许可，工程项目采用全断面开挖比较普遍，但是仅仅根据施工图提供的围岩条件决定开挖方法存在较大的风险，因为全断面开挖对围岩扰动较大，一旦

围岩变化而不改变施工方法必然导致事故发生。为此在全断面开挖掘进中有必要开展掌子面地质素描和超前地质预报,掌握隧道围岩实际情况,适时复核围岩级别;一旦出现围岩级别与设计相差较大,需要及时修改开挖方法,减小循环进尺。

②钻爆方案设计与优化。全断面开挖的另一技术要点是钻爆设计。钻爆质量的好坏对施工进度影响巨大,而钻爆方案的设计不是一成不变的,爆破参数需要在实施过程中不断优化调整,因此方案的设计和优化是动态的。但是许多项目现场别说动态设计了,连基本的爆破方案也没有,全凭开挖工的施工经验。经验丰富的,爆破质量高;经验欠缺的,不但进尺差、爆渣大块率多,连续补炮,有的连成型都困难,严重影响施工进度,因此爆破设计是全断面开挖的技术要点。钻爆方案设计内容包括:掏槽形式确定,炮孔布置(孔眼参数)、数量、深度、角度,装药量与装药结构,起爆方法与起爆顺序。其中孔眼参数与装药量、装药结构需要在钻爆施工过程中不断修正和优化。

③循环进尺与步距规定。循环进尺需要根据围岩级别、断面尺寸、设备配置条件确定,采用全断面开挖,Ⅰ、Ⅱ级围岩进尺不得大于3.5m,Ⅲ级围岩不得大于2.5m;仰拱开挖一次开挖长度,Ⅱ级围岩规定为12m,Ⅲ围岩为6m;仰拱作业面距开挖掌子面距离,采用全断面开挖的Ⅰ、Ⅱ、Ⅲ级围岩不大于90m;距开挖掌子面最近的衬砌端头距离,在无不良地质情况下,Ⅱ、Ⅲ级围岩均不得大于200m。

4.3.2 下导洞超前法

下导洞超前法是下导洞适度超前全断面开挖方法的简称,下导洞一般超前全断面5~10m,其循环进尺为2~3m,如图4-4所示,它的主要优点是:

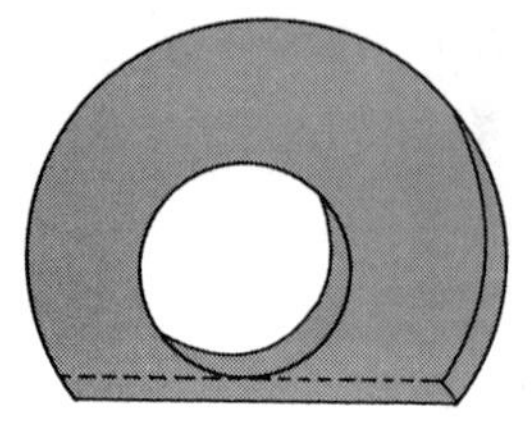

图4-4 下导洞超前法

(1)下导洞能起到超前地质预报的作用,便于采取应急措施,防患于未然。

(2)当地下水较为丰富时,利用超前下导洞降低地下水位效果好,对于大断面隧道尤为适用。

(3)下导洞超前法可将爆破对围岩的扰动显著减小,扩挖时爆破临空面大,对围岩扰动也相对较小,从而控制超挖,减少混凝土等支护材料的消耗。

(4)隧道下导洞进行作业,没有二次倒运,便于大型机械出渣、运料。

(5)下导洞超前法是一种新的工法,在重视环保和节约资源的形势下,具有显著的经济效益,有较好的应用前景。

4.3.3 台阶法

台阶法施工是将隧道结构断面分成两个或几个部分,即分成上下两个工作面或几个工作面分部进行开挖施工的方法。台阶法适用于浅埋Ⅲ~Ⅳ级围岩大跨隧道开挖施工,可根据工程实际、地质条件及机械设备配套等选择合适的台阶法施工,但支护条件应予以加强。

(1)台阶法适用条件

台阶开挖法是隧道施工中采用最广泛的方法。Ⅱ、Ⅲ级围岩适用两台阶法开挖,也可采用全断面开挖,究竟采用哪种开挖方法,不仅仅取决于围岩的级别,还需要考虑开挖断面的大小是否与施工设备匹配,围岩的稳定情况,施工进度要求与施工习惯等因素。断面过大对施工设备要求较高,一次起爆用药量也很大,对围岩的扰动较大,围岩稳定时间短,这种情况一般不采用全断面而采用两台阶开挖。

Ⅳ、Ⅴ级围岩在采用型钢拱架和锚、网喷等有效支护后,采用三台阶或微台阶开挖。微台阶开挖法也用在变大跨为小跨的大断面隧道分部开挖施工中。

三台阶和微台阶开挖方法由于受作业空间限制,工序相互干扰大,进度慢。

三台阶预留核心土开挖法和三台阶七步开挖法均适合Ⅴ级围岩的土层、砂砾石地层隧道开挖,以人工开挖为主。

(2)两台阶法

①施工方法。两台阶开挖法是将隧道设计断面自上而下分两台阶开挖,台阶间控制一定距离,采用同时并进的隧道开挖施工方法,一般用在Ⅲ~Ⅳ级围岩地段。其施工方法如图4-5所示。

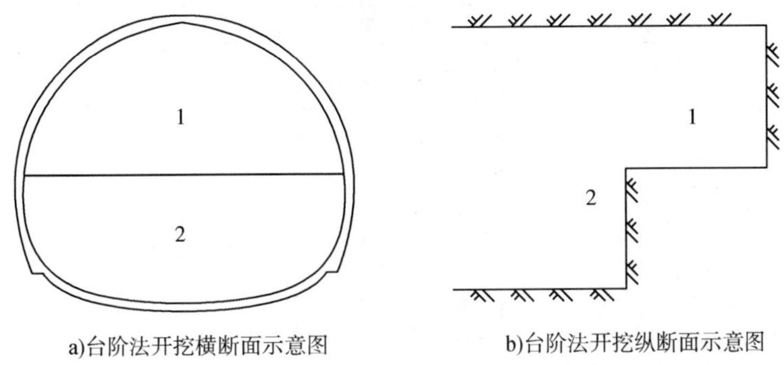

a)台阶法开挖横断面示意图　　b)台阶法开挖纵断面示意图

图4-5　两台阶法施工示意图

该开挖方法的优点是对地质变化的适应性较强,工序转换容易,并能较早地使初期支护闭合,有利于控制沉降。上台阶长度一般应控制在1倍洞径以内,为及早使初期支护封闭成环,改善初期支护受力条件,当围岩较稳定,短台阶能保持时,台阶长度亦可适当缩短至3~5m,上下台阶同时钻眼爆破,以起到加快施工进度,减少设备配置的目的。

②施工工序流程图。台阶法开挖施工工序流程图如图4-6所示。

③两台阶法的技术要点:

a. 台阶长度:确定台阶长度需要考虑围岩地质条件、支护封闭时间、大型设备施工所需空间、相关技术文件及技术指南特别要求。Ⅱ、Ⅲ级围岩隧道以采用长台阶开挖为多,台阶长度多在50m以上,这样前后工序有足够的空间,不会造成工序干扰。Ⅳ级围岩由于自稳时间短,要求支护快速封闭,常采用短台阶施工,台阶长度在2~5倍洞径,Ⅳ、Ⅴ级围岩也可采用微台阶开挖,台阶长度3~5m。

b. 支护要求:Ⅳ、Ⅴ级围岩一般都设有型钢或钢筋格栅钢架,钢架分单元段加工,现场螺栓连接安装,上下台阶的钢架安装时必须要求足够的净空,确保上下钢架段安装精度。严禁接头错位而采用钢筋搭接,严禁减少每榀钢架之间的纵向连钢筋和钢架锁脚锚杆。喷射混凝土必须将钢架全覆盖。

c. 爆破技术要求：对采用台阶法施工的硬岩隧道，需要进行爆破作业。为了尽可能地减少爆破对已完成的上台阶支护体系的影响，下台阶必须采用控制爆破。

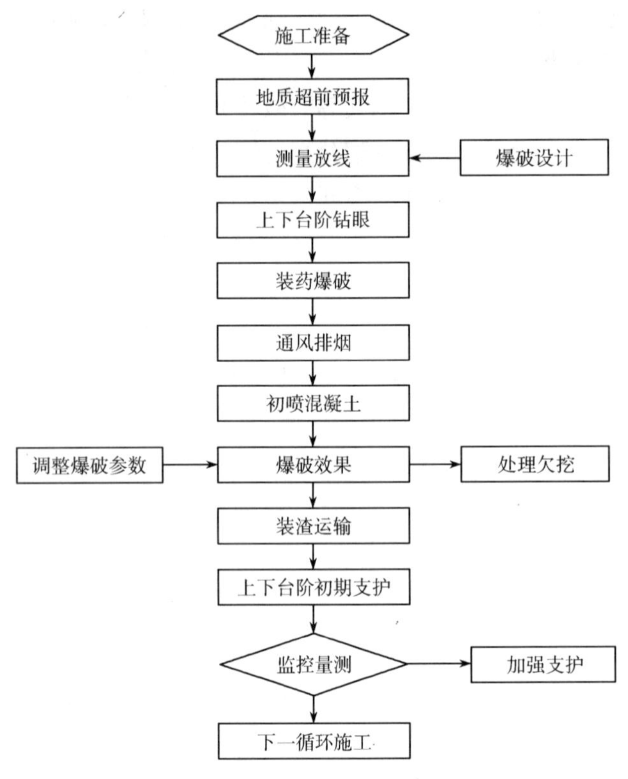

图 4-6　台阶法开挖施工工序流程图

下台阶在上台阶喷射混凝土达到设计强度 70% 以上时开挖，当岩体不稳定时需要缩短进尺，必要时分左、右两部分错开开挖，初期支护要紧跟，下台阶及时封闭。

(3) 两台阶环形开挖预留核心土法

所谓预留核心土，主要针对隧道一次开挖断面大，围岩软弱，自稳能力差时，为避免在开挖爆破过程中的振动使掌子面产生小部分坍塌或较大的塌方所采取的一种方法。具体操作是在开挖时，分上下台阶开挖，在上台阶开挖时，将上台阶的中间部分的土保留，不予开挖，达到稳定工作面的目的。

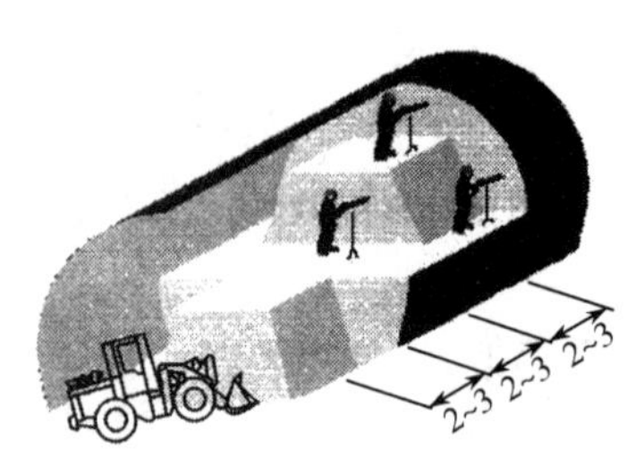

图 4-7　环形开挖预留核心土法(尺寸单位:m)

环形开挖预留核心土法是先开挖上部导坑弧形断面留核心土平台，再开挖下部两侧边墙、中部核心土的隧道开挖方法，如图 4-7 所示。该方法一般适用于双线隧道Ⅲ ~ Ⅴ级围岩地段施工。

①预留核心土法施工应符合下列规定：

a. 环形开挖进尺宜为 0.5 ~ 1.0m，核心土面积应不小于整个断面面积的 50%。

b. 开挖后应及时施作喷锚支护、安设钢架支撑，相邻钢架必须用钢筋连接，并应按设计要求施工锁脚锚杆。

c. 围岩地质条件差，自稳时间短时，开挖前应按照设计要求进行超前支护。

d. 核心土与下台阶开挖应在上台阶支护完成后，喷射混凝土强度达到设计强度的70%后进行。

环形开挖预留核心土施工工序流程图如图4-8所示。

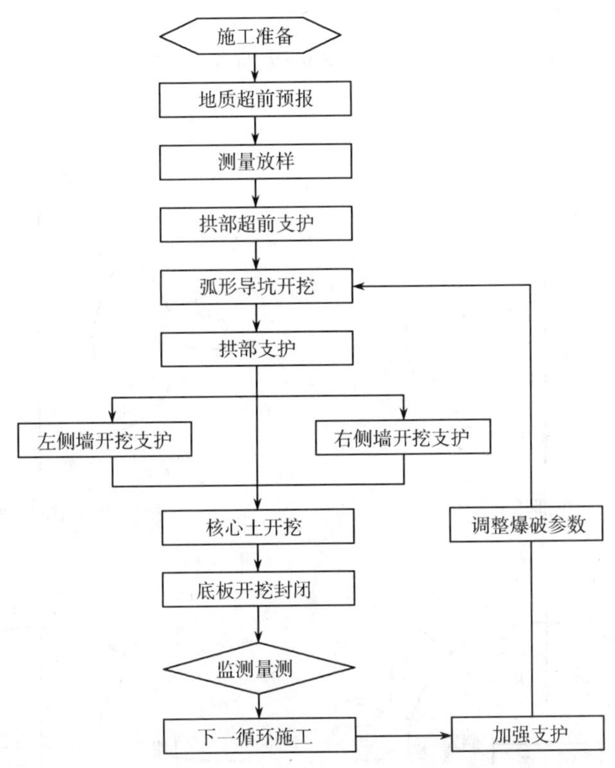

图4-8　环形开挖预留核心土施工工序流程图

②环形开挖预留核心土法施工要点：

a. 开挖前应在拱部进行超前支护，环形开挖每循环长度0.5～1.0m，开挖后及时施作喷锚支护、安装钢架支撑。

b. 每两榀钢架之间采用钢筋连接，并设置锁脚锚杆，全断面初期支护封闭要紧跟下台阶核心土的开挖施作。

c. 预留核心土面积大小根据围岩地质情况，便于施工和满足开挖面的稳定。

d. 上部弧形，左、右侧墙部，上部核心土开挖各错开3～5m进行平行作业。

4.3.4　双侧壁导坑法

双侧壁导坑法是采用先开挖隧道两侧导坑，及时施作导坑四周初期支护及临时支护，必要时施作边墙衬砌，然后再根据地质条件、断面大小，对剩余部分采用二台阶或三台阶开挖的方法，其实质是将大跨度的隧道变为三个小跨度的隧道进行开挖。

该方法施工进度较慢，成本较高，但其在施工安全尤其在控制地表下沉方面，由于其他施工方法。此外，由于两侧导坑先行，能提前排放隧道拱部和中部土体中的部分地下水，为后续施工创造条件。因此，城市浅埋、软弱、大跨隧道和山岭软弱破碎、地下水发育的大跨隧道可优先选用双侧壁导坑法。双侧壁导坑开挖法主要适用于浅埋大跨Ⅴ、Ⅵ级围岩的开挖，在开挖两侧导坑时，若有必要还可施作边墙二次衬砌，这样可以节约部分临时支护。

(1)施工工序流程图

双侧壁导坑法断面分块开挖示意图如图4-9所示。双侧壁导坑法施工工序流程图如图4-10所示。

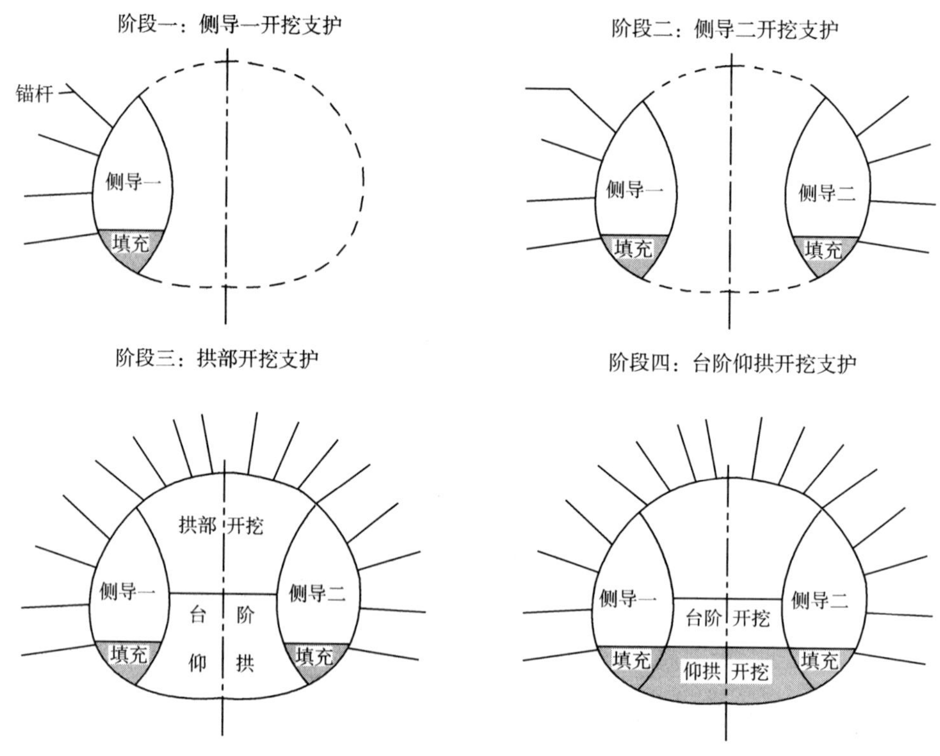

图4-9　双侧壁导坑法断面分块开挖示意图

(2)施工要点

①导坑断面特性与大小：导坑形状应近似椭圆形，宽度为隧道开挖断面宽度1/3，高度为宽度的2倍左右。

②开挖与支护技术要点：两侧壁导坑可独立同步采用短台阶开挖，中部应滞后侧壁10～15m采用正台阶开挖，各部在开挖循环过程中必须及时施作支护，尽早将支护封闭成环。拱部型钢支撑与侧壁型钢支撑的连接是施工难点，同时也是受力关键部位，因此在侧壁导坑钢支撑施工时两侧必须准确定位，确保全断面钢支撑能在同一垂直面内，降低拱部钢支撑的安装难度，避免钢支撑发生扭曲。支护的其他技术要点与交叉中隔壁法相同。

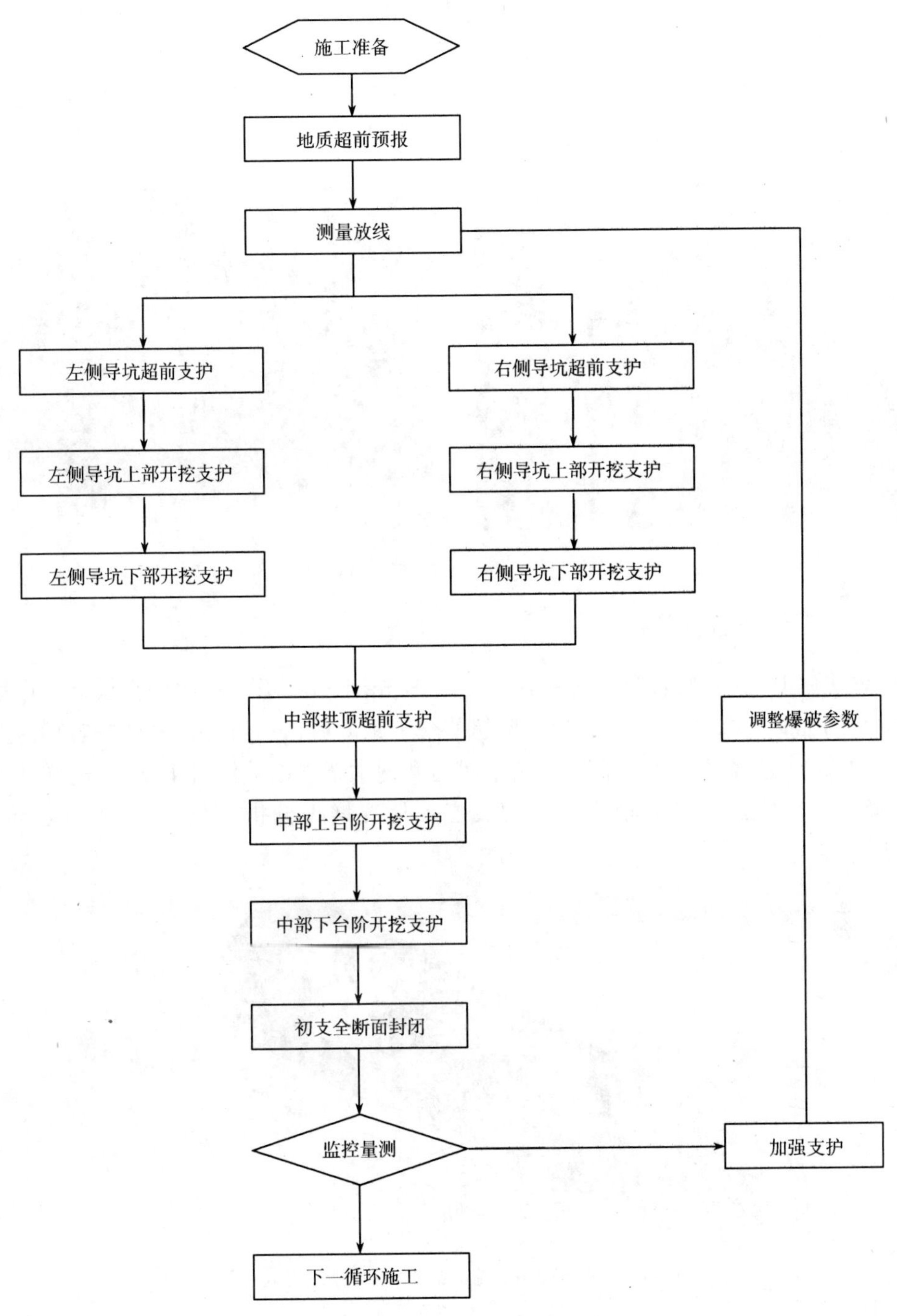

图4-10　双侧壁导坑施工工序流程图

③变形控制技术要点:双侧壁导坑开挖变形控制技术要点主要还是支护施工质量控制和开挖步距控制。支护施工质量控制与交叉中隔壁开挖方法相同,开挖步距也是影响变形的重要因素。导坑和中部开挖台阶一般控制在3~5m,掌子面未经加固稳定时间较短时,台阶长度

可取大值。侧壁导坑超前中部开挖步距一般控制在 10 ~ 15m，步距过大，型钢支撑迟迟不能封闭，导致变形累积，过小会影响工序正常施工。中部开挖落底后及时施工临时支护，二次衬砌滞后中部不得大于 30m，并视监测数据情况及时调整，并加强监控量测。双侧壁导坑法开挖施工图如图 4-11、图 4-12 所示。

图 4-11　双侧壁导坑法洞口段施工

图 4-12　双侧壁导坑法洞内段施工

4.3.5　中隔壁法(CD 法)

中隔壁法(CD 法)是将隧道断面左右一分为二，先挖一侧，并在隧道中部设立利用钢支撑及喷混凝土的临时支撑隔墙，当先开挖一侧超前一定距离后，再开挖另一侧的隧道开挖方法。中隔壁法的核心就是在开挖另一侧时保留中间的型钢拱架加网喷混凝土支护，这样即形成中隔壁，同侧采用台阶法开挖时视支护内力及变形情况增设仰拱，因此支护不一定闭合，如图 4-13所示。

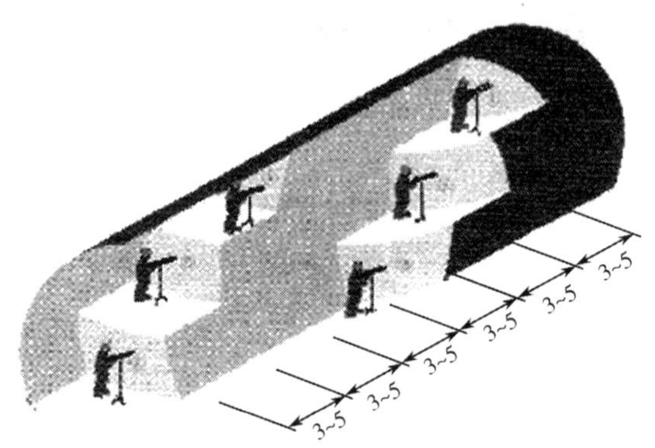

图 4-13　中隔壁法开挖施工工序示意图(尺寸单位：m)

该方法变大跨为小跨，使断面受力更合理，对减少沉降，保证隧道开挖安全、可靠具有良好效果。施工过程中，为保证初期支护稳定，除喷锚支护外，必须增加型钢或钢格栅支撑，并采用超前大管棚、超前锚杆、超前注浆小导管、超前预注浆等一种或多种辅助措施进行超前加固。

(1)中隔壁法的适用条件

中隔壁法适用于部分Ⅳ级围岩和全部Ⅴ级围岩，大型填充型断层段，残、坡积层隧道洞口段，浅埋大跨隧道，地表建筑复杂、沉降要求极高隧道。

(2)施工工序流程图

中隔壁法施工工序横断面示意图如图4-14所示，施工工序流程图如图4-15所示。

(3)施工要点

①爆破技术要点：采用CD法施工的Ⅳ级围岩，确需要爆破开挖的，必须遵循“弱爆破、短进尺”原则，对一次起爆药量进行严格控制。

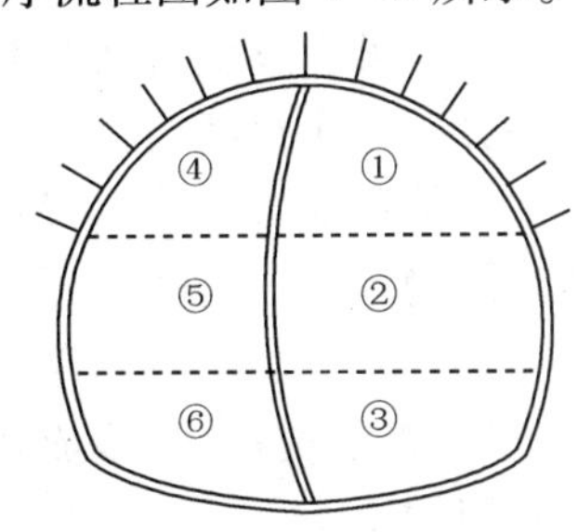

图4-14　中隔壁法施工工序横断面示意图

②支护技术要点：先行侧的中隔壁钢支撑应加工成外鼓弧形，弧度的大小随净空高度而定，不宜过大。单元长度的划分应方便人工安装，不宜太重，连接形式一般都考虑栓接，必须在台架上加工单元并组装试拼连接件，连接板栓孔不得用氧乙炔枪随意切割，防止栓、孔间隙过大导致节点刚度减小。安装间距必须符合设计要求，拱脚不得悬空，纵连钢筋和锁脚锚杆严禁偷工减料，喷射混凝土必须覆盖型钢拱架。超前小导管必须按设计布置，严禁不按设计要求注浆。注浆施工必须有工程技术人员现场值班，做好注浆记录，发现进浆量、压力出现异常需要及时分析原因，必须安装反流止浆塞。台阶开挖过程中，若发现支护内力较大，洞周变形速率快，可增加临时钢支撑。

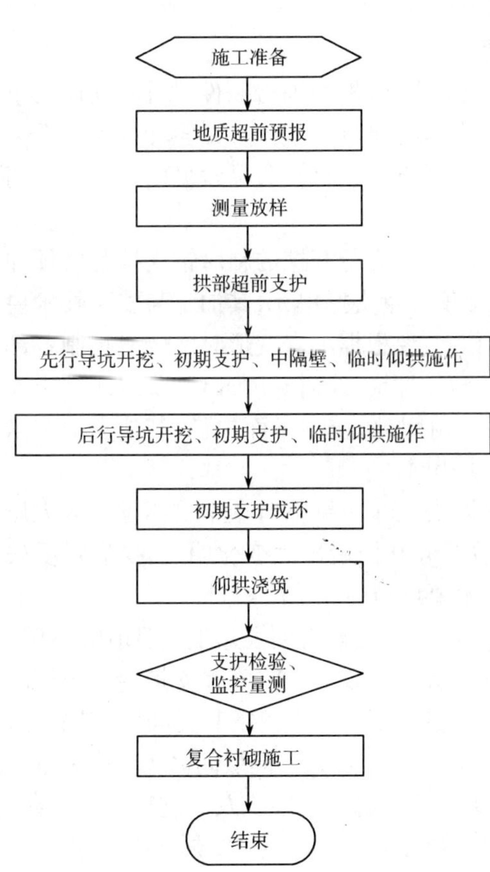

图4-15　中隔壁法开挖施工工序流程图

③监测技术要点：必须编制监测专项方案。监测内容包括支护内力，特别是在第二部分开挖过程中的中隔壁的内力变化情况、拱顶沉降及地面沉降、洞室收敛。必须有明确的预警值，设计没有给定预警值时，可根据施工规范及技术指南设置。必须设置专业的监测队伍。必须按施工规范和技术指南规定的监测频率开展工作，及时分析数据，反馈信息。

④变形控制技术要点：各部是采用二台阶还是三台阶开挖应根据地质条件、所用的机械设备、断面的大小确定，台阶步距控制在3~5m。不论采用爆破辅助开挖还是采用人工或机械开挖，循环进尺不得大于1.5倍钢拱架间距。左右两侧掘进距离控制在15~20m。滞后部分开挖落底后必须尽快安装仰拱形钢拱架，在最短时间内将临时支护封闭。中隔壁的拆除长度必须通过模拟分析在监测数据指导下进行，同时要考虑防水板铺装、钢筋安装、衬砌三道工序能平行作业，若分析结果不能满足三道工序平行作业要求，则只能将其中两道工序断续作业。

4.3.6 交叉中隔壁法(CRD法)

当采用中隔壁法(CD法)仍然无法保持围岩稳定和隧道施工安全时,可采用交叉中隔壁法开挖。交叉中隔壁法又称CRD法,是将大断面隧道分部分块开挖,先开挖隧道一侧的Ⅰ和Ⅱ部分并施作封闭的初期支护和临时支撑,再开挖隧道另一侧的Ⅰ和Ⅱ部分并施作封闭的初期支护和临时支撑,最后分别开挖隧道左右两块底部,形成隧道初期支护和临时支撑网状封闭稳定支护的隧道开挖施工方法。其核心技术是将隧道左右分部、上下分层循序开挖。上部按台阶法左右循序掘进,再交叉先左后右开挖下台阶,每开挖一部即单独将支护闭合成环,左右交换,步步成环开挖技术,这也是交叉中隔壁法(CRD法)与中隔壁法(CD法)的本质区别。

(1)交叉中隔壁法的适用条件

交叉中隔壁法适用于浅埋、大跨、软弱围岩隧道,对控制变形和地面沉降要求很高的城市地铁暗挖隧道具有较强优势,适合围岩级别为部分Ⅳ级、Ⅴ级。

(2)施工工序流程图

交叉中隔壁法的施工工序横断面示意图如图4-16所示,交叉中隔壁法的施工工序流程图如图4-17所示。

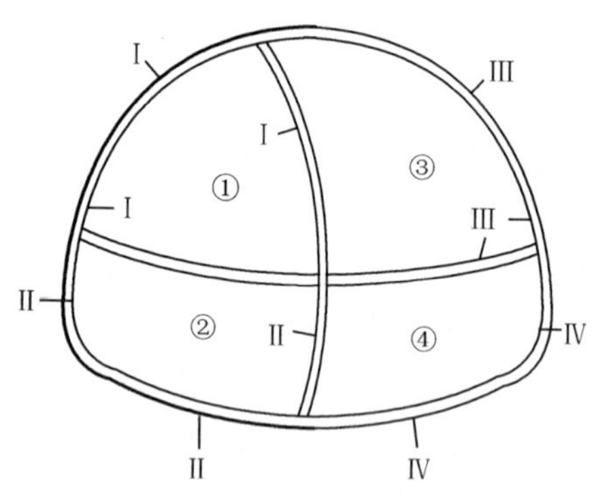

图4-16 交叉中隔壁法施工工序横断面示意图

注:图中①~④为土体开挖顺序,Ⅰ~Ⅳ为初期支护顺序。

(3)技术要点

①分部分层原则:应根据围岩条件、特性、断面大小划分,既要考虑围岩变形时空效应,又要考虑支护受力均匀,同时能充分发挥人、机效率,最常见的是左右分两部,上下分三层。

②支护技术要点:先行开挖的临时钢支撑都必须加工成具有一定弧度的钢支撑单元,其加工与安装技术要点与中隔壁法相同;要根据围岩变形时空效应控制各部开挖速度,尽快施作仰拱,及时封闭成环;及时对掌子面进行喷射混凝土封闭,防止掌子面失稳;其他支护技术要点与中隔壁法相同。

③监测技术要点:中隔壁临时型钢支撑承受较大压力,特别是滞后部分开挖后压力变化明显;拱肩承受较大的拉力。对临时支护内力进行监测时,交叉监测技术要点与中隔壁法相同。

④变形控制技术要点:支护封闭成环时间的早晚,对洞周变形有明显影响,封闭越晚变形越大;合理确定循环进尺和施工步距,开挖循环进尺过大,会导致地表沉降和支护内力出现瞬时峰值。台阶过长会出现变形累计,台阶过短对掌子面稳定不利。台阶的长短与隧道围岩岩土特性有关,同时根据监控量测数据适时调整。从一些工程实践来看,同层间循环步距一般控制在3~5m,左右两侧步距一般控制在10~15m;初期支护背后松动层应及时进行回填注浆。虽然采用CRD法施工的隧道在开挖之前都进行了超前预注浆,但在开挖和支护施工过程中,围岩受到了一定程度的扰动,导致围岩与支护不能联合受力,因此应及时进行低压回填注浆。注浆时间滞后支护作业1个循环;严格控制首部开挖引起的拱顶沉降。对有关工程项目的监

测数据统计发现，首部开挖引起的拱顶下沉占到施工过程中拱顶下沉总量的30% ~40%。因此要控制施工过程中的总下沉量，控制首部拱顶下沉量是关键步骤；型钢支撑必须具有足够的刚度，特别是单元节点刚度必须按等强度设计。

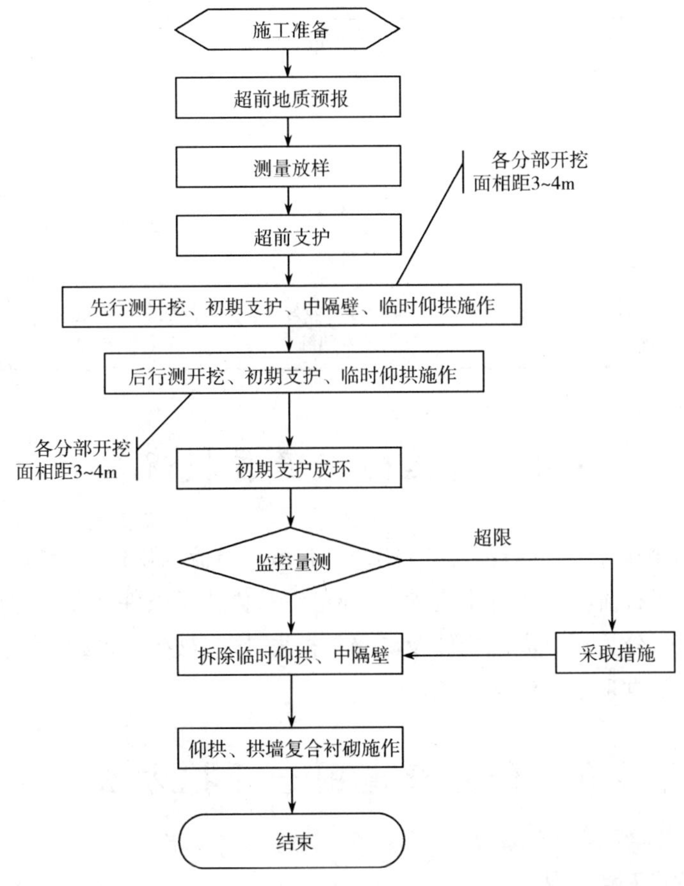

图4-17　交叉中隔壁法施工工序流程图

另外，必须要保证型钢支撑的安装质量，安装轴线顺畅，不得减少节点螺栓、锁脚锚杆、型钢支撑间连接钢筋、临时垫板；渗漏水必须及时抽排疏干，局部不得积水；在二次衬砌施工前严禁随意拆除中隔壁和临时仰拱，施工二次衬砌时拆除中隔壁和临时仰拱的长度必须通过数值分析后结合监控量测信息确定，必要时应适当减小一次衬砌模注长度。

上述各种隧道围岩开挖方法各自有其自身的优缺点及适用性，为了便于综合比较，现列于表4-2。在具体的过程中还需要结合实际情况，并综合考虑多种因素，选择最佳的施工方法。

各种开挖方法的比较　　表4-2

项　目	全　断　面　法	台　阶　法	CD　法	CRD　法
安全性	不够安全	不够安全	较安全	安全
施工技术难度	低	较低	较高	高

续上表

项　　目	全 断 面 法	台 阶 法	CD 法	CRD 法
施工机械类型	大型	大型	大、中型	小型
施工工序	简单	较简单	较多	多
工程造价	低	较高	较高	高
掌子面稳定性	差	较差	较好	好
地表沉陷	大	较大	较小	小
周边收敛控制	差	较差	较好	好
适用范围	地质条件好，有三条机械化施工作业线	地质条件较好，技术熟练	地质条件较差，安全要求高	地质条件差，安全要求高

4.4　仓园隧道开挖概况

仓园隧道穿越全国第二大泥石流沟——甘家沟，该泥石流沟规模大，总长263m，由于甘家沟浅埋段富水，而且泥石流沟常年有水流动，为隧道渗水创造了条件。而且隧道部分断面为淤泥质饱水黄土，其他部分为泥石流堆积体及破碎千枚岩，围岩破碎，全段均为Ⅴ级围岩，自稳能力很差，部分掌子面及拱顶出现渗水现象。

4.5　仓园隧道围岩开挖方法

4.5.1　台阶法开挖工艺

不同的围岩级别有不同的隧道开挖方法，全断面法适用于Ⅱ级和Ⅲ级围岩，上下台阶法适用于Ⅳ级围岩，三台阶七步法适用于Ⅴ级围岩。仓园隧道按新奥法施工，且全段只有Ⅴ级围岩，采用三台阶七步法开挖是安全系数相对较高的一种方法。三台阶七步开挖法是以环形导坑预留核心土法为基本模式，分上、中、下三个台阶七个开挖面，各部分的开挖与支护沿隧道纵向错开平行推进的施工方法。断面拱部开挖以“弱爆破、短进尺、少扰动、强支护、快封闭”为原则。开挖支护参数为正洞采用的钢架型号为Ⅰ20b型，钢架间距根据设计值应布置为0.6m；用ϕ22钢筋连接相邻钢架，环向间距设为1.0m，布置方向为斜向内侧。并焊接与钢架内侧翼缘；拱部采用ϕ22组合中空锚杆，边墙采用ϕ22全螺纹砂浆锚杆；拱墙喷射C25混凝土27cm，仰拱喷射C25混凝土25cm。采用ϕ8钢筋网片，网格尺寸20cm×20cm。三台阶七步法开挖示意图如图4-18、图4-19所示。

第1步，利用上循环架立钢架施作超前支护，分部开挖1部，同时每循环进尺一次，掌子面喷5cm厚混凝土进行封闭。

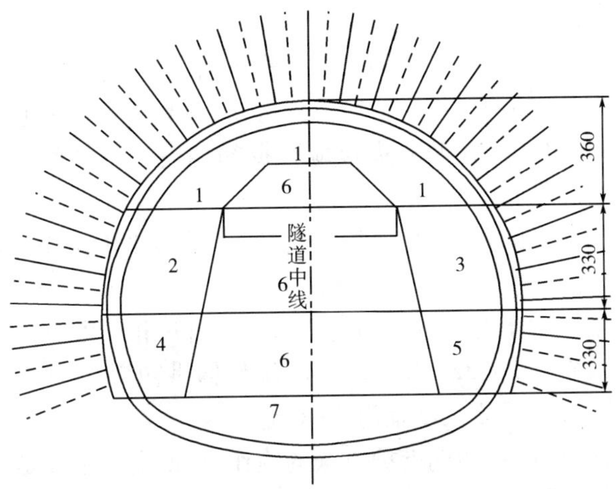

图4-18　三台阶七步法横断面开挖示意图(尺寸单位:m)

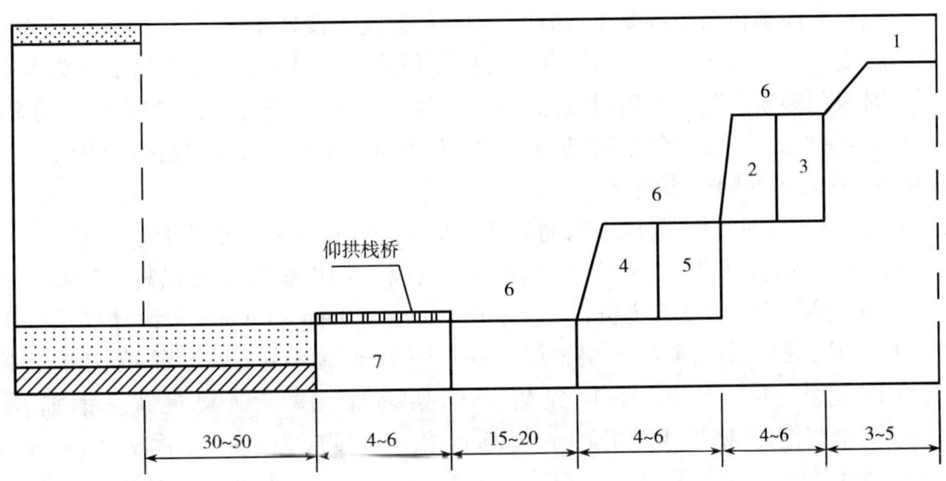

图4-19　三台阶七步法纵断面开挖示意图(尺寸单位:m)

第2步,滞后于1部一段距离分部开挖2、3部,喷5cm厚混凝土进行封闭,施作初期支护。

第3步,滞后于3部一段距离分部开挖4、5部,施作初期支护。

第4步,分台阶开挖6部。

第5步,开挖7部,及时封闭初期支护。灌注该段内仰拱及隧底填充(仰拱及隧底填充应分次施作)。

第6步,根据监控量测数据资料分析,待初期支护收敛后,利用衬砌模板台车一次性灌注二次衬砌。

三台阶七步法施工时,还应该遵循以下原则:

①开挖应以机械开挖为主,必要时辅以弱爆破,各分部平行作业,平行施作初期支护,各分部初期支护应衔接紧密,及时封闭成环。

②仰拱应紧跟下台阶施作,及时闭合构成稳固的支护体系。

③施工过程中应通过监控量测掌握围岩和支护的变形情况,及时调整支护参数和预留变

形量,保证施工安全。

④应完善洞内临时防排水系统,防止地下水浸泡拱墙脚基础。

⑤拱部超前支护完成后,环向开挖上台阶弧形导坑,预留核心土长度宜为 3 ~5m,宽度宜为隧道开挖宽度的 1/3 ~ 1/2。开挖循环进尺应根据初期支护钢架间距确定,最大不得超过 1.5m,上台阶开挖矢跨比应大于 0.3。

⑥中台阶及下台阶左、右侧开挖进尺应根据初期支护钢架间距确定,最大不得超过 1.5m,开挖高度宜为 3 ~3.5m,左右侧台阶错开 2 ~3m。

⑦上、中、下台阶预留核心土开挖进尺与各台阶循环进尺相一致。

⑧仰拱循环开挖长度宜为 2 ~3m,开挖后及时施作仰拱初期支护,完成两个隧底开挖、支护循环后,及时施作仰拱,仰拱分段长度宜为 4 ~6m。

三台阶七步法开挖时,应注意初期支护方法的施作,初期支护主要是由初喷混凝土、锚杆、钢筋网和钢架等组成,共同受力,保持围岩稳定性。

(1)初喷混凝土施作要求

隧道开挖后立即施作初喷混凝土;初期支护喷射混凝土设计厚度:V级加强拱墙为 27cm,仰拱为 25cm;喷射厚度应该受到控制,边墙的控制值为 7 ~ 10cm,拱部的控制值为 5 ~ 6cm。喷射混凝土时采用湿喷工艺。喷射时按照分段、分片、分层依次进行,喷射顺序自下而上施工。喷射时,喷嘴与受喷面之间应当保持合适的距离,对于喷射角度而言,尽量接近 90°。

(2)锚杆(管)、钢筋网施作要求

初喷混凝土后,立即施作锚杆施工,而且必须保证锚杆垫板表面平整干净。

采用 ϕ22 中空锚杆来做拱部锚杆,边墙系统锚杆采用 ϕ22 砂浆锚杆,长 4m,间距为 100cm ×100cm;所有锚杆均设钢垫板,尺寸为 150mm ×150mm ×6mm。按设计要求加工钢筋网,在加工棚分块预制,洞内铺挂,外层钢筋网在初喷 2cm 厚混凝土后设置,随开挖面起伏铺设,同锚杆固定牢固。内层钢筋网设置于钢架内面,并与钢架焊接。钢筋网采用 ϕ8mmHPB235 钢制作,网格尺寸采用 20cm ×20cm,搭接长度应为 1 ~2 个网格,网片间采用焊接方式连接。钢筋网与受喷面之间,必须保持小于 1cm 的距离,牢固连接钢筋网与锚杆,在喷射混凝土时,要保持稳定,而且钢筋保护层厚度不小于 4cm。

(3)安装钢架要求

①DK378 +178 ~ DK378 +308、DK378 +766 ~ DK378 +882 段初期支护采用 I 20b 型钢钢架,间距 0.6m。DK378 + 338 ~ DK378 + 380、DK378 + 643 ~ DK378 + 721 段初期支护采用 I 20b型钢钢架,间距 0.8m。DK378 +308 ~ DK378 +338、DK378 +721 ~ DK378 +766 段初期支护采用 ϕ22 格栅钢架,间距 1.2m。

②钢架的混凝土保护层厚度不得小于 4cm,表面覆盖层厚度不得小于 3cm。

③安装钢架的时候,首先放样确定钢架基脚位置,然后进行定位锚杆施作,接着完成钢架架设工作,最后完成纵向连接筋架设工作。

④各台阶,每个单位超过钢架拱脚 0.3m 高的位置,打设四根以上锁脚锚杆,打设的时候要贴着钢架两侧,方向为下倾角 30°。

⑤隧道各部,完成开挖以后,接着要初喷混凝土,喷完之后,安装钢架,分单元安装,并且要在喷完混凝土后立即施作。

⑥安装钢架之前,各节钢架底下的杂物,应该被清除干净。

⑦安装钢架施工注意事项及要求:

a. 钢架安装间距允许偏差为 ±100mm;钢架安装横向允许偏差为 ±50mm;钢架安装高程允许偏差为 ±50mm;钢架安装垂直度允许偏差为 ±2°;钢架安装保护层与表面覆盖厚度允许偏差为 -5mm。

b. 采用型钢弯制钢架时,分节长度应根据设计尺寸及所用的开挖方法确定,各节长度不大于 4m。钢架节点焊接长度应大于 4cm,且对称焊接。钢架周边拼装允许偏差为 ±30mm,平面翘曲小于 20mm。

c. 对钢架进行加工时,不能出现焊接缺陷。钢架安装前要对底脚下的废渣及杂物进行清除。各节钢架安装时均以螺栓连接,连接板应密贴,其局部缝隙不允许超过 2mm。

d. 钢架与围岩间的间隙用喷射混凝土充填密实,与混凝土形成一体,其保护层厚度不小于 40mm。钢架安装时,要严格控制其内轮廓线尺寸,且预留沉降量,防止侵入衬砌净空。

e. 钢架支护是软岩施工的重要环节。钢架是支护用的,不应承受荷载,确保锁脚的效果。设置钢架托板,锁脚锚杆穿过托板,将托力、锚固力、约束变形力传至围岩深部,迫使围岩共同受力。使深部围岩参与承载是本工序的关键技术。

(4)二次衬砌施工

二次衬砌采用模筑混凝土整体浇筑,利用衬砌台车施工。二次衬砌和掌子面之间,必须保持 90m 范围内的距离。混凝土在拌和站集中拌和,混凝土罐车运到工地,混凝土输送泵入模。

(5)仰拱施工

①仰拱超前二次衬砌施作、分段整体灌注的方案,利用仰拱栈桥保持通行。机械清底,混凝土全幅浇筑,插入式振动器捣实,平板振动器整平。仰拱混凝土达到初凝后,立即施作仰拱填充。

②仰拱紧跟开挖面,一般不超过 40m,在发现洞内变形量较大时,距离要缩短到 20m 左右,必要时设临时仰拱,保证结构稳定。

③仰拱一次开挖不超过 6m,开挖后拱架及时封闭成环。使用仰拱栈桥进行混凝土施工。

④软岩隧道基底松软,通常会产生底鼓,底部钢架设置两组(4 根)锁定锚杆(锚管),扣压栓牢底部钢架,以防底鼓,确保隧底安全。

4.5.2 光面爆破施工工艺

在仓园隧道开挖过程中,还采用了光面爆破施工技术,其施工工艺如下:

(1)周边眼的装药结构:严格控制周边眼装药量,采用不耦合装药结构。并根据爆破效果及时调整爆破参数,以达最佳爆破效果。

(2)测量放线:钻孔前测量放样,准确绘出开挖轮廓线及周边眼、掏槽眼和辅助眼的位置,用激光铅直仪控制边线。距开挖面 50m 处埋设中线桩,每 100m 设置临时水准点。每次测量放线的同时,对上次爆破断面进行检查,利用隧道开挖断面量测系统对测量数据进行处理。

(3)钻孔作业:钻工要熟悉炮眼布置图,严格按钻爆设计实施。特别是周边眼和掏槽眼的位置、间距及数量,未经主管工程师同意不得随意改动。

定人定位,周边眼、掏槽眼由经验丰富的司钻工司钻,使钻孔位置误差不大于 5cm,并保持钻孔方向平行。周边眼钻孔外插角度控制在4°以内。掏槽眼超深20cm,其余炮眼眼底保持在一个铅垂面上。

(4)火工品:根据岩石强度选用不同猛度、爆速的炸药,有水地段及周边眼选用乳化炸药,其余均用2号岩石硝铵炸药。周边眼用 ϕ20mm×200mm 小药卷不耦合装药,其余炮眼用 ϕ32mm×500mm 药卷。塑料导爆管非电起爆。

按"一标准、两要求、三控制、四保证"原则进行光面爆破施工,具体如下:

"一标准"即一个控制标准。"两要求"即钻眼作业要求和装药连线作业要求。"三控制"即控制钻眼角度、深度、密度,控制装药量和装药结构,控制测量放线精度。"四保证"即搞好思想保证,纠正"宁超勿欠"等错误思想;搞好技术保证,及时根据爆破实际情况调整钻爆设计参数;搞好施工保证,落实岗位责任制,组织QC小组活动,严格工序自检、互检、交接检;搞好经济保证,落实经济责任制。

装药作业采取定人、定位、定段别,按顺序进行;装药前,所有炮眼全部用高压风吹洗;严格按爆破设计的装药结构和药量施作;严格按设计的联接网络实施,控制导爆索的连接方向和连接点的牢固性。

4.5.3 控制超欠挖的技术措施

根据岩层节理裂隙发育、岩性软硬情况,修正爆破孔距、用药量,特别是周边眼。

根据爆破振速监测,调整单段起爆药量及雷管段数分布。

根据开挖面凹凸情况修正钻眼深度,尽量使除掏槽眼外的所有炮孔底部基本上落在同一横断面上。

钻眼前画出开挖轮廓线,标出炮眼位置,安装激光指向仪,保证测量精度,严格控制周边眼外插角和装药量,使开挖轮廓圆顺,炮眼痕迹保存率符合光爆技术要求。

4.6 结　论

隧道围岩开挖的方法有很多种,在实际隧道开挖的过程中,要综合考虑经济性、安全性、地质条件等多方面的因素,谨慎选取,其中安全性应当是第一位的。在仓园隧道中采用三台阶七步法开挖,隧道施工中没有发生安全事故,且很好地满足了工期要求,经济合理。实践证明,三台阶七步法是比较适用的。

第5章　穿越泥石流沟仓园隧道初期支护及二次衬砌施工工艺

5.1　引　言

随着城市地下空间建设和开发的不断加快，对地下工程施工技术的要求也在不断提高。目前用于城市隧道施工的主要方法有浅埋暗挖法和盾构法。浅埋暗挖法由浅埋隧道施工方法发展而来，具有安全可靠等优越性，已成为城市地下工程施工的主要方法之一。城市地下工程绝大多数位于繁华地段或靠近密集建筑物或居民区，因此控制好施工过程中引起的地表下沉和对周边结构物的影响，是浅埋暗挖法施工成败的关键。

经过近几年来的不断发展和实践，隧道初期支护和二次衬砌作为一项保证隧道开挖安全、保护地面建筑以及控制地表沉降等的技术越来越受到重视，其应用也越来越广泛。随着隧道初期支护、二次衬砌施工的不断发展，新工艺、新技术也不断涌现，极大地提高了地下工程的施工安全和施工效率。

本章从隧道初期支护及二次衬砌的施工工艺着手，着重介绍了超前小导管、锚杆、喷射混凝土、格栅钢架加钢筋网等目前应用比较广泛的几种支护方法，并进一步说明了其中若干问题，为达到质量最好、效率最高、经济效益最大化的隧道初期支护及二次衬砌施工和城市隧道浅埋暗挖技术研究提供参考作用。

5.2　隧道地质概况

仓园隧道位于甘肃省陇南市武都区汉王镇仓园村，仓园隧道穿越甘家沟泥石流沟，隧道进出洞口主要分布于第四系砂质黄土中，洞身大部分为细角砾土，局部洞身为风化千枚岩。隧道通过地层主要为第四系全新统洪积细角砾土、粗圆砾土，第四系上更新统风积黄土、冲积砂质黄土、粗圆砾土及下附的志留系千枚岩。全部为Ⅴ级围岩。

5.3　支护结构与围岩的力学关系

5.3.1　支护结构的力学性质

隧道工程所处的环境条件与线路或桥梁工程的差别是很大的。隧道施工的基本目的是在各类岩体（岩体或土体）中修筑为各种目的服务的且长期处于稳定状态的洞室结构。从结构角度看，这个结构体系是由周围岩体和各种支护结构构成的，也就是说围岩本身也参与受力。

隧道结构体系是由围岩和支护结构共同组成，它的形成则是通过一定的施工过程或者说是一定的力学过程来实现的。围岩与支护结构共同作用，围岩的力学状态和力学特性是隧道衬砌的依据。

在未扰动前，围岩处于初始应力状态的平衡之中，当隧道开挖后，围岩受到扰动，初始应力平衡状态被破坏，应力重分布往往伴随构造应力的释放（如岩爆等）、隧道周围岩体的性质变化、坑道断面的收敛甚至坑道崩塌等各种物理现象。

为了控制围岩变形，进而能够有效利用围岩承载能力，需要修筑支护结构。一般来说，支护体系不仅包括支护结构，而且应该包括围岩支护效应。支护体系的设计应该包括对围岩支护效应及支护结构效应的评定两方面。支护结构效应的关键是确定各类支护结构（锚杆、钢支撑、喷射混凝土支护、模筑混凝土衬砌等）构造及其支护效应。确定正确的支护结构与坑道围岩的接触状态及其相互作用机理，两者的相互作用力学模式；与之相适应的各种支护体系的设计方法，包括建立在一定理论基础上的经验设计方法，以及建立在量测基础上的信息反馈方法，都是迫切需要解决的问题。

另外，各种材料（包括岩石及岩体、混凝土、金属材料等）的性质都与时间有关。因此构成坑道支护体系的岩体和结构材料也必将受到时间的影响。例如支护结构参与工作的时间、围岩压力的时间效应、岩体或混凝土徐变、流变对应力应变的影响等。

5.3.2 隧道开挖后围岩应力状态与破坏类型

隧道开挖后，低强度围岩适应不了卸荷回弹和应力重分布作用，将发生塑性变形和破坏，这种变形和破坏通常从隧道洞室岩体中应力集中程度高、结构面强度低的最薄弱部位开始（特别是最大地应力和洞室周边垂直部位），逐步向岩体内部应力～强度关系中的次薄弱部位发展，如此反复进行、连锁反应，最终使隧道洞室周围形成松动带或松动圈，在这个圈内，岩石的变形模量降低，径向应力 σ_r 和切向应力 σ_θ 逐渐调整大小。围岩的应力进而因松动圈的应力释放而重新调整，在围岩表部形成应力降低区，而高应力集中则向围岩内部转移，其结果是在围岩内形成一定的应力分带。

依据岩体力学和工程地质理论，通过对隧道围岩变形破坏的主导因素和作用力的分析，将隧道围岩变形破坏机制归纳为四种类型。

（1）结构面控制型。当岩石的强度大大超过围岩承受的应力时，围岩的变形破坏主要受结构面（尤其软弱结构面）控制，通常在重力作用下岩块沿着软弱结构面塌滑破坏，一般不会发生塑性变形或者脆性破裂。

在应力高度集中且有斜向断裂发育的部位，位于断裂带内的结构面由于切向应力 σ_r 过大，径向应力 σ_θ 很小，使沿断裂面的剪应力超过其抗剪强度而引起剪切滑移破坏。结构面控制型围岩变形破坏在块状和层状硬质岩体表现为不稳定块体的直接塌落和滑移，碎裂和散体结构岩体中变形破坏方式是松弛、松脱乃至崩溃。

（2）强度～应力控制型。围岩整体性较好，但岩石强度低于围岩应力，不仅发生脆性围岩的弯折内鼓，还发生塑性围岩的塑性挤出。这类围岩的变形破坏主要取决于岩石的抗弯或抗剪（拉）强度。例如隧道顶拱的厚层状或块体状脆性围岩，当顶部拉应力集中超过围岩的抗拉强度时，在裂隙特别是垂直裂隙发育时，即使很小的拉应力也使岩体产生张性裂隙，被垂直裂隙切割成的岩体在自重作用下很不稳定，往往造成顶拱的塌落。

(3)混合类型。围岩结构面发育，岩石强度低于围岩应力，围岩稳定性不仅受结构面控制，而且受地应力和岩体强度的制约。围岩的变形破坏除发生松弛、塌落外，还发生塑性流动和剪切、挤出和溃屈破坏，隧道内常表现为侧墙的内挤和拱底的上鼓，这类变形破坏主要发生在薄层状、碎裂结构的岩体中。例如层状软岩的弯曲变形、折断破坏和碎裂围岩的挤出变形和解体溃散。

(4)特殊类型。围岩的变形破坏既不受弱面控制型的影响，又不受应力强度型的制约，而是由于隧道开挖后，围岩表部应力降低区的形成促使水分由内部高应力地区向围岩表部低应力地区转移，这种围岩内部的水分重分布使围岩表部易吸水膨胀的岩层发生强烈的内鼓变形，隧道围岩变形破坏特征见表5-1。

隧道围岩变形破坏特征表 表5-1

岩体性质	岩体结构	破坏形式	作用力及变形模式	破坏机制模型
脆性围岩	块体结构及厚层状结构	张裂塌落	拉应力集中造成的张裂破坏	强度~应力控制型
		劈裂剥落	压应力集中造成的压碎拉裂	强度~应力控制型
		剪切滑移和碎裂	压应力集中造成的剪切破裂和滑移拉裂	结构面控制型
		岩爆	压应力造成的突然而猛烈的脆性破坏	强度~应力控制型
	中薄层结构	弯曲内鼓	卸荷回弹和压应力集中造成的弯曲拉裂	混合类型
	碎裂结构	碎裂松动	压应力集中造成的剪切松动	结构面控制型
塑性围岩	层状结构	塑性挤出	压应力集中作用下的塑性流动	强度~应力控制型
		膨胀内鼓	水分重分布造成的吸水膨胀	特殊类型
	散状结构	塑性挤出	压应力集中作用下的塑性流动	强度~应力控制型
		塑性涌出	松散饱水岩体的悬浮塑流	特殊类型
		重力坍塌	重力作用下的坍塌	混合类型

综上所述，依据围岩变形的破坏形式、作用力及变形模式和变形破坏机制类型与岩石性质、岩体结构的关系，将铁路隧道围岩变形破坏特征总结归纳为表5-1。

根据铁路隧道围岩变形破坏特征，结合时间因素考虑，一般将围岩的稳定性划分为五级：

(1)稳定。围岩只发生弹性变形，无塑性变形和破坏，隧道开挖后不支护可长期自稳。

(2)基本稳定。除弹性变形外还有局部块体的位移和掉块，局部块体破坏后不影响其他部位的稳定性，其他部位无支护可长期自稳。

(3)稳定性差。可短期自稳，但不能长期自稳，可发生岩层弯折、松弛塌落、脆性破坏等变形破坏，但一次破坏规模不大。

(4)不稳定。只能暂时(几小时或几天内)不塌方，但变形一直持续发展，破坏形式可以从局部到整体，从小规模到大规模。

(5)很不稳定。不支护无自稳能力，必须超前及时支护，或采取预加固措施才能保证施工的安全，塌方的规模往往很大。

5.3.3 支护结构应力状态

支护结构的力学特性是比较复杂的，它的力学性质取决于内因和外因两方面。内因是支护结构本身的构造，外因是与周围岩体的接触条件以及在施工中出现的各种影响因素。鉴于外因的复杂性，当前在分析支护结构力学特性时，一般情况下都假定外因相同且不变（如紧密接触、压力分布均匀、径向分布等），只研究因支护结构自身力学特性而产生的力学效应。隧道完成衬砌后，相当于在隧道周边施加阻止隧道围岩变形的阻力，从而改变了围岩的二次应力状态。支护结构阻力的大小和方向对围岩的应力状态有很大的影响。

支护结构所受的压力及其变形，来自于围岩在自身平衡过程中的变形或破裂导致的对支护的作用。围岩性质及其变化状况对支护的作用有重要影响。反过来，支护结构以其刚度和强度抑制围岩变形和破裂的进一步发展，在这个过程中支护结构受力发生变化。这一相互作用使得围岩与支护结构形成一种共同受力体系，共同作用。

在新奥法中，支护结构的设计原理实际上就是围岩和柔性支护结构共同变形、破坏的弹塑性理论。当隧道开挖后，将引起一定范围内的围岩应力重分布和局部地层残余应力的释放。在重分布的应力作用下，一定范围内的围岩产生位移，形成松弛，同时也恶化了围岩的物理力学性质，隧道围岩将在薄弱处产生局部破坏。局部破坏的扩大，造成整个隧道的坍塌。

支护阻力的存在控制了坑道岩体的变形和位移，从而控制了岩体内塑性区的发展和应力变化，这就是支护结构的支护实质。同时由于支护阻力的存在也改善了周边岩体的承载条件，从而相应地提高了岩体的承载能力。支护结构的力学行为可以用和支护与围岩的接触状态有关的支护结构特征曲线来表示。支护特征曲线是指作用在支护结构上的荷载与支护结构变形的关系曲线。

5.3.4 隧道围岩与衬砌变形机制

隧道衬砌变形可以从两方面来考虑：其一是从隧道围岩变形机制来分析，比如围岩压力等；其二是主要从隧道衬砌结构变形机制，比如设计、施工工艺过程中材料因素及人为因素等方面来着手分析。

（1）围岩变形机制

由于隧道衬砌支护裂损变形形成机制主要来源于围岩变形，隧道地下工程中岩体变形系统主要表现为非线性特征。隧道力学所分析岩体开挖过程是动态的、不可逆的和开放的。在开挖的过程中伴随着形变的发生，隧道开挖之后，在围岩周边产生应力集中区和卸载区，产生能量的积累与应力释放，表明围岩系统与外界进行着能量交换。

岩体失稳状态就是其应力或应变状态远离历史平衡态。在隧道开挖以前，各岩体处于相对平衡，处于各自的应力状态（平衡态）；开挖之后，由于应力集中，各岩体的平衡态被打破，但岩体失稳都发生在峰值强度后应变弱化区间的某一阶段，处于峰值强度以后的岩体，即使此时不再有其他因素干扰，也不能保持稳定的平衡，因为岩体内的裂缝扩展、贯通、合并等是一个自发的动态过程。在这个过程中，如果裂缝扩展与合并的速度相等，则处于一种动态的平衡之中；当裂缝扩展的速度大于裂缝合并的速度则这一涨落就会被放大，成为一个整体、宏观的巨涨落，使围岩系统进入不稳定状态。从而又跃进到另一新的稳定有序状态。在这里一个涨落对于新的结构的变形起到一个触发性作用,在远离平衡态的非线性区,涨落不是被衰减而是被放大,从而导致系统从不稳定态走向一个新的状态,产生新的稳定有序结构,也即耗散结构。

岩体开挖从某种角度来说是破坏地层(地层、地壳)的行为,开挖结构是岩体被破坏后形成的结构,开挖干扰了系统的稳定性,岩石材料具有"记忆性",即岩石具有回到原自身应力状态的特性,开挖岩体的应力(变形)变化不仅取决于现时的应力(变形)状态,也决定于以往的应力(变形)变化历史和最终的应力(变形)状态。

在开挖过程中,岩体(地层)具有自组织能力,即通过岩体自身的变化和自我调节,来改善应力分布状态,改变结构,以维护系统的稳态平衡。开挖的稳定问题,首先是包括静力学在内的力学问题,但是传统的力学方法远远不能解决开挖中的稳定性问题。开挖活动不是人造现象和人为工程,而属于自然现象和自然化工程,开挖活动是受自然环境的约束,特别是受到地层本身存在的应力活动的约束。更确切地说,是受到地层自我组织的约束。在大变形中,挤出作用与膨胀作用的关系及两者对大变形的贡献,是人们普遍关心的重要问题。Terzaghi 认为,从理论和室内试验的角度,挤出和膨胀是完全可以分开的:

①挤出是一种物理破坏,而膨胀则是必须有水参与的化学过程。

②膨胀发生所需的时间通常要比挤出发生时间长很多。

但大多数学者认为,在实际隧道工程中,挤出与膨胀往往是很难分开的,绝对单纯的挤出或绝对单纯的膨胀引起的大变形都很少见。一般来说,挤出作用在隧道围岩大变形中占有更重要的位置,或者可以说是围岩大变形的主要机制。综上所述,隧道围岩的大变形一般可以描述为一种以挤出为主、膨胀为辅的水力耦合过程,这也是导致隧道衬砌变形破损的原因之一。

(2)衬砌变形机制

隧道衬砌在隧道工程中是承受地层压力、防止围岩变形坍落的工程主体建筑结构物。衬砌裂损出现的主要原因是地层压力分析估计不当、围岩大变形等。而地层压力的大小,主要取决于工程地质和水文地质条件;围岩的物理力学特性,同时与施工方法、支护衬砌是否及时和工程质量的好坏等因素有关。同时作用在支护衬砌上的地层压力,主要有形变压力、松动压力,在膨胀性地层有膨胀压力,在有冻害影响的隧道存在冻胀性压力。由于形变压力和松动压力作用、地层沿隧道纵向分布及力学形态的不均匀作用、温度和收缩应力作用、围岩膨胀性和冻胀性压力作用、腐蚀性介质作用、施工中人为因素、运营车辆的循环荷载作用等,使隧道衬砌结构物产生裂缝和变形,影响隧道的正常使用,从而造成隧道裂损变形。

隧道衬砌结构除因围岩大变形而导致裂损变形外,我们还应该了解因隧道衬砌本身性质而导致的衬砌裂损变形,即:隧道工程施工工艺和建筑材料等方面。隧道衬砌结构包括初期支护中的锚喷支护、钢架、钢筋网支护和二次模注混凝土衬砌,是铁路隧道最重要的受力结构。从以往隧道的检测结果看,衬砌结构不同程度地存在结构厚度不足、混凝土不密实、层间脱空、超挖回填不密实、初期支护与围岩不密贴、混凝土开裂、衬砌渗水等现象,不同程度地留下了质量隐患甚至发生了质量事故,造成较大的经济损失。引起这些质量隐患的出现和质量事故发生的主要原因是隧道衬砌结构在施工过程中质量失控,导致工程质量不合格,从而导致隧道衬砌刚度不足,不能抵抗隧道围岩的压力。因此,在隧道衬砌结构施工过程中,应自始至终加强质量检测,严格进行各工序的质量控制,确保工程质量,才能及时消除质量隐患,避免质量事故的发生。

理论上隧道支护拱结构失稳是由反对称失稳模式控制,但实际工程中,可能会受到两侧围岩一定的限制。围岩比较松软、等级较差时，支护结构在高应力情况下，可能会挤压穿透围岩，发生反对称失稳；围岩等级较好时，支护结构上的应力较大，则拱部支护结构有可能向隧道空间移动，大多发生对称失稳。但在实际工程中，荷载多是不对称的，这时多发生局部对称失稳模态，即失稳对称点不在拱顶的正中部位而发生一定的偏移，偏移量视偏压荷载而定。在这种情况下，支护结构在较大偏压作用下向隧道空间移动，结构宣告破坏。在实际工程中，支护结构的失稳多见于这种形态。

目前，铁路隧道二次衬砌一般用模筑混凝土施工，铁路隧道二次衬砌顶部脱空现象主要是由施工工艺、混凝土收缩、围岩压力等原因引起。其一，由于对铁路隧道二次衬砌存在着片面认识，认为围岩压力是由锚喷混凝土承受，二次衬砌仅仅起着装饰作用，因而导致施工马虎，拱顶衬砌混凝土厚度不足，超挖空间未填实是造成二次衬砌拱顶脱空的主要原因。其二，由于模板支架底部不坚实，或支架疏松，以致顶部模板下沉量过大，使顶部衬砌混凝土下沉脱空。衬砌结构多是由于局部发生失稳从而引起整体失稳，除了应力集中造成屈服外，另一种情况是由于衬砌本身存在原始缺陷，如衬砌质量不均匀，衬砌背后有空洞、不密实，则破坏首先从衬砌缺陷处发生，从而造成整个结构的失稳。

5.4 支护参数

隧道全长采用Ⅴ级围岩加强衬砌，拱部小导管超前注浆，小导管长4.0m，环向间距0.4m，纵向间距2.4m，初期支护采用Ⅰ20b型钢钢架，间距0.6m。进洞前隧道进口明暗分界处各设一环ϕ108×6mm大管棚，管棚长30，环向间距0.4m。

洞身DK378+380~DK378+643为下穿甘家沟浅埋段，洞内采用ϕ89大管棚超前支护，管棚长10m，环向间距0.4m，管棚内设钢筋笼，灌注水泥砂浆充填密实，管棚间设超前小导管预支护，隧道支护设计参数见表5-2，隧道支护施工方案见表5-3。

隧道支护设计参数　　表5-2

围岩级别	预留变形量(cm)	初期支护											二次衬砌	
		喷混凝土		锚杆			钢筋网			钢架				
		厚度(cm)	位置	位置	长度(m)	纵向间距(m)	类型	位置	间距(cm)	类型	位置	间距(cm)		
Ⅴ级加强	10~15	27/25	全断面	拱墙	4	1.0×1.2	ϕ8	拱墙	20	120b	全断面	0.6	拱墙	仰拱

隧道支护施工方案　　表5-3

初期支护	初期支护在开挖完成后及时施工，紧跟开挖面
	拱墙ϕ8钢筋网网格间距20cm×20cm，锚杆长4m，1.2m×1.0m，拱部为ϕ25中空锚杆，边墙为ϕ22全螺纹砂浆锚杆
	喷射混凝土C25，拱墙厚27cm，仰拱厚25cm
	钢架采用型钢钢架(Ⅰ20b)

5.5　初期支护

5.5.1　格栅钢架

(1)工艺概述

在隧道Ⅴ级围岩较差的地段,在喷锚支护基础上可采用格栅钢架或格栅钢架加钢筋网支护,以达到对围岩加强支护的效果。

(2)质量检验标准

格栅钢架的混凝土保护层厚度不得小于4cm,表面覆盖层的厚度不得小于3cm。钢架安装允许偏差的检查必须符合表5-4的规定。

格栅钢架安装允许偏差　　表5-4

序号	项　目	允许偏差
1	间距(mm)	±100
2	横向(mm)	±50
3	高度(mm)	±50
4	垂直度(°)	±2
5	保护层和表面覆盖层厚度(mm)	-5

(3)施工准备

①除在砂土地层中开挖隧道外,钢筋网必须在喷一层混凝土后铺挂,使其与喷射混凝土形成一体。

②喷射中如有脱落的石块或混凝土块被钢筋网卡住时,应及时清除。

③安装格栅钢架前必须清除地脚的虚渣及杂物,局部欠挖地段必须提前处理。

④格栅钢架加工:

a. 格栅钢架按照设计要求采用格栅制作。钢架和钢筋网均在钢筋加工场集中加工,运输汽车倒运至施工作业面。格栅钢架应在胎模上焊接。钢架节点焊接长度应大于4cm,且对称焊接。在加工过程中须严格按设计要求制作样台、放线、复核并标上号码标记,确保制作精度。

b. 每榀格栅钢架加工完成后进行试拼。试拼应在经硬化处理的地面或工作台架上进行,周边拼装允许误差为±3cm,平面翘曲应小于2cm。

⑤安装格栅钢架架立:

a. 先准确测量出中线、水平点及里程,保证格栅钢架安装的精度符合施工工艺和设计开挖轮廓的要求。

b. 格栅钢架按设计标示位置架设,钢架应安放在坚实的基底上,钢架与初喷层的间隙应采用喷射混凝土充填密实;如基底为软弱层,应采用喷射混凝土做成扩大基础后架立钢架。

c. 钢架安设应在开挖后尽快完成。钢架与径向锚杆、钢筋网及连接筋焊接成整体,以增强其联合支护的效应。

d.格栅钢架安装应符合下列要求:

钢架底脚应置于牢固的基础上,脚下无虚渣和杂物;钢架应尽量密贴围岩,并与锚杆焊接牢固,钢架之间应按设计纵向连接;格栅钢架不得侵入二次衬砌断面;各节钢架间以螺栓连接,连接板应密贴;沿钢架外缘每隔2m应用混凝土预制块顶紧;钢架间距、横向位置和高程与设计标示位置的偏差不超过5cm,垂直度误差不超过2°;下半部开挖后应及时架立钢架与上部钢架连接;喷射混凝土应将钢架和围岩间间隙充填密实,钢架混凝土保护层厚度不得小于4cm。

格栅支撑在洞外加工制作,运输车运进洞内,人工配合机具用安装台架安装。

安装前分批按设计图检查验收加工质量,不合格品禁用。清除干净底脚处浮渣。按设计焊连定位筋及纵向连接筋,段间连接安设垫片拧紧螺栓,确保安装质量。

严格控制中线及高程。拱架与岩面间安设鞍形混凝土垫块,确保岩面与拱架密贴,确保初喷质量。

拱脚必须支立在基岩上不准悬空,若悬空必须用混凝土块塞紧。拱架安装后必须保证垂直度,不能发生扭曲变形。

5.5.2 喷射混凝土

(1)工艺概述

喷射混凝土是借助喷射机械,利用压缩空气或其他动力,将水泥、砂、石、掺合料、外加剂及水等原材料按一定比例配合好的拌和料,通过管道输送,并以高速喷射到受喷面上凝结硬化而成的一种混凝土。它是由喷射水泥砂浆发展起来的。1914年美国在矿山和土木工程中首先使用了喷射水泥砂浆;兴建于1948—1953年的奥地利卡普隆水力发电站隧洞工程最早使用了喷射混凝土支护,这也就是后来被工程界人士所认同的"新奥法"理论。

世界各国相继在土木建筑和水利工程中采用了喷射混凝土技术。在一些大面积的衬砌支护结构工程中,锚喷支护以及喷射混凝土支护与传统的支护形式相比有着无可比拟的优越性,对被衬物具有支衬、充镇、隔绝、转化的作用,一方面节约了钢材和木材,降低了施工成本;另一方面使得施工简单,工作安全,减少了笨重的体力劳动,有利于一次成巷和加快掘进速度。研究凝结时间可调、工作性良好、长期性能稳定的微膨胀抗渗防裂高性能喷射混凝土,解决隧道工程中混凝土材料的关键技术问题。

(2)工艺原理

为了能够立即封闭新开挖暴露出的岩石,使之有较高的强度,洞身采用喷射混凝土支护,喷敷在岩石表面的混凝土具有与岩石固结并加固表面的性能。它可将单个松散岩块胶结在一起,填充岩石的裂隙和凹陷,从而减少隧道周边应力集中;喷射混凝土层与所支护的岩面共同承受着压力或由局部荷载引起的剪应力,因此可以改善围岩条件。

(3)施工机械

喷射混凝土主要机械有:喷射机、空压机、搅拌机。

(4)喷射混凝土前的准备工作

喷射混凝土前,应对受喷岩面进行处理。喷射作业应连续进行,具体要求如下:

①一般岩面可用高压水冲洗受喷面上的浮尘、岩屑,当岩面遇水容易潮解、泥化时,应采用高压风吹净岩面,以保证喷射混凝土与受喷岩面黏结牢固,保证喷射混凝土和地层良好的共同受力。

②根据设计要求此段挂设钢筋网，用锚钉将其固定，使其密贴受喷面，以提高喷射混凝土的附着力。

③设置控制喷射混凝土厚度的标志，一般采用埋设钢筋头做标志。喷层厚度是评价喷射混凝土支护工程质量的主要项目之一。施工中往往发生因喷层过薄而引起混凝土开裂、离鼓和剥落现象，因此在施工中必须严格控制喷层厚度。

④检查机具设备和风、水、电等管路线路，并试运转。检查空压机工作风压和耗风量是否满足要求；检查输料管是否完好；检查作业区内是否具有良好通风和照明条件；检查速凝剂的泵送及计量装置性能是否完好。

⑤喷射前认真检查隧道断面，对欠挖部分及所有开裂、破碎、出水点、崩解的破损岩石进行清理和处理，清除浮石和墙角虚渣，并用高压水或风冲洗岩面。

⑥喷头距岩面距离为1.5～2m，喷头垂直受喷面，喷初期支护钢架、钢筋网时，可将喷头稍加偏斜，角度大于70°。喷射路线应先边墙后拱部，分区、分段"S"形运动，喷头作连续不断的圆周运动，后一圈压前一圈1/3，螺旋状喷射。

⑦喷射混凝土作业前，应认真清除作业面拱脚或墙脚的虚渣和回弹物料，以防止拱墙脚因喷射混凝土强度不足出现失稳现象。

(5)喷射混凝土材料要求

①集料选用符合国家标准的普通硅酸盐水泥；细集料选用细度模数大于2.5的硬质洁净中粗砂，含水率控制在5%～7%；粗集料选用粒径5～10mm的连续级配碎石或卵石；化验合格的拌和用水；外加剂的选用须经监理工程师批准，其初凝时间不大于5min，终凝时间不大于10min，喷射混凝土材料要求见表5-5。

喷射混凝土材料要求表　　表5-5

项目	通过各种筛径的累计质量百分数(%)					
	0.6mm	1.2mm	2.5mm	5mm	10mm	15mm
优	17～22	23～31	35～43	50～60	73～82	100
良	13～31	18～41	26～54	40～70	62～80	100

②外加剂：包括速凝剂、减水剂、防水剂等。外加剂的质量、选用和使用应符合现行的国家标准《混凝土外加剂》(GB 8076—2008)、《混凝土外加剂应用技术规范》(GB 50119—2013)、《喷射混凝土用速凝剂》(JC 477—2005)等和有关环境保护的规定。所用外加剂的品种、生产厂家和牌号应符合混凝土配合比通知单的要求，外加剂应有产品说明书、出厂检验报告及合格证、性能检测报告，进场应复验。速凝剂应根据水泥品种、水灰比等，通过不同掺量的混凝土试验选择最佳掺量，使用前应做与水泥的相容性试验及水泥净浆凝结效果试验，初凝时间不应超过5min，终凝时间不应超过10min。当使用其他外加剂时应做相应的试验。

③掺和料：混凝土中掺用矿物掺和料的质量应符合现行国家标准《用于水泥和混凝土中的粉煤灰》(GB 1596—2005)等的规定。所用掺和料的品种、级别和生产厂家应符合混凝土配合比通知单的要求，掺和料应有出厂合格证或质量证明书、质量检测报告，进场应取样复验合格。

喷射混凝土作业采取分段、分块，先墙后拱、自下而上的顺序。喷嘴做反复缓慢的螺旋形运动，螺旋直径为20～30cm，以保证混凝土喷射密实。同时掌握风压、水压及喷射距离，减少回弹量。

④本隧道喷射混凝土分两层作业，第二次喷射混凝土如在第一层混凝土终凝1h后进行，需冲洗第一层混凝土面。初次喷射先找平岩面。

⑤喷射混凝土终凝2h后，进行喷水养护，养护时间不少于7d。

⑥喷射混凝土开挖时，下次爆破距喷射混凝土完成时间的间隔，不得小于4h。有水地段喷射混凝土采取如下措施：

⑦当涌水点不多时，可设导管引排水后再喷射混凝土；当涌水量范围较大时，可设树枝状排水导管后再喷射混凝土；当涌水严重时可设置泄水孔，边排水边喷混凝土。

⑧增加水泥用量，改变配合比，喷混凝土由远而近逐渐向涌水点逼近，在涌水点安设导管，将水引出，再向导管附近喷混凝土。

⑨当岩面普遍渗水时，先喷砂浆，并加大速凝剂掺量，初喷后再按原配合比施工。当局部出水量较大时采用埋管、凿槽、树枝状排水盲沟等措施，将水引导疏出后再喷混凝土。

5.5.3 挂钢筋网

(1)工艺概述

在双向隧道V级围岩较差的地段，在采用喷锚与格栅钢架的基础上，运用加挂钢筋网的措施，增强初期支护强度。

(2)作业准备

①钢筋网原材料必须满足设计及规范要求，所有材料试验检测均满足设计、规范要求。

②在开工前组织技术人员认真学习实施性施工组织设计，阅读、审核施工图纸，澄清有关技术问题，熟悉规范和技术标准。制订施工安全保证措施，提出应急预案。对施工人员进行技术交底，对参加施工人员进行上岗前技术培训，考核合格后持证上岗。

③现场钢筋加工场地，施工机械、人员配置满足施工需要。

(3)质量检验标准

①原材料及成品、半成品质量检验：钢筋网原材料质量必须符合设计要求。

②钢筋网安装质量检验标准：

a.钢筋网的安装位置必须符合设计要求，并与锚杆或其他固定装置联结牢固。钢筋网的混凝土保护层厚度不得小于3cm。钢筋网必须在基岩面喷射一层混凝土后再挂网，底层喷射混凝土的厚度不得小于4cm。

b.钢筋网的网格间距必须符合设计要求，网格尺寸允许的偏差为±10mm。钢筋网搭接长度为1～2个网孔，允许偏差为±50mm。钢筋必须冷拉调直后适用，钢筋表面不得有裂纹、油渍、颗粒状或片状锈蚀。

(4)技术要求

隧道初期支护钢筋网片宜采用ϕ8mm，网格间距为20cm×20cm，网片与锚杆焊连；钢筋网的安设要求：

①钢筋网使用前清除锈蚀。

②钢筋网随受喷面的起伏铺设，与受喷面的间隙不大于1cm。

③钢筋网与锚杆或其他固定装置连接牢固,在喷射混凝土时不得晃动。

④钢筋网及钢拱架要尽可能多的与锚杆头焊接,锚杆要有适量的露头。

⑤钢筋网及钢拱架要被喷射混凝土所包裹、覆盖,即喷射混凝土要将钢筋网和钢拱架包裹密实。

钢筋网安装搭接长度为1~2个网格,相邻网片之间采用焊接或铅丝绑扎。钢筋网铺设在砂浆锚杆施作后安设。在初喷混凝土(厚度为4cm)以后铺挂,沿环向压紧后再喷混凝土。钢筋网片施工布置图如图5-1所示。

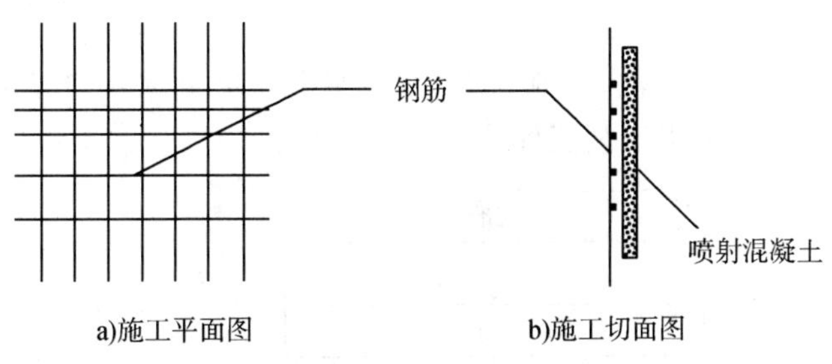

图5-1　钢筋网片施工布置图

挂网:挂网在初喷混凝土及锚杆施作完成后进行。通过多功能作业台架,采用人工沿开挖岩面一环一环铺设,钢筋网片之间用焊接连接,施工中可以通过钻孔设备辅助固定钢筋网,使其尽量与岩面密贴。

焊联:挂好网片后,将网片之间的接头以及网片钢筋和锚杆头、钢架等焊接牢固,避免网片超出喷混凝土厚度和喷混凝土时网片晃动。

(5)安全及环保要求

①安全要求:

a. 施工区域应设置警示标牌,严禁非工作人员出入。

b. 施工中应对机械设备进行定期检查、养护、维修。

c. 高空作业时,做好防护工作,配备安全绳、防护栏,现场有专人指挥,确保人身安全。

d. 施工人员应经培训合格后上岗。焊工应持有特种工人作业证。

e. 焊工必须穿戴防护衣具。施工时焊工应站在木垫或其他绝缘垫上。

f. 焊机必须接地,以保证操作人员安全,对于焊接导线及焊钳接导线处,都应有可靠的绝缘接地。

g. 大量焊接时,焊接变压器不得超负荷,变压器升温不得超过60℃,为此,要特别注意遵守焊机暂载率规定,以免过分发热而损坏。

h. 钢筋的调直、切断所使用的机械设备必须指定专人操作。

i. 钢筋网的安装,作业人员之间应相互协调配合。

②环保要求:

a. 开始施工前,必须进行环境因素识别,确定重要环境因素,制订相应的管理方案。

b. 临时工程及场地布置应采取措施保护自然环境。

c. 施工场地布置在水源保护地区内不得取土、弃土、破坏植被等,不得设置搅拌站、洗车台、充电房等，并不得堆放任何含有害物质的材料或废弃物。

d. 施工废水及施工垃圾不得随意排放、丢弃，施工废水必须经过处理池处理达标后再排放到指定地点，施工垃圾倒置在指定地方统一处理。

5.6 二次衬砌方案

5.6.1 防水层铺设

防水板采用无锚钉悬挂铺设法，自制台车铺挂，纵向每幅间采用自动爬行热融焊接机焊接。无钉铺设复合式防水板施工工艺流程图如图5-2所示。

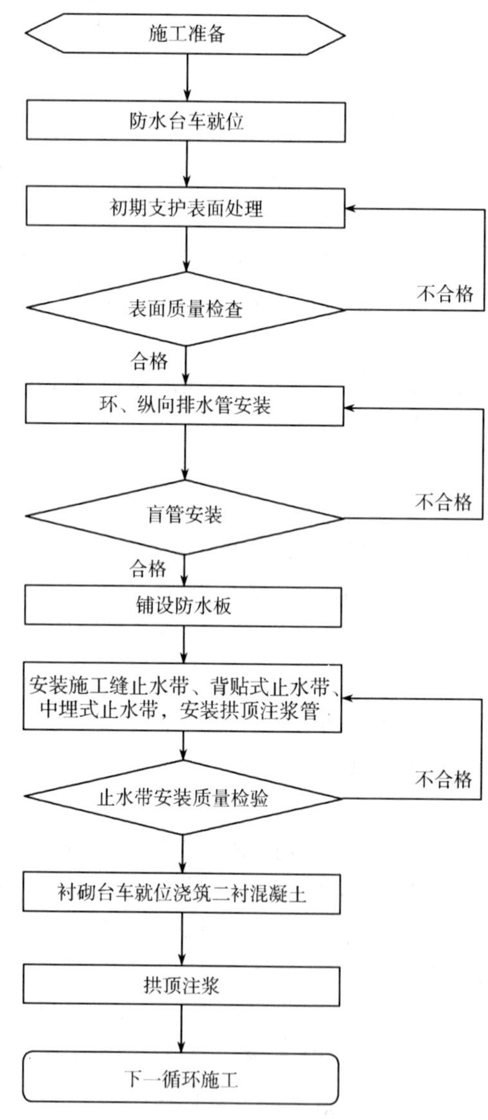

图5-2 无钉铺设复合式防水板施工工艺流程图

5.6.2 施工准备

(1)洞外准备

检查复合式防水板质量,用特种铅笔划焊接线及拱顶分中线,并按每循环设计长度截取,对称卷起备用。

(2)洞内准备

施工时采用两个作业台架,一个用作基面处理,一个用作挂防水板,基面处理超前防水板铺设两个循环。

(3)基面处理

检查开挖断面,整修初期支护表面,处理外露锚杆及尖锐物,在铺设基面标出拱顶中线。

(4)基面处理

①局部漏水采用注浆堵水或埋设排水管直接排水到边。

②钢筋网等凸出部分,先切断后用锤铆平抹砂浆素灰,如图5-3所示。

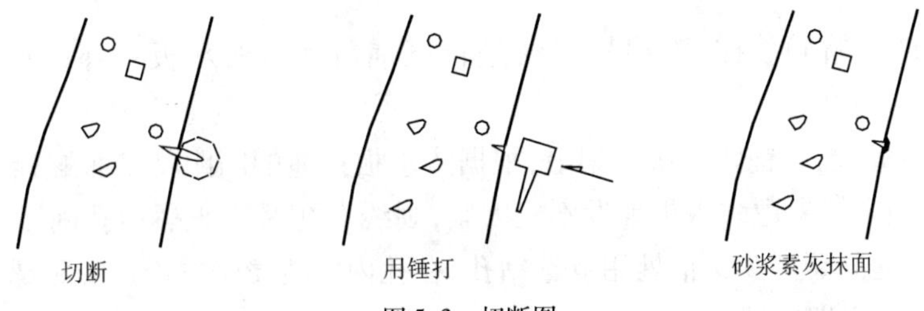

图5-3 切断图

有凸出的管道时,用砂浆抹平,如图5-4所示。

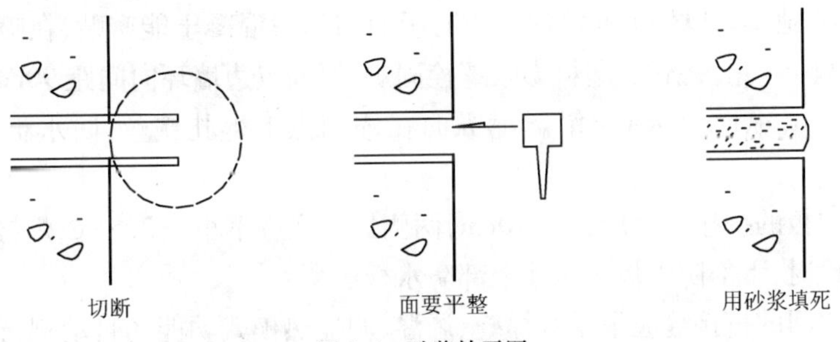

图5-4 砂浆抹平图

锚杆有凸出部位时,螺头顶预留5mm切断后,用塑料帽处理,如图5-5所示。

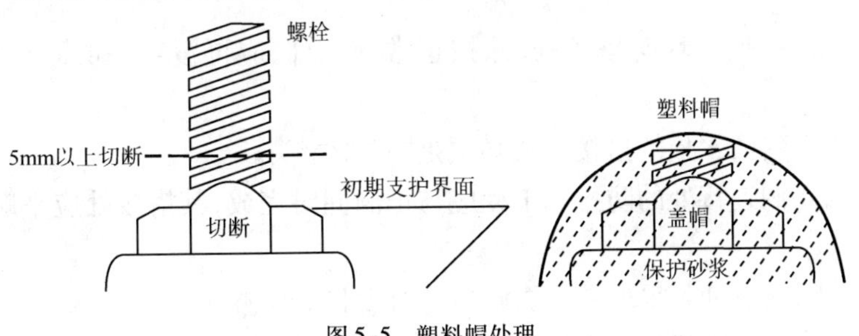

图5-5 塑料帽处理

③初期支护应无空鼓、裂缝、松酥，表面应平顺，凹凸量不得超过 ±5cm，如图 5-6 所示。

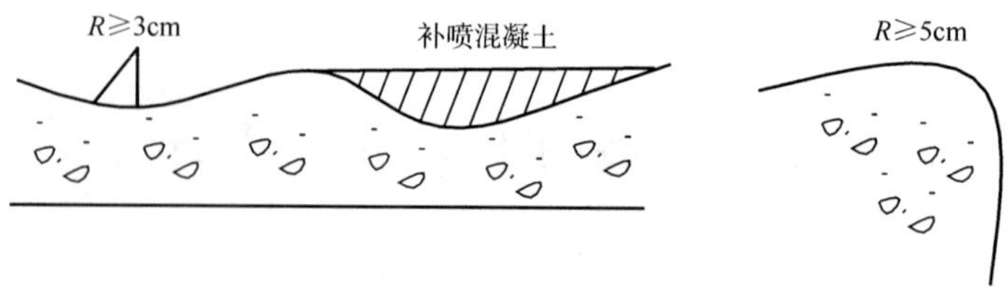

图 5-6　补喷处理图

④检查纵向排水盲沟：纵向排水盲沟应顺直，并与隧道纵坡保持一致，不得有弯曲积水现象，三通、四通管安装应符合要求，做到水流顺畅、无积漏。

5.6.3　铺设防水板

防水板超前二次衬砌 10 ~ 20m 施工，用自动爬行热焊机进行焊接，铺设采用工人人工进行。

(1)铺设前进行精确放样，弹出标准线进行试铺后确定防水板一环的尺寸，尽量减少接头。

(2)安装膨胀螺栓：在铺防水板台架上，根据防水板挂绳的间距将膨胀螺栓孔的位置画在初期支护混凝土面上。考虑防水板铺设不能太紧，画线布孔时膨胀螺栓孔间距较防水板挂绳间距小，一般取挂绳间距的 0.9 倍处用电钻钻孔，在孔内安装膨胀螺栓。膨胀螺栓露出混凝土面不超过 1.5cm，并立即用砂浆抹平。

(3)分离式防水板施工采用在简易台架上铺设，无钉铺设工艺。从拱顶向两侧铺设，防水板铺设要有一定松弛量。以保证灌注混凝土时板面与喷射混凝土能密贴，在喷射混凝土表面采用 ZIC－16 电锤 $\phi 8$ 钻头钻眼，塑料膨胀螺栓固定，锚固点边墙环向间距 90cm，纵向 100cm；拱部环向间距 60cm，纵向 100cm。沿隧道纵向在锚固点上绑扎铁丝，防水板用背带与铁丝绑紧。

(4)两幅防水板的搭接宽度应大于 10cm，两侧焊缝宽应不小于 2.5cm；焊接处应擦净。

(5)环向铺设时，下部防水板应压住上部防水板。

(6)防水板之间的搭接缝应采用双焊缝、调温、调速热楔式功能的自动爬行式热合机热轧焊接，细部处理或修补采用手持焊枪，单条焊缝的有效焊接宽度不应小于 10mm，焊接严密，不得焊焦焊穿。

(7)防水板纵向搭接与环向搭接处，除按正常施工外，应再覆盖一层同类材料的防水板材，用热焊焊接。

(8)三层以上塑料防水板的搭接形式必须是“T”形接头。

(9)停车带与正洞连接处的防排水工程应与正洞同时完成，其搭接处应平顺，不得有破损和褶皱。

(10)绑扎或焊接钢筋时，采取一定措施避免对卷材造成破坏。

(11)混凝土振捣时，振捣棒不得接触防水板，以防防水板受到损伤。

(12)防水板的搭接缝焊接质量检查应按充气法检查,将5号注射针与压力表相接,用打气筒进行充气,当压力表达到0.20MPa时停止充气,5min之内不得小于0.16MPa,说明焊缝合格;如压力下降过快,说明有未焊好处。用肥皂水涂在焊缝上,有气泡的地方重新补焊,直到不漏气为止。

5.6.4 防水板施工质量要求、检查及修补

防水板在隧道复合式衬砌中是作为一项分项工程来评定的,因此防水板铺设完成后没有检查或经检查不合格者,不得进行后续施工。

(1)防水工程的质量要求

①衬砌不渗水,结构表面无湿渍。

②混凝土抗压强度和抗渗压力符合设计要求。

③防水层连接紧密,无渗水现象,立面拐角的防水毯无空鼓和皱褶。

④材料甩头预留长度不小于规定长度,其收边和保护达到了设计要求。

⑤防水层的破损处已按要求修补达标。

⑥防水层与其他防水材料的连接符合设计要求。

(2)质量检查方法

①目测检查:用手将已固定好的防水板上托或挤压,检查其是否与喷射混凝土表面密贴,防水板有无破损、断裂、变色、小孔等,锚固点是否牢固,焊缝表面是否平整、光滑、有无波褶,焊缝有无烤焦、焊穿、假焊或漏焊,焊缝宽度是否符合设计要求。

②焊缝质量检查:按5.6.3(12)进行检查,不合格时必须返工处理。

(3)防水板破损处的修补

当发现防水板有破损时,应用彩笔在防水板上作出明显的标记,以便修补。修补具体要求如下:

①补块不得过小,离破损边缘不得小于7cm(补块为同批材料)。

②补块剪成圆形状,不要有正方形、长方形及三角形等尖角形状。

③除尽补块、防水板上的灰尘后,将其置于破损处,然后用手动电热熔器熔接,焊接质量用真空检测器检测,若不合格必须重新修补。

5.6.5 施工要点控制

(1)确定防水板铺设部位,画线定位。根据画线的位置和防水板上的挂绳位置,用电钻打孔。将木楔打入孔眼中,木楔不外露。

(2)将防水板上的吊绳捆绑在木契上,要求吊绳与木楔栓紧,再用橡皮锤将外露木楔打入混凝土内,木楔与基面平,不外露。

(3)防水板之间的搭接长度符合设计或规范要求,用自动爬行热焊机焊接成双焊缝。焊缝质量直接影响防水效果,要求焊缝平直、整齐、轮廓清晰,符合设计要求。

(4)为防止浇筑混凝土时出现拱顶防水板逐渐收缩甚至拉裂现象,防水板铺设时保持

6% ~8%的松弛度。

(5)防水板表面平顺,无褶皱、无气泡、无破损等现象。接头处应牢固,强度应不小于同质材料。

(6)当基面轮廓凸凹不平时,要预留足够的松散系数,使其留有余地,并在断面变化处增加悬挂点,保证缓冲面与混凝土表面密贴。

(7)防水板搭接用热焊器进行焊接,接缝为双焊缝,焊接温度应控制在200~270℃为宜,并保持适当的速度即控制在0.1~0.15m/min范围内。太快焊缝不牢固,太慢焊缝易焊穿、烤焦。

(8)焊缝若有漏焊、假焊,应予补焊;若有烤焦、焊穿处以及外露的固定点,必须用塑料片焊接覆盖。

(9)焊接钢筋时在其周围用石棉水泥板进行遮挡,以免溅出火花烧坏防水层;灌注二次衬砌混凝土时输送泵管不得直接对着防水板,避免混凝土冲击防水板引起防水板被带滑脱,防水板下滑。

(10)所有防水材料必须采用合格厂家生产的定型产品,所有产品必须有出厂合格证和质量检验证明。

(11)详细记录各种防水材料的安放部位,做到可追溯性。

(12)防水材料在使用前应做好相应的试验、检验工作,委托有相应资质的机构对防水材料进行检测。

(13)施工中发现的问题及时与生产厂家或供应商联系,以求尽快解决,不合格的材料坚决不用于本工程。

5.6.6 常见质量缺陷及施工控制措施

(1)蜂窝麻面

产生原因:粗骨料级配不好,粒径较大;混凝土产生离析,骨料和砂浆分离;振捣过轻或过重。

控制措施:采用连续级配的粗骨料,要有良好的和易性和流动性;混凝土搅拌均匀,运输、浇筑过程中防止离析;振捣过轻,不密实,产生蜂窝;振捣过重,灰浆流走,形成麻面。

(2)气孔

产生原因:水灰比过大;振捣过轻,水汽未溢出。

控制措施:水灰比不宜过大,杜绝擅自加水;加强振捣,混凝土表面返浆、大致平整、无大量气泡逸出为止。

(3)粘模掉皮

产生原因:脱模剂涂抹不均匀或过轻;模板上有脏物或生锈。

控制措施:选择良好的脱模剂,涂抹均匀;涂抹脱模剂前清除模板上的脏物和铁锈,尽量连续浇筑,间隔时间过长应清除模板上的灰浆。

(4)错台

产生原因：模板变形，接缝错开；衬砌台车搭接过长。

控制措施：衬砌台车、模板要具有良好的强度、刚度和稳定性，模板接缝严密，不变形、不跑模；衬砌台车搭接不宜过长，搭接面要平顺，不得有杂物。

（5）露筋

产生原因：垫块变形移位或钢筋下沉；粗骨料级配不好，粒径过大，或振捣不好。

控制措施：垫块安装牢固，钢筋主筋、架立筋和连接筋绑扎（焊接）牢固，控制钢筋下沉量；骨料采用连续级配，混凝土和易性要好，振捣密实。

（6）掉角

产生原因：拆模过早，混凝土强度不足；拆模不注意，人为破坏。

控制措施：一般情况下混凝土强度小于2.5MPa不得拆模，承重模要延长拆模时间；位于角、棱的模板拆模要特别小心，不得硬撬。

（7）裂缝

产生原因：水泥过量、水灰比过大、砂率过大；养护不到位，干缩裂缝；结构局部应力集中，受力破坏。

控制措施：选用良好的配合比，加强施工控制；温度超过5℃时要加强洒水养护或蒸汽养护，防止干缩裂缝；加强隧道初期支护，避免应力集中，以防破坏衬砌结构。

（8）渗、漏水

产生原因：防水结构（防水板、盲管）有问题；水压力过大或混凝土结构自防水能力差；裂缝渗、漏水。

控制措施：衬砌背后盲管要通畅，防水板不得破损，焊缝严密；水压过大时采用抗水压衬砌，提高混凝土自防水能力；加强施工综合控制，避免产生裂缝渗、漏水。

5.7　正洞衬砌方案

混凝土由混凝土拌和站集中供应，混凝土输送罐车运料，混凝土输送泵泵送入模。仰拱采用仰拱抗干扰作业平台，实现仰拱超前。隧道大部分采用仰拱先行、钢模衬砌台车衬砌，每节衬砌长度8m。进口多线衬砌段、断层破碎带因断面形式变化多，采用组合式钢模衬砌台车进行衬砌。衬砌施工作业程序图如图5-7所示。

施工方法：采用整体式液压钢模衬砌台车或组合钢模台车立模，自动计量拌和站，集中供应混凝土，混凝土搅拌运输车运送混凝土，混凝土输送泵泵送入模，混凝土振捣器捣固。一般地段衬砌施工缝设橡胶止水带，立模时布置在环节缝衬砌混凝土中部呈L形，并固定在挡头板内侧。

首先对开挖断面和防排水系统进行自检，检验合格后报现场监理工程师检验，经检验合格后移动台车就位。混凝土采用水平分层、对称浇筑，控制灌注混凝土的速度和单侧灌注高度，单侧一次连续浇筑高度不超过1m。输送软管管口至浇筑面垂直距离混凝土的自落高度控制在1.5m以内，以防止混凝土离析。超过时采用串筒或滑槽。

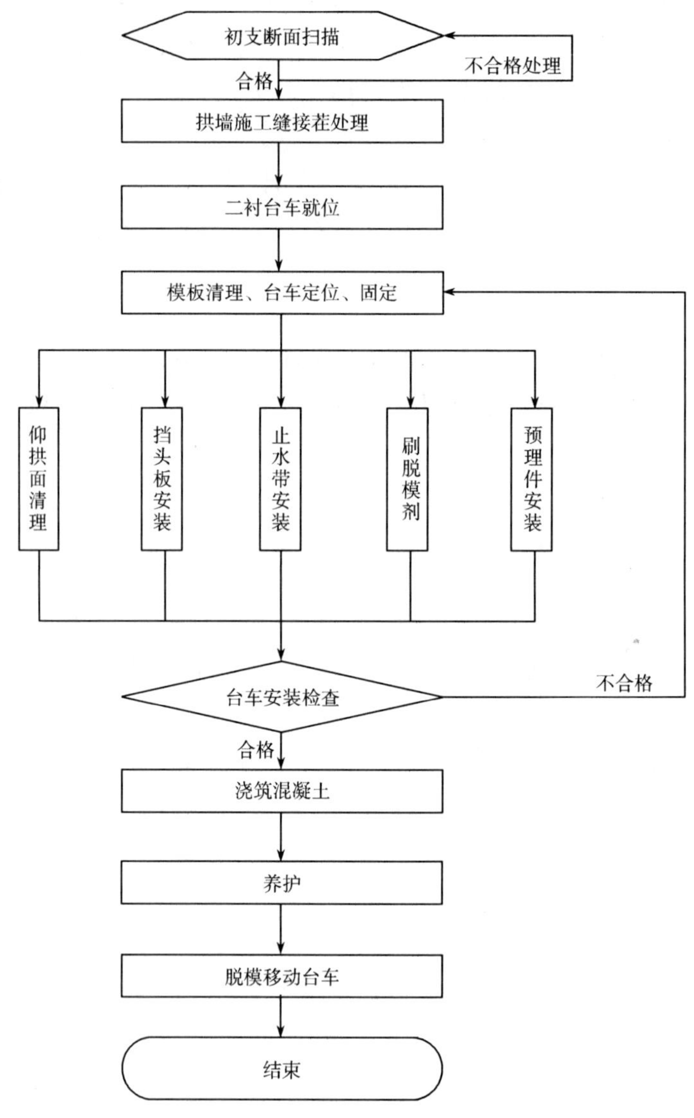

图 5-7　衬砌施工作业程序图

混凝土浇筑必须连续，相邻两层浇筑时间间隔控制在规范允许范围之内，因施工需要留设施工缝，必须征得设计同意，并得到监理工程师认可。允许间歇时间具体见表 5-6。

混凝土灌注允许间歇时间表　　表 5-6

灌注时气温(℃)	允许间歇时间(min)	
	普通硅酸盐水泥	矿渣及火山灰水泥
20～30	90	120
10～20	135	180
5～10	195	

捣固选用的振捣器,其频率、振幅、振动速度等参数视混凝土的坍落度及骨料颗径而定;振捣时不得碰撞模板、钢筋和预埋件。灌注施工采用全断面一次灌注成型。拱圈封顶时,随拱圈灌注及时捣实。

衬砌拆模时混凝土强度不得低于2.5MPa,并根据湿度情况12h内进行养护,养护时间满足混凝土强度要求。

仰拱、铺底及填充施工方法:开挖和浇注混凝土时利用防干扰作业平台,保证运渣车辆和其他车辆的通行。防干扰作业平台立面示意图如图5-8所示。

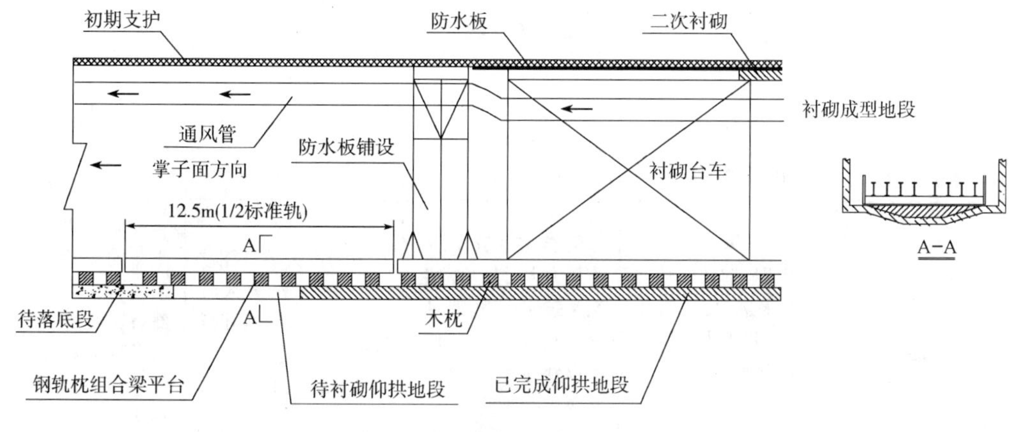

图5-8 防干扰作业平台立面示意图

铺底时将基底清理干净,支立模板并排干积水,经监理工程师验收合格后浇注混凝土。

5.8 隧道衬砌结构病害分类及原因

由于形变压力和松动压力作用、地层沿隧道纵向分布及力学形态的不均匀作用、温度和收缩应力作用、围岩膨胀性和冻胀性压力作用、腐蚀性介质作用、施工中人为因素、运营车辆的循环荷载作用等因素,使隧道衬砌结构物产生裂缝和变形,影响隧道的正常使用,这些因素统称为隧道衬砌裂损病害。隧道衬砌是承受地层压力,防止围岩变形坍落的工程主体建筑物。地层压力的大小,主要取决于工程地质和水文地质条件、围岩的物理力学特性,同时与施工方法、支护衬砌是否及时和工程质量的好坏等因素有关。作用在支护衬砌上的地层压力,主要有形变压力、松动压力,在膨胀性地层有膨胀压力,在有冻害影响的隧道存在冻胀性压力。隧道病害的产生是由于结构物(衬砌)所受的荷载超过了本身的承载能力所致。

因此,可以从荷载形式(塑性荷载、偏压、垂直荷载)和大小、结构物(衬砌)的受力和变形两方面来分析隧道病害产生的原因。不论是何种原因引起的隧道病害,最终都会反映到二次衬砌上,表现为二次衬砌出现开口、开裂、压溃、错动等。隧道衬砌裂缝一般是指二次衬砌混凝土中的不连续面,肉眼可见的裂缝范围一般以0.05mm为界。

5.8.1 衬砌裂损变形的分类

(1)按衬砌受力变形裂口开裂形态分类,主要有弯曲开裂、轴力剪切开裂、拉裂等形式。

受弯开裂多出现在拱顶和拱腰,拱腰内移引起衬砌内缘张裂,拱顶上移引起衬砌内缘压溃。当几种裂缝交错分布时,衬砌被切割成小块,隧道结构容易失稳,发生坍塌,威胁最大。

(2)按衬砌裂缝与隧道轴的关系可将裂缝分为纵向裂缝、横向裂缝及斜向裂缝三种形式。纵向裂缝主要产生在拱腰和拱肩,平行或基本上平行于隧道轴线,破坏隧道的整体性,危害性最大;横向裂缝主要产生在洞口、不良地质段,其对隧道稳定的影响不大;斜向裂缝一般与隧道成45°左右,若几条斜向裂缝相交,容易引起衬砌掉块,危害性较大。同时,根据病害的位移速度(净空位移速度基准),可将隧道病害划分成4级,如表5-7所示。

隧道病害等级分级　　表5-7

隧道病害等级	Ⅰ	Ⅱ	Ⅲ	Ⅳ
病害的发展性	<3mm/年	<3mm/年	3~10mm/年	>3mm/年
主要裂缝宽度	0.3~0.5mm	0.5~1.0mm	1.0~5.0mm	>5mm
病害描述	无明显剪切错动和渗漏水迹象,垂直压力大时拱部发生轴向拉伸开裂	裂缝密度较小,垂直压力大时拱部发生交叉拉伸开裂(轴向、纵向),偏压时山侧肩部以外部分发生轴向开裂	有局部拉裂、压溃、掉块,垂直压力大时拱部发生放射状开裂或块体开裂,偏压时发生压溃或剪切开裂	有多条纵向、环向或斜向裂缝,相互交叉,垂直压力大时拱部病害显著(有塌落的可能),偏压时拱部变形、断面轴回转移动

5.8.2 衬砌开裂原因分析

(1)偏压造成隧道衬砌裂缝

从地形上看,当隧道洞顶覆盖层较薄、地面坡度较陡、围岩较差且斜交洞门和傍山浅埋段时,往往容易产生偏压。从地质上看,当隧道处于滑坡、断层、褶皱岩溶等不良地质时,往往容易产生偏压。岩体具有倾斜节理,洞身有较陡且软弱结构面或软弱夹层时,往往容易产生偏压。

(2)不均匀沉降造成衬砌裂缝

由于隧道在修建中要穿越不同的地层,特别是穿越断层、破碎带、岩溶、倾斜的软弱夹层时,地基承载力差异较大,容易引起隧道裂缝以致失稳。

(3)衬砌后的空洞回填不实造成隧道裂缝

衬砌背后的空洞是引发围岩松弛、增加土压的原因,同时也降低被动土压的产生,使得衬砌变形开裂。如果空洞较大,衬砌强度不足,衬砌还有可能发生突然崩塌。造成空洞的原因很多,有地质突变引起的坍塌而未及时充填的,有溶洞、陷穴等未被发现空洞,还有施工中机械器具达不到及人员疏忽导致的空洞,而一旦在拱顶拱肩出现空洞,在这两个部位施工回填作业难度大,加大了衬砌结构的危险性。

(4)衬砌厚度不足引起衬砌裂缝

衬砌厚度不足的原因:施工时欠挖,没有把一些临时支撑拆除净就进行二次浇筑;节理发育时发生坍塌而未及时清理掉;用污工体填充;初期支护不到位支撑不强,导致毛洞或支撑变形侵入衬砌。

5.8.3　衬砌裂损危害

衬砌裂损是隧道病害的主要形式，隧道衬砌裂损破坏了隧道结构的稳定性，降低了衬砌结构的安全可靠性，影响隧道的正常使用，甚至危及行车的安全。衬砌裂损变形的主要危害有：

(1)降低衬砌结构对围岩的承载能力。

(2)使隧道净空变小，侵入建筑限界，影响行车安全通过。

(3)拱部衬砌的掉块，影响行车和营运安全。

(4)裂缝漏水，造成洞内设施锈蚀，道床翻浆，严寒和寒冷地区产生冻害。

(5)铺底和仰拱破损、基床翻浆、线路变形、危及行车安全，被迫降低车辆运行速度，大量增加养护维修工作量。

(6)在运营条件下对裂损衬砌进行大修整治，施工与运输相互干扰，费用和损失都增大。

5.8.4　影响隧道衬砌结构稳定性的主要因素

根据国内有关的统计资料和参考文献，并结合作者调查的有关工程实例和病害整治经验，影响隧道衬砌结构稳定性的主要原因为地质问题、设计问题、施工质量问题、环境影响及其他因素。

(1)地质问题

隧道施工中的地质问题主要有：软弱破碎围岩、岩溶、暗河、流砂、滑坡、膨胀性围岩、岩堆体、高应力、偏压、高水位、煤层瓦斯、石油天然气、高地温、地基不均匀沉降等。这些因素往往导致隧道支护结构变形、破坏、渗漏水或坍塌，尤其在深埋、高水位、富水区、岩溶隧道施工方面应引起高度重视。

(2)设计问题

隧道施工中的设计问题主要有：隧道位置选择不好，穿越的地质条件和环境条件复杂；设计的地质条件与实际偏差较大；结构形式和断面形式不合理，支护结构强度不够，防排水体系不完善，对混凝土收缩及温度应力未采取措施，细部处理不当，导致隧道使用年限减少。

(3)施工问题

隧道施工中的施工问题主要有：开挖和支护方法不合理，欠挖未进行处理，超挖未进行回填，支护结构背后存在空洞，隧道基底未清理干净，回填不符合要求，衬砌结构未按要求配筋，混凝土灌注、拆模、养护不合规定、厚度不够、强度不足、蜂窝麻面现象严重，防排水体系不健全或发生堵塞。

(4)环境影响问题

环境影响因素很多，主要表现在以下三个方面：

①地下水的侵蚀，主要是受地下水的物理或化学作用，导致混凝土碱度降低、水化产物分解或体积膨胀，从而引起混凝土强度降低或开裂、破坏。地下水侵蚀主要有溶出性侵蚀、酸性侵蚀、盐类析晶侵蚀等。

②空气的影响，主要表现在混凝土的碳化。由于空气中的 CO_2 和混凝土的碱性成分 $Ca(OH)_2$、SiO_3、SiO_2 等水化产物相互作用，形成碳酸盐，降低混凝土碱度，破坏钢筋表面的钝化膜，使混凝土失去对钢筋的保护作用，加快钢筋锈蚀；同时碳化还会加剧混凝土的收缩，导致

混凝土结构产生裂缝和破坏。

③混凝土在寒冷气候和地下水的共同作用下，易引起结构冻融破坏。这主要是由于在一定的冻结温度下，在混凝土内部或外部形成结构冰或过冷的水，水结冰产生体积膨胀，过冷的水发生迁移；当温度升高到一定程度时，冰又融化为水，这样引起了混凝土外部压力和内部应力的变化，使混凝土内部出现空隙和微裂隙；当达到产生裂缝的条件时，混凝土内部孔隙及微裂缝增大、扩展，并互相连通，出现裂缝，严重时混凝土发生剥落或破坏。

(5)自然灾害或其他原因

隧道衬砌结构稳定性还受到行车荷载或地震荷载的影响。主要是受交变应力和振动作用，混凝土发生疲劳破坏，产生裂缝；相邻洞室的开挖或其他临近构筑物的修建对已建隧道的影响，主要是改变了隧道的受力状况，出现应力重分布或局部应力集中、偏压等，导致结构开裂和破坏。根据病害在隧道二次衬砌上的表现形式和出现的部位等，结合地质、地形、环境以及衬砌结构形式，可推知产生病害的荷载：塑性荷载、偏压、坡面蠕动或垂直荷载。其他因素的影响，诸如山体采空区、泥石流、洪水、滑坡等自然灾害也会引起隧道不同程度的开裂；隧道附近大型爆破及深基坑开挖的影响；隧道年代久远、结构老化、年久失修；战争引起的隧道和地下工程的破坏。

5.9 仓园隧道衬砌效果评价

5.9.1 地质雷达检测技术在仓园隧道衬砌质量检测中的应用

对隧道衬砌检测的主要目标是：了解衬砌体本身的结构特性，内容包括衬砌厚度、表面开裂程度、空洞分布情况、衬砌与围岩结合状况及围岩状态。地质雷达作为一种高准确率和高分辨率，并且快速高效的探测技术，已得到推广和应用。使用地质雷达，制订好周密的检测计划，选择合适频率的天线，能够满足检测要求。

(1)检测原理

地质雷达由发射天线、接收天线、信号接收系统和处理系统组成。发射天线向目标物体内发射高频电磁波，当电磁波到达检测体中两种不同介质分界面时(如衬砌界面、空洞、不密实区、钢结构物等)，由于上下介质的介电常数不同而使电磁波发生发射和折射，且入射波、反射波和折射波的传播规律遵循反射定律和折射定律。反射回地面的电磁波由接收天线所接收并传送到主机放大和初步处理，最后信号存储在计算机中，作为野外采集的原始数据。在室内把野外采集的原始数据通过专业分析软件进行处理，得到雷达时间剖面图，通过波速校正，可以转换为深度剖面。图谱再经滤波等处理，可使不同层面清晰地反应出来，同时根据波形特征分析存在的缺陷和目标物的类型。

接收反射信号的强度 R 和时间历程 T 用式(5-1)、式(5-2)表示：

$$R = \frac{\sqrt{\sum_1} - \sqrt{\sum_2}}{\sqrt{\sum_1} + \sqrt{\sum_2}} \tag{5-1}$$

$$T = \frac{2\sqrt{\Sigma_1}}{\sqrt{\Sigma_1} + \sqrt{\Sigma_2}} \tag{5-2}$$

式中：Σ_1、Σ_2——上下层的介电常数。

检测深度 H 按式(5-3)、式(5-4)计算：

$$H = v \times \frac{T}{2} \tag{5-3}$$

式中：v——波速(cm/ns)；

T——时间(ns)。

波速(v)和介电常数(Σ_1)关系如下：

$$v = \frac{C}{\sqrt{\Sigma_1}} \tag{5-4}$$

式中：C——光速，30cm/ns。

检测物体的时间历程如图5-9所示。

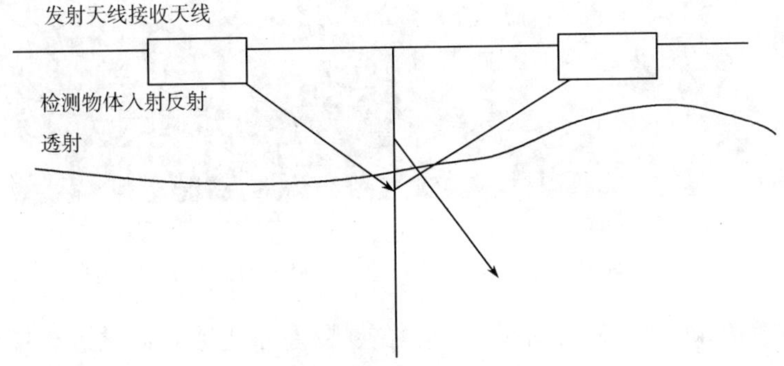

图5-9　地质雷达检测原理示意图

(2)仪器设备及参数设置

采用中国电波传播研究所的LTD-2100探地雷达，该仪器具有采集速度快、分辨率高、软件分析功能强大等特点。根据本次检测目的，分别采用900MHz和400MHz屏蔽天线，以连续记录的方式采集数据，并沿隧道环向方向每一米作测量标记，拱墙及拱顶的记录时间长度为20ns，仰拱的记录时间长度为60ns。

(3)测线布置

检测沿隧道线路方向布置了一条测线，即环形线。测线布置如图5-10所示(图示为面对洞口视角)。

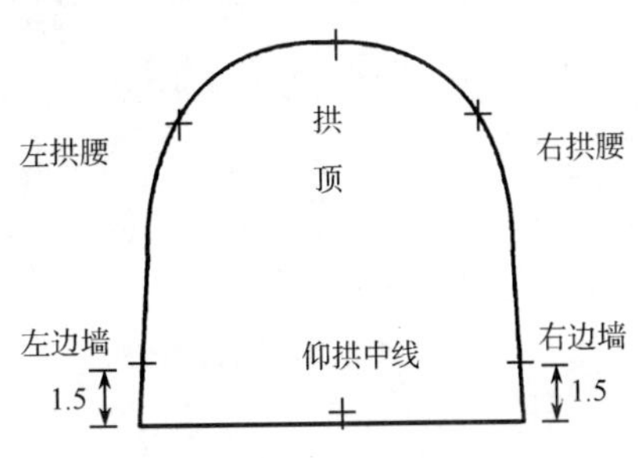

图5-10　测线布置示意图(尺寸单位：m)

(4)数据处理与解释

雷达采集的数据采用“IDSP6.0”软件包进行处理，处理流程为：数据输入→文件编辑→零点校正→水平均衡→数字滤波→偏移→层位追踪→异常识别

→注释→输出雷达剖面。

5.9.2 仓园隧道检测效果评价

由于仓园隧道穿越中国第二大泥石流沟甘家沟，洞身围岩破碎松散，稳定性差，隧道内部渗水严重，施工时经常出现地表下沉、地面开裂等问题，所以仓园隧道施工难度大，对初期支护和二次衬砌的施工进度和质量要求高。采用中国电波传播研究所的 LTD-2100 探地雷达对仓园隧道进行检测，仓园隧道下穿甘家沟 DK378 +470 ~ DK378 +505 段拱顶检测采集的数据经处理后如图 5-11 所示。

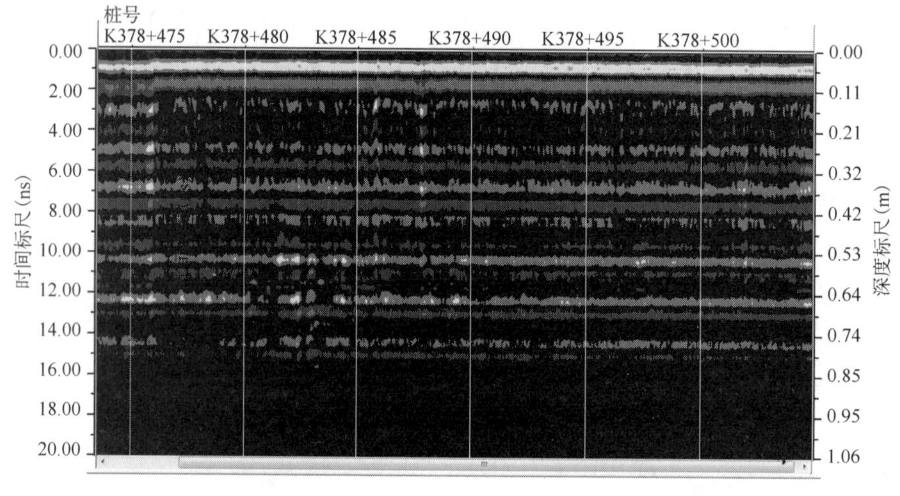

图 5-11 仓园隧道 DK378 +470 ~ DK378 +505 段拱顶数据处理图

对于仓园隧道按 5m 一个桩号对拱顶、左右拱腰、左右边墙和仰拱进行探地雷达检测，截取仓园隧道 DK378 +470 ~ DK378 +505 段(下穿第二大泥石流沟甘家沟)拱顶采集数据处理后的图像，可以看出波形连续，无波形断裂和突然变化的情况，则表明混凝土密实无空洞和不密实情况。对图像中的数据进行分析可知，仓园隧道 DK378 +470 ~ DK378 +505 段拱顶二次衬砌混凝土厚度满足设计要求，认为仓园隧道 DK378 +470 ~ DK378 +505 段拱顶二次衬砌混凝土质量为优良。从仓园隧道 DK378 +470 ~ DK378 +505 段拱顶二次衬砌混凝土检测的结果和仓园隧道其他段初期支护与二次衬砌的混凝土健康指标的检测表明，该初期支护和二次衬砌施工方法在穿越泥石流沟的施工过程中取得了良好的效果，为以后同类隧道的施工提供了借鉴。

第6章　穿越泥石流沟仓园隧道基底加固技术

6.1　引　　言

随着我国国民经济的高速发展,工程建设领域不断扩大。由于我国土地资源较为稀缺,许多工程不得不建造在过去被认为不适合进行建设的场地上。同时,随着目前工程建设中,大型、重型、高层乃至超高层建筑和有特殊要求的建(构)筑物的日渐增多,也对地基提出了新的更高的要求。因此,对于那些土质软弱、不能满足建(构)筑物强度或变形要求,或者由于动力荷载(如地震荷载)作用而可能产生液化、失稳和震陷等灾害,或者由于吸水而会沉陷及由于吸水而会膨胀、失水且下陷的场地必须进行人工加固处理。这种对不良场地进行补强加固的过程,即称为地基处理。虽然在地基加固处理中,传统的刚性桩,包括木桩、石桩、钢桩和各种形式的钢筋混凝土桩,是最为常用的技术手段之一;但习惯上,总是将传统的桩基础与其他地基处理技术划分开来。

6.2　地基处理技术及其发展

任何建筑物的荷载最终将传递到地基上,由于上部结构材料强度很高,而地基土相应的强度很低、压缩性较大,因此通过设置一定结构形式和尺寸的基础才能解决这个矛盾。基础具有承上启下的作用,它一方面处于上部结构的荷载及地基反力的共同作用下,承受由此而产生的内力(轴力、剪力和弯矩等);另一方面,基础底面的反力反过来又作为地基上的荷载,使地基产生应力和变形。基础设计时,除了需保证基础结构本身具有足够的刚度和强度外,还需选择合理的基础尺寸和布置方案,使地基的强度和沉降保持在规范的容许范围之内。因此,基础设计又常被称为地基基础设计。凡是基础直接建造在未经加固的天然土层上时,这种地基称之为天然地基。

需要加固处理的不良地基不仅是指淤泥、淤泥质土、冲填土、杂质土或其他高压缩性土构成的地基,还应包括可液化的饱和松砂和饱和粉土地基、湿陷性黄土地基、内陆性盐渍土地基、膨胀土地基、岩溶地基、季节性冻土地基、具有起伏下卧岩面及软弱下卧层的红黏土地基以及可能发生较大不均匀沉降、失稳的不良山区地基。此外,随着国民经济的发展,对工业与民用建筑也提出了更高的要求,原来许多被认为是良好建筑场地的地基也可能不再能满足设计要求而需要进行加固处理。由于厂房的改扩建或城市的改造,原有地基不再能满足新的要求,或者由于深基坑开挖或地铁施工造成的土体稳定、变形或渗流等问题,都要求对地基进行加固处理。

地基的良好与否,广义地讲就是能否满足建(构)筑物的变形和承载力要求,因此,它是一个动态的概念。地基需不需要进行处理或者需要处理到什么程度、采用什么手段进行处理也是一个动态的概念。这就决定了地基处理问题的复杂性和多变性。地基处理的恰当与否不仅关系到建(构)筑物的使用,还会影响到建设费用的高低、施工进程的快慢。

地基处理的方法很多,但不管采用何种方法,处理后的建筑场地均必须达到以下几方面的要求。

(1)强度要求

要求地基土在上部结构的自重及外荷载作用下不致产生局部或整体剪切破坏。

(2)变形要求

要求地基土在上部结构的自重及外荷载的作用下不致产生过大的沉降变形,特别是超过建筑物所能容许的不均匀的沉降变形。

(3)动力稳定性要求

要求地基土在动力荷载(如地震荷载)作用下不致发生液化、失稳和震陷等灾害。

(4)透水性要求

要求地基土的地下水不会由于施工而造成渗漏量或水力比超过容许值而发生涌土、流砂、边坡滑动等事故。

(5)特殊土地基安定性要求

要求湿陷性黄土、膨胀土、内陆性盐渍土等特殊土上的建筑物不会由于不良土性而发生损坏。

地基处理在我国有着悠久的历史,人民群众在长期的生产实践中积累了丰富的经验。据史料记载,早在3000多年前,我国已开始采用竹子、木头以及麦秸等来加固地基。向软土中夯入碎石等材料以挤密软土也早在2000多年前就有记载。此外,利用夯实的灰土和三合土等作为建(构)筑物垫层,在我国古建筑中的应用就更为广泛。如经历了无数次地震已屹立了1000多年的西安小雁塔,就是采用了分层夯实的3m多厚的黄土垫层;陕西扶风塔的垫层,也是采用了分层夯实的拌和了石灰的黄土;在更为著名的万里长城的建设中,石灰也常常被用来加固软弱地基。

地基处理技术在新中国成立后,尤其是近十余年来取得了迅速的发展。回顾四十余年来我国地基处理技术的发展历程,大体上可划分为20世纪五六十年代及七十年代末至现在这两个阶段。第一阶段开始时,为了满足新中国建设的需要,从苏联引进大量地基处理技术。随着当时工业建设和城市建设的发展需要,出现了一个地基处理技术引进和开发的应用高潮。这一时期,砂石垫层法、砂桩挤密法、石灰桩、化学灌浆法、重锤夯实法、堆载预压法、挤密土桩和灰土桩、预浸水法以及井点降水等地基处理技术先后被引进或开发使用。但是,受当时对地基加固机理的研究和认识水平和地基处理实践经验的限制,在地基处理中主要是参照苏联的规范和实践经验,仍有一定的盲目性。与工业、民用建筑发展水平和机械化施工水平相适应,这个时期最为广泛使用的是垫层等浅层处理法。

地基处理技术发展的第二个阶段,也是我国地基处理技术发展的最主要阶段。从20世纪70年代末开始，由于改革开放，伴随着沿海地区大批工业项目的上马兴建，尤其是上海宝山钢铁公司等大型现代化企业的建设和沿海城市高层建筑的发展，大批国外先进的地基处理技术被引进我国，从而大大促进了我国地基处理技术的应用和研究。近几十年来，石灰桩、碎石桩、动力固结法（强夯）、高压喷射注浆法、深层搅拌法、真空预压法、砂井法和塑料排水板法都得到了广泛的研究和应用。土工织物在工业与民用建筑，特别是在堤坝和道路修筑中也逐渐得到重视和使用。近年来，由于环境保护日益得到重视，利用工业废渣废料和城市建筑垃圾处理地基的研究也取得了可喜的进步，如采用生石灰和粉煤灰开发成了二灰桩复合地基、利用废钢渣开发成了钢渣桩复合地基、利用城市建筑垃圾开发成了渣土桩复合地基。这些废料的开发利用，不仅节约了大量的资源和建设费用，同时也促进了社会的可持续发展。

随着地基处理工程实践经验的积累，越来越多的岩土工程人员发现，早期开发的散体材料桩复合地基和低刚度的柔性桩复合地基，虽然能通过增大桩体材料的置换率来提高复合地基承载力，但承载力的提高幅度是有限的。研究表明，在荷载作用下，复合地基要保持桩和桩间土之间的变形协调，竖向应力将向刚度较大的桩体集中，应力集中现象使桩体承担较大比例的荷载。碎石桩等散体材料桩的主要受力区集中在桩顶附近（如碎石桩在4倍的桩径范围内）。由于桩体是由没有黏结强度的散体材料组成的，主要依靠桩周土体的约束而维持桩形承受上部荷载的，而被加固的土层一般均很软弱，能提供的侧向约束一般都很小，因此桩体受荷后，一般在桩顶2～3倍桩径处发生侧向鼓胀变形而产生较大沉降。碎石桩在4倍桩径以下的桩长范围，其主要是挤密而不是桩体作用，增加桩长，并不能明显地提高复合地基的承载力。对于柔性的灰土桩，也出现荷载传递深度不超过6～10倍桩径的现象。在容许荷载作用下，灰土桩桩顶附近1～1.5倍桩径范围发生压裂，而下段桩身仍保持完好，复合地基承载力主要取决于桩身上部的强度，而与桩长无关。水泥土搅拌桩的现场试验也表明，当水泥掺入比 $a_w = 12\% \sim 14\%$ 时，水泥土搅拌桩单桩桩身主要受力段位于桩顶2～3倍桩径范围内，复合地基中桩身主要受力段位于桩顶上部。水泥土搅拌桩复合地基的室内模型试验表明，当水泥掺入比 $a_w \leqslant 10\%$ 时，复合地基承载力与桩长无关，呈散体材料桩特征；而当 $a_w \geqslant 20\%$ 后，复合地基承载力随桩长的增加而提高。在 $a_w = 10\% \sim 30\%$ 时，桩体长径比 $L/D = 10 \sim 15$ 时，水泥掺入量对承载力的影响十分显著。由此可见，通过提高桩体材料的强度或刚度，即可大大提高复合地基的承载力。据此，中国建筑科学研究院（1990年）先后研究开发了碎石、水泥、粉煤灰（CFG）桩复合地基和赤泥、水泥、碎石柱复合地基。浙江省建筑科学研究院等单位（1990年）研究开发了水泥砂石桩复合地基。浙江大学（1994年）研究开发了水泥、粉煤灰、生石灰、砂石桩复合地基。这些大刚度的柔性桩复合地基的出现，大大拓宽了地基处理的应用领域，同时粉煤灰等工业废料的综合利用，也有效降低了地基处理的费用。

近年来地基处理中另一引人注目的发展是大桩距（一般超过5～6倍桩径）的较短的钢筋混凝土疏桩复合地基的出现。疏桩基础是一种介于传统概念上的桩基与复合地基之间的新的地基基础形式，由于采用桩基疏布，使得桩间土的承载作用得以充分发挥，桩土能共同承受上部结构荷载的作用。采用合理的布桩率的疏桩基础不仅工程造价低，而且建筑物沉降也能控制在允许的范围内。疏桩基础设计理论的逐步完善，将会使疏桩基础复合地基的应用越来越广。

随着城市地下空间的开发，高层和超高层建筑的大量兴建，基坑开挖深度也越来越大，支护方案和开挖方法的正确与否，关系到工程的安全、造价的高低、工期的长短。水泥土支挡结构由于具有抗渗性好、无噪声、无振动、无污染、设备简单、工期短，尤其是具有造价低廉等优点，因而受到建设和施工单位的普遍欢迎，在国内得到了十分广泛地推广。工程实践表明，开挖深度在5～7m范围内的基坑，采用重力坝式水泥土支挡结构，无论在经济上，还是技术上都具有良好的效益。由于重力坝式水泥土支挡结构土体加固量大，支挡高度一般受较大的限制，同济大学等单位又开发出了新一代的水泥土支挡结构——拱形水泥土支护结构。这种支护结构把水泥土搅拌桩排列成拱形，在拱脚处用2根钻孔灌注桩加强，然后架设支撑。由于水泥土拱壁处于相当合理的受力状态，基本上只承受水土压力，所以使得水泥土的强度得以充分发挥；同时，拱形结构因为减少了变形开裂的情况，抗渗性能得到改善。在拱壁内力不超过水泥土的容许抗压强度时，即可大大提高支护结构的支挡高度。1992年，同济大学等单位用水泥土拱形支护结构支护的马鞍山钢铁厂原料场受料槽达到了11.7m，取得了良好的技术和经济效果。水泥土支挡结构的另一发展是由冶金工业部建筑研究总院（1994年）开发成功的加筋水泥土地下连续墙工法（SWM工法），其主要特点是利用水泥土的特性就地使软土与固化剂拌和形成致密水泥土地下连续墙，并在墙体内插入受力钢材构成复合材料墙体共同抵抗侧向水土压力。由于SWM工法具有很高的挡土止水效果，且造价低廉，施工操作方便、施工作业面小，其有可能逐渐取代地下连续墙。

纵观我国地基处理技术的发展历程，一方面是通过引进吸收国外开发的地基处理技术原理和方法，研制和开发国产的施工机械，从而基本拥有了国外所具有的先进的地基处理技术，同时又根据国情因地制宜地开发和研制了一批我国独有的技术工法。另一方面，受我国目前机械制造和仪表工业水平的限制，与大型高效的国外机械相比，在机械设备和处理能力及范围上仍有相当差距。此外，由于对地基处理在加固机理和计算方法上认识尚不完全，尤其是对复合地基承载力和变形计算理论的研究还很不完善，甚至对什么是复合地基，无论在学术界还是工程界尚无统一的认识。因此，地基处理设计理论、施工工艺、质量检验的完善还有待岩土工作人员继续不懈地努力探索和发展。

施工单位在穿越泥石流沟的隧道建设中采用树根桩地基加固的方法。通过对仓园隧道渗水和围岩变形机理进行分析，结合隧道的实际工况，研究仓园隧道关键性施工技术，尤其是对穿越泥石流沟段的施工工艺，进行了详细的探讨。

6.3 树根桩的概述

树根桩（Root Piles）是在20世纪30年代初由意大利的Rondelle公司的Lizzie所首创并付诸实践的。有的树长在山岭上和丛林中，虽历经风雨，仍可数百年屹立不倒，这主要是根深蒂固，其根系在各个方向与土牢固地连结在一起，树根桩的加固设想由此而来，其桩基形状如"树根"而得名。英美各国将树根桩列入地基处理中的加筋法（Soil Reinforcement）范畴。

树根桩是一种小直径的就地灌注钢筋混凝土的钻孔桩，其直径通常为100～250mm，有时也有300mm的，其长度一般为6～20m，国外最大达30m。最初，树根桩主要应用于古建筑的整修、加固，如威尼斯的Burnao钟楼，这种年代悠久且有历史保存价值的古建筑经过用树根桩对地基基础进行加固后得以保存下来。随着房屋修缮扩建工程的增多、城市地铁交通的发展及城市建设地下工程的增加，对原有建筑物的影响面和深度越来越大，作为地基加固和托换工程应用的树根桩，越来越显示出它的重要性。由于树根桩在解决困难的基础方面具有较强的可操作性，树根桩得到了迅速的发展，特别是在1972年树根桩首批专利期满后，树根桩在世界各国得到了迅速的推广和应用。近年来，树根桩的应用范围已拓展到边坡的稳定加固、地下工程的挡土墙、高耸建（构）筑物交替荷载基础、工业交替荷载设备基础、池型构筑物抗浮基础、深基坑开挖的支护以及城市改、扩建工程的基础加固中。

6.3.1　树根桩在国内外的发展现状

树根桩在第二次世界大战后迅速从意大利传至欧洲其他国家及美国、日本等发达国家，开始用于修复古建筑，进而用于修建地下铁道等的托换工程。

我国研究树根桩，首先由同济大学推荐，于1980年在室内做了150mm×150mm×400mm的树根桩成桩试验研究；1981年在苏州的虎丘塔纠倾工程中离虎丘塔塔身约4m处共进行了3根树根桩的室内外试验研究，施工时经过监测证明，钻机钻进时的振动对塔身没有影响，此项研究对修复虎丘塔最后采用压力注浆加固方案提供了可靠的实践依据；1983年该校又在上海新卫机器厂与上海勘察院现场做了一系列树根桩的载荷试验，对竖桩、斜桩、单桩、群桩、长桩和短桩的性能进行了试验研究；1985年在上海东湖宾馆加层中，该校又与上海市基础工程公司合作在国内工程中首次正式使用树根桩；继后1997年初，上海市隧道设计院对延安东路越江隧道的盾构穿越黄浦江后到达浦西，向市中心推进时，沿线的外滩原天文台、纺织品仓库和针织品仓库等建筑先后采用了树根桩托换加固，取得了有益的实践经验和良好的经济效益。在我国的上海、北京、云南、湖南、广东和西安黄土地区都有很多工程实例和相关论文发表。由此可见，树根桩在我国托换领域内很早就已经取得很大的经济效益和技术效果。

在国内外，树根桩已用于古建筑托换加固、建筑物增层、稳定岩石和土质边坡、厂房基础和设备基础加荷、危房加固、地下铁道穿越和深基坑开挖对既有建筑物的保护等托换工程。树根桩用于基础的托换和地基土的加固，在国际上已超过了数千个工程。

6.3.2　树根桩的工艺原理

树根桩的成桩机理是：在托换工程使用时，施工时一般先利用钻机在原有建筑物基础上施工一系列有规则的钻孔，到达设计高程后，清孔、下放钢筋（钢筋数量从一根到数根，具体视桩径而定),同时放入注浆管,再用压力注入水泥浆或水泥砂浆;边灌、边振、边拨管(升浆法)而成桩。也可放入钢筋笼后再放碎石,然后注入水泥浆或水泥砂浆而成桩。国外是在钢套管的导向下用旋转法钻进,我国上海等多数地区施工时都是不带套管的。

树根桩的加固原理为:采用树根桩的原理就是桩与地基土成为一个整体,进而成为复合地基,承受上部荷载,树根桩可以将荷载传递到地基深部,从而使基底土层的附加应力降低到一定程度。这样一来,地基就不会产生沉降现象,当上部结构产生沉降,即便是沉降量并不大,树根桩也会据此产生反应,可以承担上部结构的部分荷载,这样一来,基底下就会减小土的反力。总的来说,地基土的模量要小于树根桩桩体的模量,所以,土中所承受的竖向荷载,会远远小于树根桩所承受的竖向荷载。综上所述,树根桩的作用机理就是承担地基土的大部分荷载,从而提高整个地基的承载力。

6.3.3 仓园隧道树根桩的基本特征及适用范围

一般来说,树根桩与直径小的钻孔灌注桩比较相像,桩的直径一般为 15 ~ 30cm,最长为30m,可以做成垂直桩和斜桩。树根桩在市政工程,可作为基坑支护结构。一种是为了保护地下管线和邻近建筑物,做成侧面支护。一种是为了防止流砂的出现,作为抗渗帷幕。树根桩可以使地基的承载力提高,因为树根桩作用原理是承受竖向荷载。树根桩的工作原理是使用小型钻机钻至设计深度,将钢筋笼放入,在钢筋笼中放入注浆管,最后进行注浆工作,与集料一起成桩。

(1)树根桩的基本特征

①只需要面积很小的场地便可以进行施工,可靠近原有建筑物施工,甚至在建构筑物内部也能施工,对于某些建(构)筑物不具备大中型打桩机械设备进场施工的情况,则可以采用小型钻机进行树根桩施工。

②施工时,并不会发出很大声音,振动也很小,不会影响到周围环境和建筑物。

③施工操作均在地面进行,简单方便。

④由于桩孔小,所以桩的设置在地基土中几乎不会产生任何应力,对地基土不会产生太大的扰动,不破坏原有建筑物力的平衡,能满足施工不影响建筑物使用和原貌的要求。

⑤具有很小的沉降量,适用于建筑物对沉降限制较严的工程。

⑥提高了地基的承载力,进而增大了安全系数。

⑦施工完成后,不会对原有建筑物造成影响。

⑧可适用于除粒径较大的卵石层的各类土层,并能穿过原有基础,既能在水位以上干作业成孔,也可在有地下水的情况下成孔成桩。

(2)树根桩的适用范围

①树根桩是用于任何一种类型的土质。

②可以处理各种建筑物地基,进行地基加固。

③尤其对于场地面积较小,大型机械无法进场的工程,就可以采用树根桩进行地基加固。

6.4 仓园隧道树根桩加固技术

仓园隧道在施工中,洞内渗水严重,仰拱长时间浸泡,对隧道完工后的整体稳定性造成危险。因此在仰拱施工中,用地基触探的方式来检测此区域的地基承载力,仪器使用动力触探仪。最终结果为:锤击7次后,下沉量为300mm。由此可以断定该地基承载力不足,无法达到120kPa的标准值。图6-1所示为地基触探现场测试图。

图6-1 地基触探现场测试图

对仓园隧道DK378+450~DK378+502段,全断面采取树根桩地基加固技术,用水泵排出隧道内地基的渗水,这是为了保证仰拱不会受到水的浸泡,预留注浆孔位。

树根桩施工工艺流程为:桩孔定位→钻机就位→钻孔→清孔→拔杆→吊装钢筋笼→下注浆管→填碎石→注清水→第一次压力注浆→第二次压力注浆→拔注浆管→处理桩头。

6.4.1 埋设钢管

钻机还没有准备好时,人工埋设钢管,为钻孔预留孔位,埋设的钢管直径要求为140mm。预留的孔位,在水平方向上,间距按照设计要求设为0.4m;纵向上,间距按照设计要求设为1m。图6-2所示为树根桩预埋管现场操作图。

图6-2 树根桩预埋管现场操作图

6.4.2 钻孔准备

（1）按照实际工况选择钻机型号和钻头，一般要综合考虑施工设计要求、施工条件及钻孔孔径。仓园隧道采用 KP-2000 型钻机。

（2）选用合金肋骨式钻头，直径为 89mm。

（3）钻孔的钻机必须在桩点就位，底部必须平整，而且不会凹陷，目的是使钻机钻孔的时候可以平稳垂直工作。

（4）钻机准备好之后，立即进行钻机方向和立轴角度调整工作，安装的时候必须牢固，让机械在工作的时候可以保持平稳。

（5）钻机对准桩位的偏差值原则上不能超过 20cm。

6.4.3 钻孔

（1）采用机械扩孔法进行钻孔。

（2）钻孔时，深度控制在 6.5 ~ 7m 范围内。

（3）为了使钻机在工作中平稳，需要对转速变化进行调整，以便可以适应不同的土层。在深度增加的同时，应该接长 2.0m 的长钻杆。

（4）钻机钻速一般设为 220r/min，每次的推进距离必须小于 50cm。

（5）钻进垂直孔的过程中需要特别注意，桩孔偏差必须要在 1% 以下；钻进斜孔的时候，采用 3cm 的岩芯管钻进。

（6）钻机在钻孔的时候，可用清水护壁，用泥浆也可以达到同样的效果。

6.4.4 清孔工作

钻孔钻到设计深度后，提起钻杆，然后将清水注入，将孔中泥浆换出，直到流出的泥浆比小于 1.2，清孔的工作就算完成。

6.4.5 吊放钢筋笼

完成清孔后，把制作好的钢筋笼进行安装。钢筋笼用外径 ϕ50 壁厚 8mm 的钢管做固定环，用外径 ϕ22 钢筋环向按 120°焊接在固定环外侧。吊装钢筋笼时尽量一次吊放到位，尽量避免产生缩颈和塌孔现象。

6.4.6 安装注浆管

钻孔工作完成之后，安装注浆管。仓园隧道所使用的注浆管直径为 89mm，长度为 6m，布置的时候按照设计要求，成辐射状布置。注浆管的下端距孔底为 300mm 左右。

6.4.7 注浆

（1）对孔内注浆，浆液由 ZJ-500 高速制浆机拌制。注浆参数：水泥浆水灰比 1:1。

(2)注浆压力取值在0.5～1.0MPa之间,终压根据设计需要和规范设定为1MPa,连续注浆15min后停止注浆。

(3)按照设计要求,注浆量应达到钻孔圆柱体的1.5倍;如果注浆量超过了这个范围,就要继续进行注浆工作,但是要调整浆液的浓度。注浆直至钻孔周围岩体与钢管周围孔隙都被填充饱满。

(4)等到一次注浆的浆液达到初凝时,进行第二次注浆,注浆压力宜为一次注浆的2～3倍。

(5)注浆管拔出后,需要清洗注浆管。仓园隧道树根桩钻孔、注浆布置平面图如图6-3、图6-4、图6-5所示。

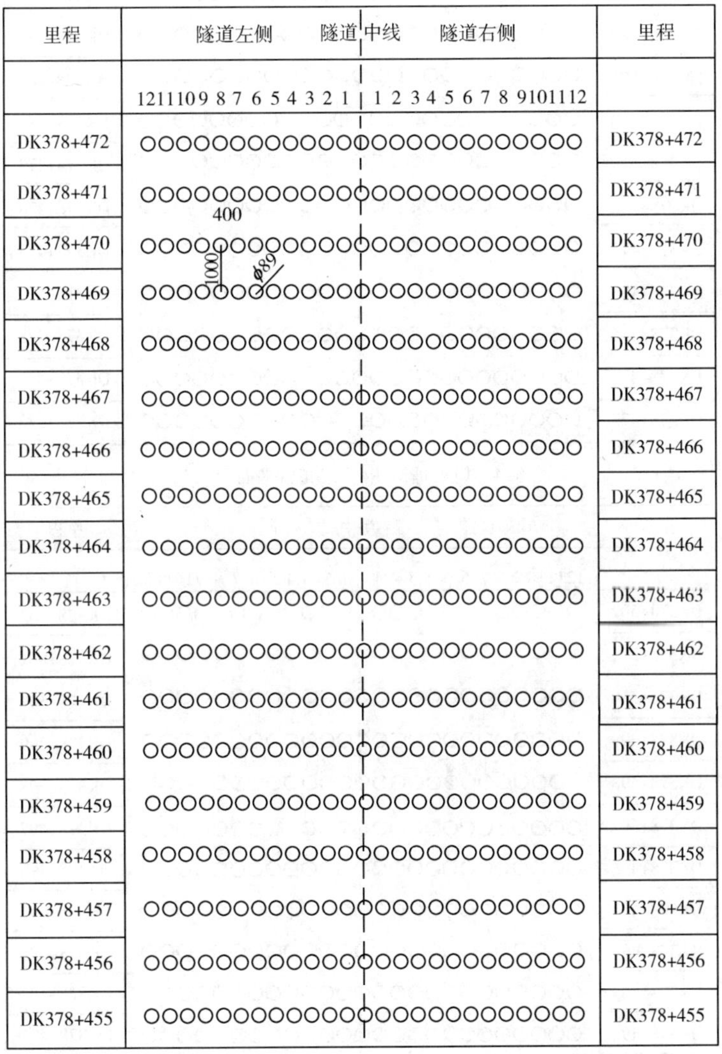

里程	隧道左侧　隧道中线　隧道右侧	里程
	12 11 10 9 8 7 6 5 4 3 2 1 | 1 2 3 4 5 6 7 8 9 10 11 12	
DK378+472		DK378+472
DK378+471	400	DK378+471
DK378+470	1000　φ89	DK378+470
DK378+469		DK378+469
DK378+468		DK378+468
DK378+467		DK378+467
DK378+466		DK378+466
DK378+465		DK378+465
DK378+464		DK378+464
DK378+463		DK378+463
DK378+462		DK378+462
DK378+461		DK378+461
DK378+460		DK378+460
DK378+459		DK378+459
DK378+458		DK378+458
DK378+457		DK378+457
DK378+456		DK378+456
DK378+455		DK378+455

图6-3　树根桩钻孔、注浆布置平面图(一)

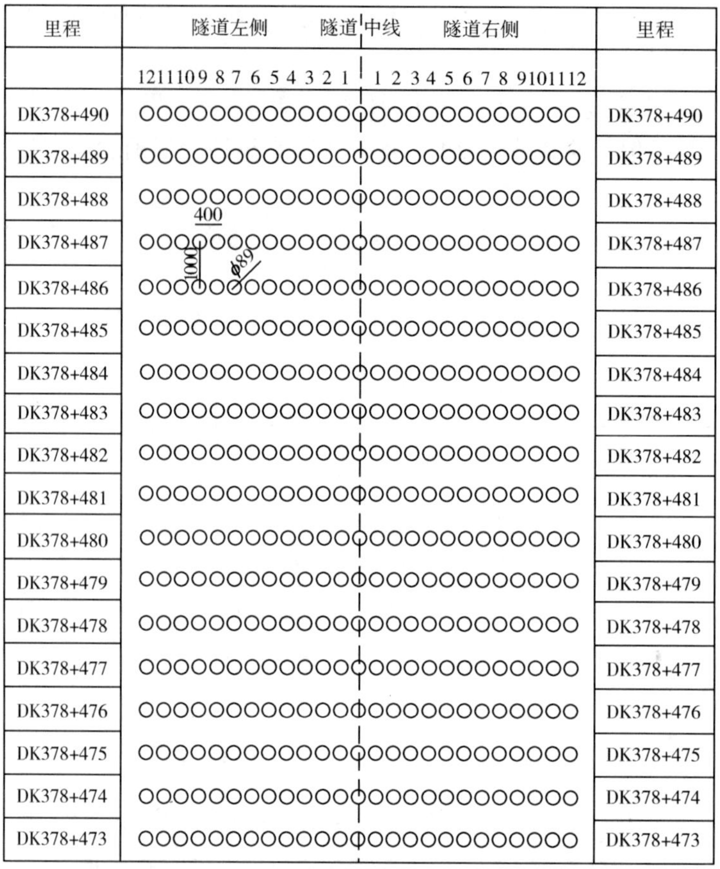

里程	隧道左侧 隧道中线 隧道右侧	里程
	12 11 10 9 8 7 6 5 4 3 2 1 ¦ 1 2 3 4 5 6 7 8 9 10 11 12	
DK378+490	○○○○○○○○○○○○○○○○○○○○○○○○○	DK378+490
DK378+489	○○○○○○○○○○○○○○○○○○○○○○○○○	DK378+489
DK378+488	○○○○○○○○○○○○○○○○○○○○○○○○○	DK378+488
DK378+487	○○○○○○○○○○○○○○○○○○○○○○○○○	DK378+487
DK378+486	○○○○○○○○○○○○○○○○○○○○○○○○○	DK378+486
DK378+485	○○○○○○○○○○○○○○○○○○○○○○○○○	DK378+485
DK378+484	○○○○○○○○○○○○○○○○○○○○○○○○○	DK378+484
DK378+483	○○○○○○○○○○○○○○○○○○○○○○○○○	DK378+483
DK378+482	○○○○○○○○○○○○○○○○○○○○○○○○○	DK378+482
DK378+481	○○○○○○○○○○○○○○○○○○○○○○○○○	DK378+481
DK378+480	○○○○○○○○○○○○○○○○○○○○○○○○○	DK378+480
DK378+479	○○○○○○○○○○○○○○○○○○○○○○○○○	DK378+479
DK378+478	○○○○○○○○○○○○○○○○○○○○○○○○○	DK378+478
DK378+477	○○○○○○○○○○○○○○○○○○○○○○○○○	DK378+477
DK378+476	○○○○○○○○○○○○○○○○○○○○○○○○○	DK378+476
DK378+475	○○○○○○○○○○○○○○○○○○○○○○○○○	DK378+475
DK378+474	○○○○○○○○○○○○○○○○○○○○○○○○○	DK378+474
DK378+473	○○○○○○○○○○○○○○○○○○○○○○○○○	DK378+473

400 1000 $\phi 89$

图 6-4 树根桩钻孔、注浆布置平面图(二)

里程	隧道左侧 隧道中线 隧道右侧	里程
	12 11 10 9 8 7 6 5 4 3 2 1 ¦ 1 2 3 4 5 6 7 8 9 10 11 12	
DK378+502	○○○○○○○○○○○○○○○○○○○○○○○○○	DK378+502
DK378+501	○○○○○○○○○○○○○○○○○○○○○○○○○	DK378+501
DK378+500	○○○○○○○○○○○○○○○○○○○○○○○○○	DK378+500
DK378+499	○○○○○○○○○○○○○○○○○○○○○○○○○	DK378+499
DK378+498	○○○○○○○○○○○○○○○○○○○○○○○○○	DK378+498
DK378+497	○○○○○○○○○○○○○○○○○○○○○○○○○	DK378+497
DK378+496	○○○○○○○○○○○○○○○○○○○○○○○○○	DK378+496
DK378+495	○○○○○○○○○○○○○○○○○○○○○○○○○	DK378+495
DK378+494	○○○○○○○○○○○○○○○○○○○○○○○○○	DK378+494
DK378+493	○○○○○○○○○○○○○○○○○○○○○○○○○	DK378+493
DK378+492	○○○○○○○○○○○○○○○○○○○○○○○○○	DK378+492
DK378+491	○○○○○○○○○○○○○○○○○○○○○○○○○	DK378+491

400 1000 $\phi 89$

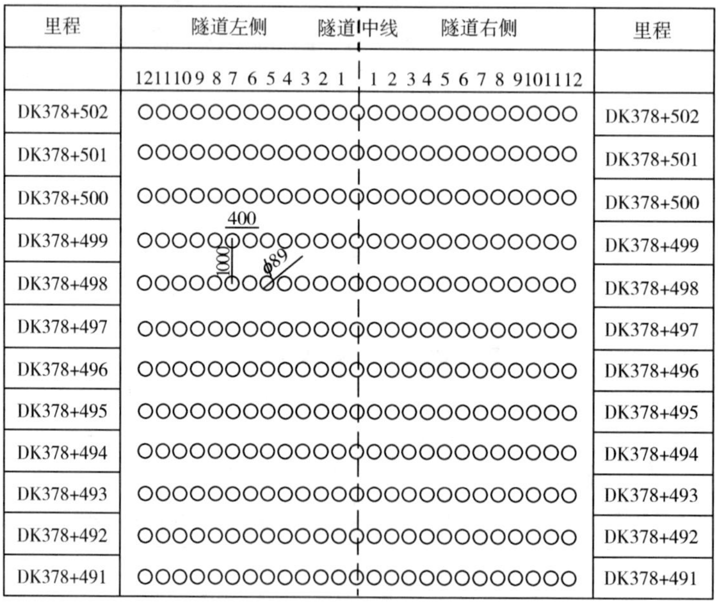

图 6-5 树根桩钻孔、注浆布置平面图(三)

6.4.8 拔出注浆管

注浆结束后,应该尽快拔出注浆管,因注浆管被拔出而产生的孔洞用水泥液填满。如果因为注浆管被拔出而导致桩顶的塌落,应立即用混凝土填补。图6-6所示为树根桩布置图。

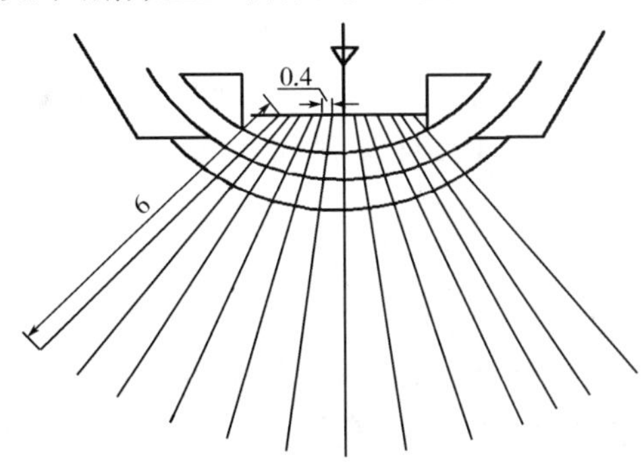

图6-6　树根桩布置图(尺寸单位:m)

6.5 仓园隧道树根桩施工中的常见问题及其处理措施

(1)塌孔:孔内坍塌是树根桩施工中很常见的一种现象,孔内坍塌会造成孔内水位下降,钻进工作受阻,无法继续钻进。如果泥浆稠度不够,或者钻进过程中遇到流砂层、松散地层、岩石裂隙等均可造成塌孔现象的产生。

解决方法:

①重新调整泥浆比重,增大泥浆稠度,进行钻孔工作的时候,尽量降低进尺速度,不要钻进过快。

②生严重塌孔时,重新回填,重新钻孔。

③如果塌孔现象不严重,可先套一个套管,一般要高出地面100mm,注浆完成后将套管取出。

(2)断桩:断桩出现的原因是没有按照规范拔出注浆管,这就使得水泥浆之间被泥浆充填及注浆的过程中孔内落入碎石,导致断桩发生。另外,充填的碎石如果有较高的含泥量,也会在注浆过程中发生断桩。

解决方法:

①注浆过程中,可以注浆和拔出注浆管同时进行,但是要保证注浆管的埋深,必须在水泥浆0.5m以下。工作期间不能间断,一次完成注浆。

②注浆工作开展前,仔细清理孔口周围,以免工作期间有碎石掉入孔内。

(3)偏斜:如果钻机安装不稳定,或者地面不是平整坚硬,就有可能在注浆过程中出现桩偏移现象;除此之外,如果施工中使用弯曲的钻杆,也可以导致桩偏移现象出现。

解决方法:

①钻机安装的时候即要保持平稳固定,而且场地的选择上,一定要平整坚硬。

②不能使用弯曲的钻杆。在做施工准备工作的时候,要进行详细认真的检查工作,剔除弯曲的钻杆。

③当桩发生偏移时,立即用钻头进行反复的上下扫孔,尽可能使孔壁垂直;如果偏移现象很严重,那就不能用扫孔,而是需要采取回填措施,之后重新钻孔。

(4)缩径:顾名思义,就是孔径缩小。如果出现此种现象,那么钢筋笼由于设计参数无法改变,而使钢筋笼的混凝土保护层无法得到保证,进而会影响到地基的承载力。出现缩径,主要是在钻孔过程中遇到了不良地层,比如软塑地层和流塑地层。主观上,器械的使用不当也可导致缩径现象的发生。

解决方法:

①做施工准备的时候,就应该探明地层具体情况,以作出针对性的措施。

②如果遇到软塑性或者流塑性地层,要采取护壁措施,护壁材料为失水率比较小的泥浆液,然后用上下扫孔的方法使得缩小的孔径扩大。

③对于使用的机械设备,要经常维护保养,以免出现钻具磨损现象,使得在钻孔过程中出现缩径。

(5)冒浆:就是指注浆过程中,桩孔周围地表有水泥浆液冒出,多是因为注浆速度过快,注浆压力过大,注浆液稠度不够等原因造成。

解决方法:

①注浆过程中,速度不宜过快,可采用间歇式注浆方法。发现冒浆,立即停止工作,间歇后接着注浆,以此循环,直至不再发现有浆液冒出。

②减小注浆压力,在注浆液中掺入速凝剂。

③增大注浆的稠度。

(6)串浆:在注浆过程中,未发现桩孔附近地面有浆液冒出,而是附近已经做好的桩顶有浆液冒出。如果是桩孔间距未按照设计方案进行布置,间距布置过小,就会出现串浆现象。

解决方法:

①严格按照设计规范进行桩孔布置。

②注浆中,给注浆液加入速凝剂,也可适当减小注浆速度。

③采用间歇注浆法进行施工,直至没有浆液冒出。

(7)树根桩质量要求。

①孔径、孔深必须按照设计规范施工,做好后每根桩都要检查孔深。

②清孔时间必须达到3~5min。

③注浆过程中,每个步骤都必须要有详细及时的记录,比如碎石投入量、注浆量、注浆压力和注浆时间等,都要记录在册。

④按照规范做好试块试验,一般6根桩,做一组试验。钢筋也需要取样并且进行检验。

6.6 仓园隧道树根桩施工的作用及其效果分析

在对仓园隧道施工技术进行研究的基础上,下面结合部分工程实例,对隧道树根桩施工难点采取的措施所起的作用及其效果进行分析。

树根桩技术的应用是在隧道施工优化措施中实施的，在该阶段中，主要是对仓园隧道DK378+460~DK378+510段进行优化，图6-7所示为DK378+500的拱顶下沉量测图。

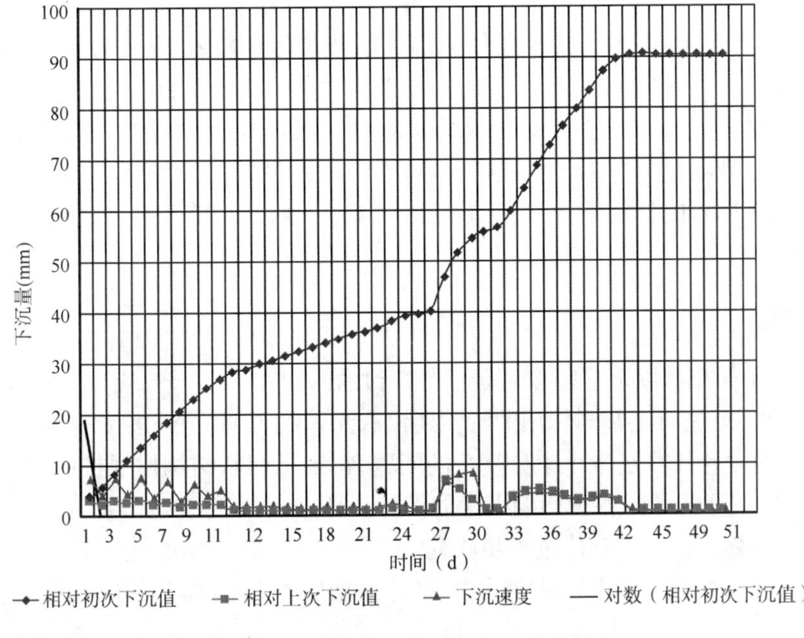

图6-7 DK378+500的拱顶下沉量测图

DK378+500处，截止到取消此观测点时累计变形90.4mm，取消当日变形速度为0.0mm/d，变形速度小于0.2mm/d，变形趋于稳定。这是因为此点采取了树根桩加固技术的应用，可以证明效果很好，围岩变形远小于未采取此种措施的地段；而此点在埋设初一个月内变形速度有波动，没有明显下降的趋势；变形量也一直在增大，变形曲线虽然较为平缓，但是呈上升趋势；在一个半月后，采取新的支护参数与加固方法后，变形速度开始下降，并保持稳定，变形曲线也趋于平缓，围岩稳定性得到保证。

6.7 结　　论

6.7.1 总结

(1)树根桩具有其他桩型不可比拟的独特优点，它可以广泛应用于原有基础的加固、建筑物的加层改造、地下建(构)筑物的抗浮加固、边坡或挡土墙的稳定加固及作为新建建(构)筑物的基础等方面。

(2)垂直桩的设计计算较为简单，网状结构树根桩的设计计算较为复杂，某些网状结构树根桩的计算实际上是空间三维状态的计算。

(3)树根桩由于采用压力注浆工艺，根据实测，一般情况桩身质量有保证，但在桩顶端部位由于注浆压力损失，特别是由于地下水活动的影响等原因，易造成胶结不良、浆液流失、混凝土离析等质量问题，所以要严把工艺操作关，以确保工程质量。

(4)工程实践证明,树根桩在其应用领域中发挥着显著的作用;在解决某些工程加固难题中,采用树根桩进行加固是一种行之有效的技术方法。

仓园隧道全长715m,其中DK378+380~DK378+643段需要下穿泥石流沟。隧道最大埋深80m,最浅埋置深度仅有15m,属软岩大变形隧道,围岩等级较差,全段为V级加强。

由于仓园隧道所处区域地质条件复杂,需要下穿全国第二大泥石流沟,施工中遇到不少难点,课题组针对具体问题,在隧道建设中,采取树根桩加固技术,另外结合隧道防排水及支护参数优化措施。通过现场监测数据显示,这一系列措施效果显著,能起到很明显的止水作用,可以很好地保证隧道围岩的稳定性,使其变形量大大减小。解决了施工难题,使隧道建设得以顺利安全地进行下去。

6.7.2 展望

树根桩技术还存在着以下值得今后研究与探讨的问题:

(1)迄今为止,对桩与土共同作用的特性还没有深入的了解,国外多按本国经验处理。

(2)树根桩的设计计算是一个十分复杂的问题,特别是网状结构树根桩的设计计算,直至今天,仍未能提出很好的考虑各种影响因素的设计计算方法。

(3)斜桩的承载力和变形有待进一步研究。

(4)桩径、桩距、桩数、布置方式等参数皆是根据实践经验而定,还未形成系统的设计方法。

(5)施工机具还应进一步改进,要向自动化的方向发展。

上述问题的解决,将为树根桩的发展开辟更加广阔的应用前景。我们应不断通过工程实践和科学试验研究、总结,不断完善设计计算理论,这样将更有力地推广树根桩的应用,让树根桩加固技术更科学、更经济、更安全。

第7章 仓园隧道穿越泥石流沟超前加固技术

7.1 注浆法分类和应用现状

7.1.1 注浆技术概念

注浆法是将浆液通过压浆泵、注浆管均匀注入岩层或土层中以填充、渗透和挤密等方式驱走岩石裂隙中或土颗粒间的水和气体,并充填其位置,硬化后将松软的岩土胶结成整体,形成一个强度较高、压缩性较低、抗渗性能较好的新的岩土体,从而使原来的软弱层得到良好的加固的方法。

7.1.2 注浆技术的分类

目前,注浆法按照常规的分类可以分为两类,即静压注浆(或称为灌浆法)和高压喷射注浆。

(1)静压注浆

静压注浆的实质是利用液压、气压和电化学原理,通过注浆管把浆液均匀地注入地层中,浆液以填充、渗透和挤密等方式赶走土颗粒间或岩石裂隙中的水分和空气后占据其位置,形成一个结构新、强度大、防水性能高和化学稳定性良好的"结石体"。

①静压注浆施工按其作用不同分为固结注浆、帷幕注浆和接触注浆三种。

固结注浆是在岩石表层中钻孔,加固浅层地基常见的注浆方法。作用是增强结构物的承载能力,提高结构物的抗滑稳定性和防渗能力。特点是钻孔浅、孔多,注浆孔在地基内呈面状分布。当岩石裂隙中填充有黏土等杂质时,常将注浆孔划分成组,使用风或水进行群孔冲洗,而后再进行群孔注浆。

帷幕注浆是为增强各种结构物的抗渗能力而被广泛采用的一种处理方法。帷幕注浆是在结构物周围布置钻孔,在钻孔中注浆,使浆液压入岩石裂隙或砂砾石层的空隙中去,形成一道类似帷幕的混凝土防渗墙,以此截断渗流和防止集中渗流。其特点是一般钻孔较深,呈多排线形组合,注浆压力也较大。

接触注浆通常是指在岩石基础上修建结构,在结构混凝土和岩石接触面之间常采用的一种方法。目的在于使两者结合紧密,保持整体性,达到提高岩石抗滑稳定、增进岩石固结与防渗的目的。

②静压注浆施工按浆液来分类可分为粒状浆液和化学浆液两大类。

粒状浆液包括水泥浆液、勃土浆液和水泥乳土浆液;化学浆液包括水泥类浆液、丙烯酰胺类浆液、聚氨酯类浆液、丙烯酸盐类浆液、木质素类浆液、脉醛树脂类浆液和环氧树脂类浆液等。

③静压注浆按注浆理论可分为渗透注浆、劈裂注浆、压密注浆、电动化学注浆四种。

渗透注浆是指在压力作用下使浆液充填土的孔隙和岩石的裂隙，排挤出孔隙中存在的自由水和气体，而基本上不改变原状土的结构和体积，所用的注浆压力较小。

劈裂注浆是指在压力作用下，浆液克服地层的初始应力和抗拉强度，引起岩石和土体结构的破坏和扰动，使其沿垂直于小主应力平面发生劈裂，使地层中原有的裂隙或孔隙、浆液的可灌性和扩散距离增大，而所用的注浆压力相对较高。

压密注浆是指通过钻孔在土中灌入极浓的浆液，在注浆点使土体压密，在注浆管端部附近形成浆泡。

电动化学注浆是指在施工时将带孔的注浆管作为阳极，滤水管作为阴极，将溶液由阳极压入土中，并通以直流电，在电渗的作用下，孔隙水由阳极流向阴极，促使通电区域中土的含水率降低，并形成渗流通路，化学浆液也随之流入土的孔隙中，并在土中硬结。

(2)高压喷射注浆

高压喷射注浆始于20世纪70年代，它是水利采煤技术与静力注浆相结合的一项新技术。它利用钻机钻孔，然后把带有喷头的喷浆管下至地层预定位置，用从喷嘴出口的射流(浆或水)冲击和破坏地层。剥离的土颗粒的细小部分随着浆液冒出地面，其余土粒在喷射流的冲击力、离心力和重力作用下，与注入的浆液掺搅混合，并按一定的浆土比例和质量大小有规律的重新排列，在土体中形成固结体。固结体的形状和几何尺寸与喷射方式和喷射时间有关，其中，喷射方式分为旋转喷射、摆动喷射和定向喷射三种方式。旋喷是喷头一面旋转，一面提升，最终固结体形成圆柱状体；摆喷是一面喷射一面提升，喷射的方向呈较小角度来回摆动，摆动的同时不断地提升，最终体形如较厚墙状；定喷是在喷射过程中喷嘴的方向始终固定不变，最后固结体形成板状体。为了增大喷射体的几何尺寸，需要较长的喷射时间。持续时间分为复喷和驻喷，复喷是反复喷射，驻喷是只摆动不提升。

7.1.3 注浆技术的优点

目前，世界上发达国家，如日本、美国、英国、法国等国家的注浆技术研究应用发展很快，各国都有专门的研究机构和施工公司，日本著名的注浆施工公司就有40多家。注浆技术的发展之所以这么快是因为注浆技术有许多优点。

(1)施工设备简单。注浆工程施工设备主要由钻孔机械、注浆泵、搅拌装置、喷枪、流量计、止浆塞等组成，这些设备除钻孔机械稍复杂外，其他都比较简单。

(2)规模小、耗资少。这种加固方法相对其他方法而言，工程实施规模小，人工、材料、机械消耗小，相应减小了加固施工耗资。

(3)占地面积小、施工灵活方便。由于施工设备简单、施工场地小，在狭小的场地、矮小的空间均可施工，对施工周围交通影响较小。在城市高层建筑、市政工程深基础施工中显示出得天独厚的优势。

(4)工期短、见效快。注浆工程施工必须连续进行，可以24h进行，施工效率高。由于通常采用化学注浆，所以凝胶时间短，工程实施见效快。

(5)施工噪声和振动小。施工机械简单,且大部分时间都是靠注浆泵工作,由液体压力完成,施工中产生的噪声和振动都很小,对施工周围环境影响小,在居民区施工其优点更显突出。

(6)加固深度可深可浅,易于控制。由于该工法是采用成孔压力把浆液注入地层达到加固的目的,其加固深度很好控制,只要地层允许可在成孔范围内任意实施。

(7)应用领域广泛。注浆的应用极广,而且其应用范围还在不断扩大。目前的主要应用领域有土建、市政工程、水利水电、交通能源、隧道、地下铁路、矿井、地下建筑等。

7.1.4 注浆法的应用限界

注浆法的适用范围以及对土质改良的结果,不仅取决于注浆材料的性质,也取决于注浆的方法、注浆工艺。注浆方法的选择不仅是注浆设备的选择,还要看试验结果,考虑注浆经验是否丰富,注浆管理的方法是否可行等。常采用联合的注浆工艺,包括不同的浆材及不同的注浆方法的联合,以适应某些特殊的地质条件和专门注浆目的需要,因此,注浆法的适用界限变得更加复杂。

注浆法的适用范围的相关条件很多,如是否存在着流动的地下水,水量的大小,土的非均质性等。因此,不能明确的规定各种浆液的适用范围,也不能用公式很明确的确定。注浆技术人员应在理解适应范围的基础上,结合工程项目的注浆目的、土质改良的效果、现场特有的地质条件、造价的高低来确定采用注浆材料、注浆工艺、注浆方法等进行合适的注浆设计。

在砂砾土层中渗透注浆时,尤其是当注浆的浓度较大时,要求浆液中的颗粒直径比土的孔隙小,粒状浆材中的颗粒才能在孔隙或裂隙中流动。但粒状浆材往往以多粒的形式同时进入孔隙或裂隙,这可导致孔隙的堵塞,因此,仅仅满足颗粒尺寸小于孔隙尺寸是不够的。同时,由于浆液在流动过程中同时存在着凝结过程,有时也造成浆液通道的堵塞;此外,土是非均质土,裂隙或孔隙的大小不同,粒状浆材的颗粒尺寸不均匀,若想封闭所有的孔隙,要求粒状浆材的颗粒尺寸必须很小,这从技术和经济的角度来看也是困难的。

7.2 隧道帷幕注浆技术

7.2.1 帷幕注浆技术原理

仓园隧道穿越甘肃武都甘家沟,甘家沟为全国第二大泥石流沟。通过泥石流沟段的段落长度为263m,均为浅埋段,围岩等级较差。由于此类地质条件对隧道建设具有极其不良的施工影响,因此在隧道建设过程中,施工难点较多。围岩无法保持稳定,而且有隧道渗水现象发生,如何防治围岩变形造成的拱顶沉降,如何进行止水,便成了仓园隧道能否顺利建设的关键性问题。施工采取帷幕注浆技术与树根桩地基加固技术结合的方式,并对支护参数采取优化,以应对一系列的施工难点。

本节主要研究仓园隧道帷幕注浆施工技术的主要工艺。帷幕注浆,顾名思义,也是属于一种注浆技术。而传统意义上的注浆技术,是指为了改善各种结构体的物理性能,提高其强度,满足工程需要,而采取将一定浓度的浆液压送到各种结构体中的一种技术措施。注浆方法可以分为加固注浆和防渗注浆，这是按照其功能不同进行的分类。帷幕注浆，就是在各种钻孔中，注入浆液，使之形成一道类似帷幕的防渗墙，从而达到止水防渗的作用。总的来说，帷幕注浆的原则就是要使所有岩层的孔隙中都充满浆液，不会出现空白。

在隧道建设中，帷幕注浆被用来加固隧道围岩及开挖土体围岩。帷幕注浆的目的是用灌浆材料灌注岩体，在其大大小小的孔隙中，让浆液扩散开，并且混合各种泥沙，最终形成凝固体；使岩体具有一定强度，从而形成结石体，堵截水流通过，达到止水的目的；使围岩的稳定性进一步增强。

7.2.2　仓园隧道帷幕注浆技术

由于仓园隧道整体属于黄土隧道，围岩破碎，隧道内富水。特别是甘家沟泥石流区域，地质主要以粗、细圆砾土和角砾土构成，隧道内渗水严重，围岩整体稳定性很差。施工时遵循“管超前，短进尺，弱爆破，强支护，勤量测，早成环”的施工原则。

为了应对隧道内的渗水现象和不均匀沉降现象，隧道全长采用Ⅴ级围岩加强衬砌，拱部小导管超前注浆，小导管长4m，环向间距0.4m，纵向间距2.4m，初期支护采用Ⅰ20b型钢钢架。隧道进口明暗分界处、出口各设一环ϕ108大管棚，管棚长30m，环向间距0.4m。隧道DK378+380～DK378+643为下穿甘家沟浅埋段，拱墙设ϕ50钢花管系统注浆，浆液采用水泥—水玻璃双液浆。洞内采用ϕ89大管棚超前支护，管棚长10m，环向间距0.4m，管棚内设钢筋笼，灌注水泥砂浆充填密实，管棚间设超前小导管预支护。在隧道掘进到泥石流冲沟之前，为减缓地表水的下渗，首先对地表进行加固处理。具体措施为：对于隧道穿越的泥石流沟沟心，铺设防水板，铺设位置为上游50m，下游100m；在上游方向和下游方向均铺砌混凝土，采用C20混凝土；此外，在泥石流沟沟心修筑混凝土拦水墙，尺寸为150m（长）×1m（高）×0.5m（宽）。图7-1～图7-3分别为地表铺砌混凝土现场图、地表铺设防水板现场图和甘家沟沟心地表处理图。

图7-1　地表铺砌混凝土现场图

图7-2　地表铺设防水板现场图

图7-3　甘家沟沟心地表处理图

传统的帷幕注浆方法，注浆范围小，所用注浆管直径小，孔间距比较小。仓园隧道地质条件较为复杂，地下水丰富，施工条件相对而言比较困难，施工难点多。因此采用传统的帷幕注浆方法并不能完全满足止水目的，需要在传统帷幕注浆技术的基础上进行优化，使之完全符合仓园隧道工况，达到很好的止水效果，使围岩稳定性得到保证。

在 DK378 +450 ~ DK378 +510 段，隧道左边墙净空 800cm 处，隧道右边墙净空 500cm 处，隧道拱部以上 500cm 处，直至边墙底部，同时施作帷幕注浆。用 $\phi89$ 钢管在位于注浆范围内的端部制作花管，设计间距为 100cm × 100cm，将此花管从地表打入拱墙底部，注入浆液，形成帷幕墙。浆液为 1∶1水泥—水玻璃双液浆。注浆孔布置及地表注浆范围如图 7-4、图 7-5 所示。

(1)注浆前准备工作

第一步是封闭掌子面，而且必须是全断面封闭掌子面，并且打入 $\phi22$ 的锚杆，同时在掌子面现有坡面之上挂设钢筋网。第二步进行混凝土喷射工作，喷射 35cm 的混凝土，并且在拱顶以及拱顶周边原来喷过混凝土的地方再喷 10cm 的混凝土，这样就能保证注浆的时候，浆液不会外泄。

在注浆前，需要做一系列的工作，来保证帷幕注浆顺利的施作。首先是进行地表征地，其次是开设便道，然后是敷设风水电管线，以上进行完毕后，就要进行施工现场布置，并准备好机具设备和浆液材料，最后进行人员配置。地表注浆孔平面布置图如图 7-4 所示，地表加固横断面图如图 7-5 所示。

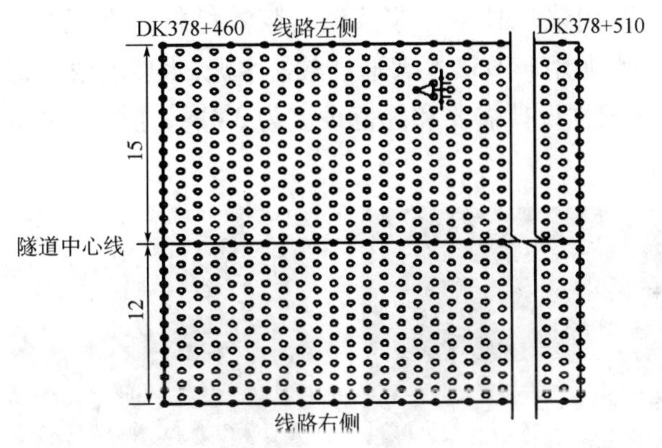

图 7-4　地表注浆孔平面布置图(尺寸单位:m)

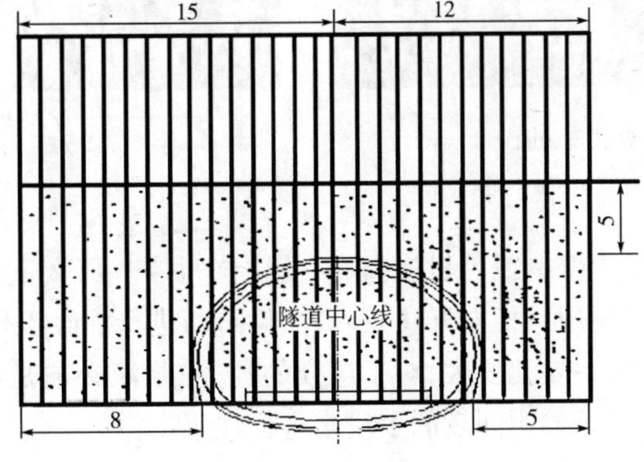

图 7-5　地表加固横断面图(尺寸单位:m)

(2)放样工作

技术测量人员根据布桩设计方案,进行地面高程测量。为了施工方便,注浆管顶应高出地面50cm,桩布置为梅花形,间距为100cm×100cm。

(3)帷幕注浆技术施工工序

施工的时候,首先必须平整注浆范围内的场地,然后进行放样工作。放样完成后,进行钻孔工作。钻孔的时候,孔深和孔位必须严格按照施工图施作。然后安装注浆管,开始注浆,最后封孔。仓园隧道选取的钻杆为2.5m和1.25m两种型号,钻具主要为岩芯管,钻头安装于末端。

在钻孔之前,安装千分表,因为在注浆之前试注浆,是为了确定注浆压力,进而可以配置最佳配合比的浆液,找到最合适的施工方法。而千分表就是为了监测岩土体在压力下的各阶段变形,由此可以确定合适的注浆压力。

①钻孔工序。仓园隧道采用KP-2000型钻机,为了便于安装钢管,钻头直径采用91mm。钻孔过程中,一次成孔,用全站仪、测斜仪检测孔深及倾斜度,完成后安装注浆管。钻孔现场图如图7-6所示。

②注浆工序。在注浆时,必须严格按照规范进行:注浆管安装工作完成后,立即进行孔内注浆工作,用ZJ-500高速制浆机拌制注浆浆液。浆液材料为水泥与水玻璃,体积的比例为1:1;水泥浆水灰比1:1,水泥用P.O52.5普通硅酸盐水泥,水玻璃浓度35°Bé,注浆压力取值在0.5~1.0MPa之间,终压根据设计需要和规范设定为3MPa,连续注浆10min后停止注浆。注浆现场图如图7-7所示。

图7-6 钻孔现场图

图7-7 注浆现场图

(4)特殊情况处理

①如果注浆途中,发生停电或者机械损坏,使注浆暂停。那么重新开始后,必须关注吸浆率降低程度较大的孔,需要用钻机扫开注浆孔,然后重新进行注浆工作。

②有些孔的吸浆率比一般孔要大,对于这样的孔,注浆液必须是浓浆,而且要用比较低的注浆压力,必要的时候,甚至要用间歇的手段来进行注浆工作。

③封孔工序。首先是要将孔内积水排出,接着要注浓度比较高的浆液到孔内,最后等到吸浆率不大于1L/min,此后连续注浆0.5h,结束封孔。

④注浆完毕后进行质量检查工作。

一般来说,以注浆施工记录和规范要求为原则检查注浆效果。按照设计要求,注浆量应达到钻孔圆柱体的1.5倍;如果注浆量超过了这个范围,就要继续进行注浆工作,但是要调整浆液的浓度。钻孔方向和钻孔深度也必须满足要求,注浆材料必须合格才能使用,机具设备也需要专业人员进行保养和维护。

(5)注意事项

针对帷幕注浆的特点,进行注浆时,采用各班轮换制度,现场进行施工时,钻孔和注浆的原始资料必须要保存好。施工期间,埋设量测点在掌子面周围,按照规范进行监控量测工作,最后进行注浆效果检查以及评定注浆效果。

(6)注浆中的安全举措

①在帷幕注浆的过程中,会因为浆液的扩散以及钻孔压力,使支护结构和围岩所受的压力增大,所以,在施工前埋设监控量测点,进行监控量测工作是十分重要和必需的,而且,监控量测所获得的原始数据也是十分珍贵的。

②帷幕注浆前,进一步核实注浆所需的压力值。

③为了达到良好的注浆效果,在工作面上设置注浆设备。

④注浆过程中,应对周围出水点和周围裂隙的渗水情况进行观察,如串浆漏浆现象出现,应封堵表面,提高浆液的浓度。

⑤如果在注浆过程中,需要采用间歇式注浆方式,间歇时间应比凝胶时间稍短。灌浆过程中,必须严格控制注浆压力和灌浆量。当注浆压力突然增大,这时有浆液在初期支护表面渗出,那么就必须要让注浆压力降低,防止初期支护被破坏。注浆施工时必须设置紧急逃生路线,以确保施工人员撤离时的安全。

7.2.3 帷幕注浆技术小结

帷幕注浆技术是一种重要的辅助工法,它对于提高围岩的自稳时间和自身承载能力,改善岩土体的物理力学性能,缩小开挖变形产生的松弛区范围,减小围岩对初期支护和二次衬砌的压力有着很好的作用。注浆可以加固软弱破碎围岩及其坍塌体,使围岩整体性得到加强。此外,注浆也是封堵地表水下渗通道、防止地表水下渗软化围岩的重要手段。

7.3 超前大管棚支护

7.3.1 超前大管棚支护原理和作用

(1)超前大管棚支护原理

①隧道失稳力学机理。

隧道失稳实际上是地层压力效应的结果。地层压力效应是指在隧道开挖后岩体重新分布的应力强度与围岩的变形特性互相作用而产生的一种力学现象。当二次应力值超过了部分围岩的塑性极限或强度极限或使围岩进入显著的流变状态时,则围岩就发生显著的变形、破裂、碎裂破坏等现象,表现出明显的地层压力效应。地层压力可分为松动压力、变形压力等。

松动压力的形成原因是隧道开挖后围岩应力重新分布，部分围岩或其结构面失去强度，成为脱离母岩的分离块体或松动散体，它们在重力法则支配下，克服较小的阻力产生冒落或塌滑运动。松动压力是直接作用在隧道支护体上的压力，大多出现在隧道的拱顶及侧帮。这种压力具有断续性和突发性，很难预见什么时间、有多大范围的分离块体会突然塌滑下来。形成这种压力的关键因素是地质特性和岩体结构。

形变压力是指在二次应力作用下，围岩局部进入塑性状态，缓慢的塑性变形作用在支护结构上形成压力，或者是有明显流变性能的围岩弹黏性或者弹黏—塑性变形形成的支护压力。当这种重新分布的形变压力足够大，使部分围岩进入塑性或流变变形阶段。若无支护，塑性区逐渐扩大，往往达到一定范围便停止下来，并在弹性以及塑性区边界形成一切向应力较高的持力环；当围岩塑性变形过大，使塑性区进入了破裂阶段，便形成松动压力导致隧道失稳。当有支护时，支护刚度对围岩产生抗力，此抗力就是实际的形变压力。支护越早，支护上受到压力越大，围岩塑性变形就越小；支护越晚，支护上受到压力越小，塑性区发展越大，易导致围岩破坏。

②管棚超前支护原理。

管棚技术，即水平定向钻进技术，属非开挖技术，是从原始的钻探技术衍生并逐渐发展起来的一种新兴技术，是在不破坏地表的情况下铺设各种地下管线的技术。注浆管棚通过注浆填充围岩裂隙，提高围岩的强度和刚度，从而提高围岩的整体承载能力。通过向围岩注浆形成的加固圈起到"承载拱"的作用，支撑"承载拱"上部的围岩重量，使拱内部的围岩与支护系统处于免压状态，拱内部的围岩与支护系统受到的力仅仅是由于拱向隧道方向的变形引起的变形压力。当管棚为惯性力矩较大的厚壁钢管且沿隧道开挖轮廓线周密布置时，加固圈的变形较小，因此，隧道支护结构所承载的上部荷载大大减小。另外，在管棚进口端一般加有套拱基础，另一端深入到隧道围岩较为完整、坚硬处，这样可以对上部的破碎软弱围岩形成一个稳定的"简支梁"支撑结构，此简支梁可承载上部松动压力或者传递上部荷载的作用。

(2)超前大管棚支护的作用

①从整个支护体系的角度考虑，超前大管棚的作用主要有以下几点：

a. 管棚主要起加固围岩体的作用。通过钢管上的孔向围岩注入水泥、水玻璃或者泡沫尿烷等材料，以改善围岩状况，保证掌子面稳定。对应的分析方法有两种，一种分析方法是提高岩体的力学参数近似模拟管棚加固作用；另一种分析方法是用实体单元模拟岩体，管棚对岩体的加固作用是用梁(杆)单元或者壳体单元来进行模拟。

b. 管棚起到承载作用。对应的分析模型是荷载—梁模型，该类模型是当前管棚分析中的主要计算模型。根据是否考虑岩体的作用可分为两种情况，一种是不考虑岩体的作用，将管棚视为两端固定的梁。对于大直径管棚多采用该类分析模型。另一种是考虑管棚下岩体的支撑作用，将管棚视作埋置在岩层中的管，但其对管棚作用的认识仍局限在将管棚作为承载构件，重点是确定管棚上部荷载以及对管棚受力特点进行分析。

c. 管棚起到扩散和传递开挖释放荷载的作用。对于采用小直径管棚(直径在 159mm 以下)的常规跨度隧道，开挖过程中，管棚基本是不承受荷载，主要是起到对开挖释放荷载进行传递、调节的作用。管棚究竟是承受荷载还是传递荷载主要取决于管棚与支护结构的相对刚度比。

②在施工控制效果上,管棚的作用主要表现在以下几个方面:

a. 防塌。由于管棚的作用,减少了工作面上覆盖的土压力,稳定了围岩,从而避免了土体塌方,即便有一定程度沉降的产生,也不会发生灾难性事故。

b. 阻断沉降作用。研究表明,由于管棚的超前支护作用,其对地表沉降的控制可达30% ~ 35%,对拱顶沉降的控制高达 40%;同时,由于支护结构体的形成,改变了地表沉降与拱顶沉降的比例。因此,在浅埋隧道施工中,一般情况下,拱顶沉降要大于地表沉降,而采用管棚进行预支护后,拱顶沉降远远小于地表沉降量。

c. 由于管棚的承托作用,使得沉降槽沉降集中的程度大幅减少,沉降总量在减少的同时有向两端均匀分布的趋势。

d. 提高围岩的力学参数,增大地层自稳能力。实际施工中为增大管棚的刚度和管棚与围岩的黏结力,常常在管棚内注入水泥浆、水玻璃或泡沫尿烷等材料,使得管棚与其周围的土体成为一体,从而极大地增强了土层的自稳能力。

7.3.2 仓园隧道超前大管棚支护

仓园隧道采用 ϕ108 管棚预支护进洞,管棚长 30m,环向间距 0.4m。

(1)管棚钻机的选择

①应能准确定位,可多方位钻孔,深孔钻进精确度高。

②轻便,移动灵活、方便。

(2)管棚钻孔、安设施工的规定

①设置管棚导向设施。架立稳固的导向架,准确安设导向管,确保钻孔按设计要求的角度施钻。

②当钻进地层易于成孔时,一般采用先钻孔、后插管的方法。即钻孔完成经检查合格后,将管棚连续接长,由钻机旋转顶进将其装入孔内。

③每循环管棚施工前,应开挖管棚工作室,工作室大小根据钻机要求确定。

④洞口管棚一般采用套拱定位,套拱部位开挖应视现场地质条件及配套设备确定,要做到套拱底脚坚实、孔口管位置准确。

⑤管棚安装后,管口用麻丝和锚固剂封堵钢管与孔壁间空隙,连接压浆管及三通接头。

⑥管棚注浆前,应向开挖工作面、拱圈及孔口管周围岩面喷射 10cm 厚的 C25 混凝土,以防钢管注浆时岩面缝隙跑浆。

⑦注浆后及时扫排管内胶凝浆液,用水泥砂浆充填密实;对于非压浆孔,直接充填即可。

(3)管棚施工工艺

①施工放样。按设计图纸要求放出洞身开挖轮廓线,拱脚高程、拱顶高程,打施工控制桩,并及时对现场施工人员进行交底。

②管棚施工工序。管棚施工工序主要包括施作套拱,搭设钻孔平台、安装钻机,钻孔,清孔、验孔,安装管棚钢管,安放钢筋笼,注浆。

③施作拱套。

a. 导向墙施工。为保证管棚方向、角度的施工精度,设置管棚导向墙,导向墙采用 C20 混凝土,截面尺寸为 1m × 1m,导向墙设 2 榀 Ⅰ20b 工字钢,钢架外缘设 ϕ140mm 壁厚 5mm 导向钢管,钢管与钢架焊接。钢架各单元由连接板焊接成型,单元间由螺栓连接,接头处焊缝高度:腹板 $h(f)=9$mm,翼缘 $h(f)=12$mm。

b. 架立钢架。测量放线后,人工安装 I 20b 工字钢,用 $\phi22$ 钢筋纵向连接钢筋定位,连接钢筋环向间距 1m,工字钢与连接钢板采用焊接,连接钢板间采用螺栓接。根据实际情况,每节工字钢的长度可根据实际施工需要做适当调整。拱脚置于牢固的基岩上。间隙过大时用混凝土楔块或钢板顶紧,保证工字钢置于稳固的地基上。

c. 孔口管安装。孔口管作为管棚的导向管,用全站仪以坐标法在工字钢架上定出其平面位置,用水准尺配合坡度板设定其倾角,用前后差距法设定其外插角。孔口管用 $\phi22$ 钢筋牢固焊接在钢筋上,防止浇筑混凝土时产生位移。

d. 模板安装及混凝土浇筑。套拱模板采用木模,底模及挡头模首先安装,底模用 $\phi22$ 钢筋与 I 20b 工字钢(间距 50cm)固定,钢筋一端焊接在工字钢上,另一端与底模连接牢固。外模随着套拱混凝土的施工由下至上逐段安装;混凝土浇筑采用输送泵,由下至上、左右对称进行,防止模板在施工中发生移位。

④搭钻孔平台安装钻机。

a. 钻机平台在洞口预留山体的基础上,用枕木或钢管脚手架一次性搭好,钻孔由两台钻机由高孔位向低孔位对称进行,可缩短移动钻机与搭设平台时间,便于钻机定位。

b. 钻机定位:钻机要求与已设定好的孔口管方向平行,必须精确核定钻机位置。用全站仪、挂线、钻杆导向相结合的方法,反复调整,确保钻机钻杆轴线与孔口管轴线相吻合。

⑤钻孔。

a. 仓园隧道管棚采用 KP-2000 型钻机,为了便于安装钢管,钻头直径采用 $\phi115$mm。

b. 钻机开钻时,可低速低压,待成孔 1m 后可根据地质情况逐渐调整钻速及风压。

c. 钻进过程中根据钻机钻进的现象及时判断成孔质量,钻进时产生坍孔、卡钻,需补注浆后再钻进。钻进过程中确保动力器、扶正器、合金钻头按同心圆钻进。

d. 认真做好钻进过程的原始记录,及时对孔口岩屑进行地质判断、描述,以及开挖洞身的地质预探预报,以及指导洞身开挖的依据。

e. 先钻有孔钢管,注浆完成后再打无孔钢管。

⑥清孔、验孔。

a. 用地质岩芯钻杆配合钻头($\phi115$mm)进行来回扫孔,清除浮渣至孔底,确保孔径、孔深符合要求,防止堵孔。

b. 用高压气从孔底向孔口清理钻渣。

c. 用全站仪、测斜仪检测孔深、外插角。

⑦安装管棚钢管。

a. 钢管在专用的管床上加工好丝扣,丝扣长度 15cm。导管钻设两排孔径 12mm 注浆孔(靠孔口 2.05m 处的棚管不钻孔),孔间距 10~20cm,呈梅花形布置。管头焊成圆锥形,便于入孔。

b. 棚管顶进采用装载机和管棚机钻进相结合的工艺,即先钻大于棚管直径的引导孔($\phi127$mm),可以利用钻机的冲击力和推力低速顶进钢管,也可利用装载机在人工配合下顶进钢管。

c. 接长钢管应满足受力要求，相邻钢管的接头应前后错开。同一横断面内的接头数不大于50%，相邻钢管接头至少错开1m。为使钢管错接，在每孔的第一节管打设时，奇偶孔分别用3m和6m的钢管，以后每节均采用6m的钢管。

⑧安放钢筋笼。安装好管棚后，把制作好的钢筋笼进行安装。钢筋笼用外径ϕ50mm壁厚18mm的钢管做固定环，固定环外侧ϕ22mm钢筋按环向120°焊接在固定环外侧。

⑨堵孔止浆。堵孔质量的好坏，直接关系到注浆效果。堵孔包括钢管自身的封堵和钢管与孔壁之间空隙的封堵。

a. 钢管自身的封堵：一般在钢管最外端1.5～2.0m范围内不设置注浆孔，孔口用厚3～5mm钢板凿孔焊接与注浆管等直径小导管来封堵。

b. 钢管与孔壁间空隙的封堵：利用自制工具将早强水泥砂浆塞入孔口封堵，封堵材料装入孔内不小于1m长度，确保封堵质量。

⑩注浆。

a. 安装好有孔钢花管、放入钢筋笼后即对孔内注浆，浆液由ZJ-500高速制浆机拌制。注浆参数：水泥与水玻璃体积的比例为1∶0.05；水泥浆水灰比1∶1；水玻璃浓度35°Bé。

b. 采用注浆机将砂浆注入管棚钢管内，初压0.5～1.0MPa，终压1.0MPa，持压15min后停止注浆。注浆过程中若注浆量超限，未达到压力要求，应调整浆液浓度继续注浆，直至符合注浆质量标准，确保钻孔周围岩体与钢管周围孔隙均为浆液充填，方可终止注浆。

c. 注浆量应满足设计要求，一般为钻孔圆柱体的1.5倍；若注浆量超限，未达到压力要求，应调整浆液浓度继续注浆，确保钻孔周围岩体与钢管周围孔隙充填饱满。

d. 注浆时先灌注“单”号孔，再灌注“双”号孔，注浆结束后及时清除管内浆液，并用M30水泥砂浆充填，增强管棚的刚度和强度。

⑪注浆效果检查。注浆终孔压力达到1.0MPa，持续稳定15min以上，视为该孔已满足要求。注浆完毕用铁锤敲击钢管，如响声清脆，则说明浆液未填满，需要采取补注或者重注；如响声低哑，则说明浆液已填满。

(4)质量控制与要求

①钻孔前，精确测定孔的平面位置、倾角、外插角，并对每个孔进行编号。

②钻孔仰角的确定应视钻孔深度及钻杆强度而定，一般控制在1°，钻机最大下沉量及左右偏移量为钢管长度的1%左右，要求孔中心连线圆顺，并控制在20～30cm。

③采取跳位钻孔法钻孔，并钻一孔安设一孔，以防坍孔。严格控制钻孔平面位置，管棚不得侵入隧道开挖线内，相邻的钢管不得相撞和立交。

④钻进过程中，严格按操作要点施钻，控制好转速及进度，同时随钻进注意钻机的平稳状态及钻杆的铅直稳定状态。经常量测孔的斜度，发现误差超限及时纠正，至终孔仍超限者应封孔，原位重钻。

⑤掌握好开钻与正常钻进的压力和速度，防止断杆。

⑥每孔均要进行终孔检查，孔位的偏差、终孔端的偏移值不大于10cm，并不侵入开挖周边，对于弯曲、偏移过量孔填充后重钻。

⑦在遇到松散的堆积层和破碎地质时，在钻进中可以考虑增加套管护壁，确保钻机顺利钻进和钢管顺利顶进。

⑧管内注浆,一定要安设排气管,并使终压值达到1.0MPa,并稳定15min左右。

⑨浆液配制一定要严格计量,保证浆液流动度、凝固时间、强度发展及强度均符合设计要求。

⑩导管注浆按要求做试件,并置于现场周围养护,以检测注浆强度发展情况,只有注浆强度达到设计值90%以后方可进行掘进施工。

⑪工程质量检验结果:本工程在施工中采取对试验仪器设备、原材料控制、施工过程控制、竣工工程质量检验评定等各个环节实施施工全过程控制。施工质量验收标准的主控项目包括钢管材料质量、钢管品种、级别、规格、数量、管棚接长;一般项目包括注浆强度、配合比及注浆效果、管棚施工允许偏差(钻孔外插角、孔距、孔深)。本工程所有的检查项目均符合《铁路隧道工程施工质量验收标准》(TB 10417—2003)第6章的要求,其中钻孔外插角小于1°;孔距偏差最大控制在±100mm,满足规范±150mm的要求;孔深偏差最大控制在±45mm,满足规范±50mm的要求。

7.3.3 管棚施工工艺小结

通过介绍管棚注浆超前支护在本工程隧道洞口软弱围岩开挖中的应用,更进一步地说明了管棚注浆支护的原理。即先用管棚钢管形成一个整体的支护体系,再通过注浆将松散围岩连成一个整体并止水,在隧道开挖轮廓线外形成一个牢固的支撑环,有效地阻止了开挖时软弱围岩的坍塌和涌水,为隧道的施工安全提供了保障,故在软弱围岩施工中,管棚注浆支护是一项防止及控制塌方的有效技术措施。

7.4 超前小导管支护

7.4.1 超前小导管支护机理

一方面,超前注浆小导管的施作,使得掌子面围岩开挖后,产生不同于未施作时的二次应力状态:另一方面,通过高压注浆改变了岩体的结构参数。通过这两方面的作用,在未经开挖的岩体中形成刚度较大的加固圈,提高了岩土体的稳定性,使得隧道开挖时,围岩塑性区出现的时间得到延缓并使围岩的塑性区减小。

通过小导管向岩体内注入浆液,不仅提高了岩土体的力学性能指标,还起到了防水的作用。总之,超前注浆小导管技术的支护机理分析可以从小导管的注浆加固机理和结构作用两方面考虑。

(1)超前小导管注浆加固机理

超前注浆小导管支护技术在使用过程中,通过小导管上的出浆孔将浆液均匀的压注到围岩中,以达到加固围岩的作用。在超前注浆小导管支护技术中,采用填充注浆、渗透注浆、劈裂注浆或挤密注浆等机理,在化学胶结作用、惰性填充作用和离子交换作用下,可以改良岩土的现有的性质或从根本上改变岩土的物理化学性质,从而在被注浆范围内产生一种新的物质。被注浆加固介质强度的增长是一种受多种因素制约的复杂的物理化学过程。浆液与界面的结合形式、浆液饱和度、时间效应以及灌浆材料对注浆效果起着重要的作用。一般将小导管加工成花管,如图 7-8 所示。

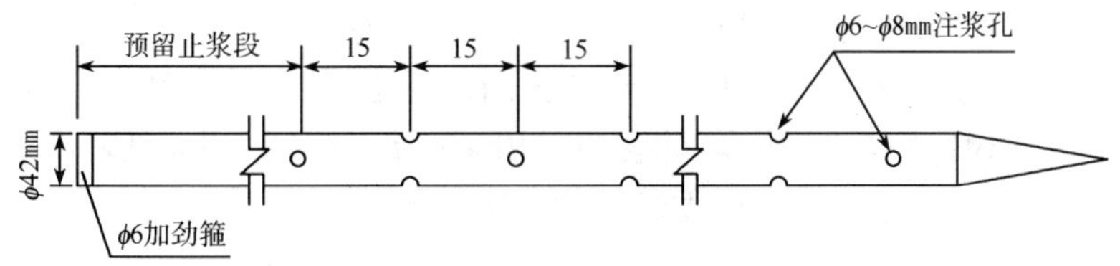

图 7-8 注浆小导管结构图(尺寸单位:cm)

(2)超前小导管结构作用

小导管随着注浆后围岩强度的增长起到了锚杆、棚架和锚杆桩等多重作用,使得被加固区围岩密实,整体稳定性增大,可达到理想的开挖条件。

①锚杆作用。小导管的锚杆作用机理如同锚杆的锚固机理,主要有连接原理、组合梁原理和均匀压缩拱原理三种。在隧道的超前支护中,三种作用原理同时存在,但究竟哪种原理为主,要根据地质条件、工艺和小导管的布置方式综合分析,往往是两种或三种的综合作用。

②棚架作用。小导管的棚架作用是指小导管施作完成后,进行隧道开挖施工时,小导管以靠近掌子面的钢支撑和前方未开挖的部分岩体为支点,在纵向支撑起中间部分的岩土体,起纵向梁作用。

③锚杆桩作用。超前注浆小导管支护中,小导管的一端与钢拱架固定连接。通过注浆,小导管全长与岩土体胶结咬合,并且形成“壳状”加固圈,当加固圈承受围岩松散压力时,小导管便起到锚杆桩的作用。

7.4.2 超前小导管注浆

(1)超前小导管的参数确定

超前小导管注浆设计应根据地质条件、隧道断面大小及支护结构形式选用不同的设计参数。根据地下工程特点,一般超前小导管沿开挖轮廓线 120°范围布设。

①小导管长度 L:L = 上台阶高度 +2m。

②小导管直径:25 ~ 50mm。

③安设角度:外插角宜小于 10°。

④注浆压力:0.5 ~ 1.5MPa。

⑤浆液扩散半径:0.3 ~ 0.5m。

⑥注浆速度:30 ~ 100L/min。

⑦浆液注入量按式(7-1)计算:

$$Q = \pi R^2 Ln\alpha\beta \tag{7-1}$$

式中:Q——单管注浆量(m^3);

R——浆液扩散半径(m);

L——注浆管长度(m),一般 3 ~ 5m;

n——地层孔隙率;

α——地层填充系数,一般取 0.8;

β——浆液消耗系数,一般取1.1～1.2。

⑧每循环小导管搭接长度:1～2m。

小导管沿隧道周边布设,一般为单层布置;大断面隧道、软弱围岩地层亦可双层布置。环向间距30～40cm。小断面隧道钢拱架间距75～100cm,每开挖2～3m循环安设一次,大断面隧道钢拱架间距0.5m,每开挖1～2m循环安设一次。

(2)超前小导管的制作

超前小导管宜采用ϕ25～ϕ50mm的焊接钢管或无缝钢管制作。

先把钢管截成需要的长度,在钢管的前端切割、焊接成10～15cm长的尖锥状,封闭端口。在钢管后段10cm处焊接ϕ6mm钢筋箍,以利于套管顶进,管尾10cm车丝和球阀连接。距后端钢筋箍处90cm开始开孔,每隔20cm梅花形布设ϕ8mm的溢浆孔。

(3)小导管安设

小导管的安设可采用引孔或直接顶入方式。其安设步骤为:用YT-28风钻或煤电钻引孔,或用吹管将砂石吹出成孔,孔径大于小导管直径10～20mm,孔深视导管长度而定。插入导管,如插入困难,可用带顶进管套的风钻顶入。用吹风管将管内砂石吹出或用掏勾将砂石掏出。小导管尾缠棉纱,使小导管与钻孔固定密贴,并用棉纱将孔口临时堵塞。为防止注浆过程中工作面漏浆,小导管安设后必须对其周围一定范围的工作面进行喷射混凝土封闭。喷射厚度视地质情况以5～8cm为宜。

(4)注浆材料

小导管注浆通常采用单液水泥浆、水泥—水玻璃双浆液、快硬硫酸铝酸盐水泥浆三种材料。根据凝胶时间的要求,水泥浆的水灰比通常为0.6:1～1:1(质量比),水玻璃浆浓度为25～35°Bé,水泥浆、水玻璃浆体积比为1:1～1:0.6,硫铝酸盐水泥浆水灰比为(0.8～1.2):1(质量比)。

(5)机具设备

小导管的注浆应配备与工艺相适应的成孔设备、注浆设备、搅拌设备和其他小设备,以保证注浆质量。成孔设备可根据地质情况选用成孔深度3m以上的风钻、高压(0.6MPa)吹管或煤电钻。根据注浆工艺,应配有单液注浆泵,其注浆压力应不小于5MPa,排浆量应大于50L/min并可连续注浆。目前国产KBY-50/70双液注浆泵和SYB-50/50的单液注浆泵在超前支护注浆中应用广泛。搅拌设备应选用低速机械式搅拌机,其搅拌有效容积不小于400L。

小导管注浆时,应根据需要配有抗震压力表、高压胶管、浆液混合器、高压球阀、水箱及储浆桶等辅助设备,还应配备必要的测试设备,如秒表、pH计、波美计等。

(6)注浆施工

注浆开始前,应分别根据单、双液注浆方式连接管路。单液注浆时,可采用一条管路。注浆开始前,应进行压水或压稀浆试验,检验管路的密封性和地层的吸浆情况。

注浆顺序:周边超前小导管自两侧向拱顶方向分两序孔施工,即先注第一序孔(单号孔),然后注第二序孔(双号孔)。注浆过程中要根据不同地层及掌子面含水情况,调整浆液胶凝时间,控制注浆范围。单孔注浆结束后应迅速用棉纱将孔口封闭,并用水清洗泵及管路,然后移至下一孔进行施工。

注浆时,要经常观测注浆压力和流量变化,发现异常情况要及时处理。如压力逐渐上升,流量逐渐减小，属于正常现象；如压力长时间不上升（小导管注浆5min），流量不减，可能是跑浆或漏浆；如压力急剧上升，流量急剧减小，在排除地层因素外，可能是管路阻塞。

注浆过程中，应经常观察工作面及管口情况，发现漏浆和串浆，应及时进行封堵。双液注浆时每隔5min或变更浆液配比时，应在孔口测量浆液凝胶时间，并根据情况进行调整。注浆过程中应做好注浆记录，每隔5min详细记录压力、流量、凝胶时间等，并记录注浆过程中的情况，作为注浆效果分析的基础。

小导管注浆结束的标准：注浆过程中，压力逐渐上升，流量逐渐减小，当压力达到注浆终压或注浆量达到设计注浆量的80%以上时，可结束该孔的注浆；注浆压力未能达到设计终压，注浆量已达到设计注浆量，并无漏浆现象，亦可结束该孔注浆。

7.4.3 仓园隧道超前小导管支护

（1）超前小导管施工工艺

超前小导管配合型钢钢架使用，与钢架组合成预支护系统，控制软弱围岩变形、坍塌、掉块。

（2）设计参数

①超前导管采用ϕ42、壁厚3.5mm的热轧无缝钢管，长度3.5m。

②小导管环向间距40cm。

③倾角：外插角5°~10°，可根据实际情况调整。

④注浆采用水泥单液浆，其参数如下：注浆压力1.0~2.0MPa，扩散半径40cm，强度等级为42.5MPa的普通硅酸盐水泥，缓凝剂掺量2%~2.5%；具体浆液配合比和注浆压力由现场试验确定。

（3）超前小导管施工工序

①制作钢花管。小导管前端做成尖锥形，尾部焊接ϕ6mm钢筋加劲箍，管壁上每隔15cm梅花形钻眼，眼孔直径为6mm，尾部长度不小于5cm作为不钻孔的止浆段。小导管构造如图7-8所示。

②小导管安装。测量放样，在设计孔位上做好标记，用凿岩机或煤电钻钻孔，孔径较设计导管管径大20mm以上。

成孔后，将小导管按设计要求插入孔中，或用凿岩机直接将小导管从型钢钢架上部、中部打入，外露20cm支撑于开挖面后方的钢架上，与钢架共同组成预支护体系。

③注浆。采用KBY-50/70注浆泵压注水泥浆或水泥砂浆。注浆前先喷射混凝土5~10cm封闭掌子面，形成止浆盘。注浆前先冲洗管内沉积物，由下至上顺序进行。单孔注浆压力达到设计要求值，持续注浆10min且进浆速度为开始进浆速度的1/4或进浆量达到设计进浆量的80%及以上时注浆方可结束。注浆施工中认真填写注浆记录，随时分析和改进作业，并注意观察施工支护工作面的状态。注浆参数应根据注浆试验结果及现场情况调整。

注浆参数可参照以下数据进行选择：一般为1.0~2.0MPa；浆液初凝时间1~2min；水泥采用P.O52.5普通硅酸盐水泥；砂采用中细砂。

④立钢支撑。注浆完毕后，在开挖面预支一榀钢支撑，并使其与超前小导管连成整体，每榀钢支撑增设4组共8根锁定锚杆，与钢支撑焊接在一起，锁定锚杆采用ϕ22钢筋，长3.5m，随后喷射混凝土覆盖小导管和钢支撑。

⑤注浆异常现象。在注浆过程中，经常出现串浆现象。发生串浆时，在有很多台注浆机的条件下，应同时注浆。在单泵条件下应将注浆孔及时堵塞，轮到该管注浆时，再拔下堵塞物，将管内杂物清除并用高压风或高压水冲洗，然后再注浆。水泥浆单液或水泥水玻璃双浆量很大，压力长时间不升高，则应调整浆液浓度和配比，缩短凝胶时间，进行小泵量低压力注浆或间歇式注浆，使浆液在裂隙中有相对停留时间，以便凝胶，但停留时间不能超过混合浆的凝胶时间。注浆效果检查在小导管搭接范围内进行，主要检查注浆量偏少或有怀疑的注浆孔，认真填写检查记录。渗入性注浆通过钻孔检查厚度，小于30cm时，应补管、注浆，劈裂、压密注浆采用小撬棍或小锤轻轻敲打钢管附近，判断固结情况，并配合风钻钻速测试，检查注浆范围，固结不良或厚度不够时，要补管、注浆。

⑥超前钢管实测项目。超前钢管实测项目及其偏差如表7-1所示。

超前钢管实测项目及其偏差 表7-1

项次	检查项目	规定值或允许偏差	检查方法和频率
1	长度(mm)	不小于设计值	尺量，检查10%
2	孔位(mm)	±50	尺量，检查10%
3	孔深(mm)	+50,0	尺量，检查10%
4	孔径(mm)	大于钢管直径+20	尺量，检查10%

(4)超前小导管注浆关键技术措施

要严格控制配合比与凝胶时间，初选配合比后，用凝胶时间控制调节配合比，并测定注浆固结体的强度，选定最佳配合比。同时在注浆过程中，严格控制注浆压力，注浆终压必须达到设计要求，并稳压，保证浆液的渗透范围。当出现异常现象时，采取下列控制措施：降低注浆压力或采用间隙注浆；改变注浆材料或缩短浆液凝胶时间；调整注浆实施方案。

注浆效果检查：一方面用进浆量来检查注浆效果，另一方面因为注浆方法为周边单排固结注浆，开挖隧道后检查地层固结厚度，如达不到要求，要及时调整浆液配合比，改善注浆工艺。为防止孔口漏浆，在花管尾端用麻绳及胶泥(水泥加少许水玻璃)或喷射混凝土，封堵钻孔与花管的空隙；注浆管与花管采用活接头连接，保证快速装拆；注浆的次序由两侧对称向中间进行，自下而上逐孔注浆；拆下活接头后，快速用水泥药卷封堵花管口，防止未凝的浆液外流。注浆过程中派专人记录，开挖时要检验注浆效果；注浆达到需要强度后方可进行开挖作业。

7.4.4 超前小导管支护小结

超前小导管施工技术，适用于风化严重、节理发育和风积砂土层、碎石土、砾石土、砂、泥等各种软弱围岩条件下的隧道开挖；也适用于各种地下工程、渗透性地基加固和抗渗性防水加固及塌方处理等。以导管为骨架通过注浆加固一定范围内的岩土层，提高了软弱破碎岩层的强度和变形模量，在隧道拟开挖轮廓外部形成具有较强承载能力的改良加固带，有效解决了开挖后引起的流砂、塌土等失稳现象。改良加固层承担了开挖引起的大部分松动荷载，支护结构位移主要是由改良层围岩的变形压力引起的。隧道初期支护结构受力、变形较小。又由于改良加固带的刚度较大，整体性较好，故隧道围岩应力集中现象明显降低，可以有效抑制拱顶下沉变形和洞周收敛变形。

第8章　穿越泥石流沟仓园隧道防水排水技术

8.1　引　　言

8.1.1　国内隧道防水排水现状

20世纪70年代之前的铁路隧道主要采用矿山法修建，使用料石及混凝土等材料进行衬砌，没有采取任何防水措施，隧道的漏水量完全取决于地下水本身水量的大小及其渗流方式。由于在衬砌的施工缝处未采取任何防水措施，加上衬砌出现各种裂缝，隧道的渗漏状况较之以前并未得到多大改善。到70年代末期，由于电气化铁路的发展，部分工程技术人员开始探索复合式衬砌。随着长大隧道的出现，对铁路隧道的防水提出了新的要求，铁路隧道的防渗漏问题得到普遍重视。

20世纪80年代，工程界对铁路隧道的防水排水技术提出了更高的要求，不仅提出了与铁路隧道相应的防排水系统和施工工艺，还对防排水材料提出了更为严格的要求。我国《地下工程防水技术规范》（GB 50108—2008）对地下工程的防水提出了总的治理原则，即“防、排、截、堵相结合，因地制宜、综合治理”。根据综合治理原则，对地表水和地下水作妥善处理，铁路隧道应有可靠的防排水措施，保证行车安全及隧道结构和设备的正常使用。而《铁路隧道设计规范》（TB 10003—2005）规定铁路隧道的防水应做到：拱部不滴水、边墙不漏水；路面不冒水、不积水、设备箱洞处不渗水；冻害地区隧道衬砌背后不积水，排水沟不冻结。

我国隧道及地下工程推广新奥法施工三十多年来，其结构防水一般采用在喷混凝土层和二次衬砌之间设置防水层来解决防水问题，普遍认为是比较合理的施工方法。目前构筑防水层主要有两种方法：

①喷涂防水膜。在初期支护与二次衬砌之间喷涂防水膜，这样形成的防水膜要求初期支护的表面比较平整，否则将影响防水膜的附着力，降低防水效果。所以这种防水膜只适用于没有涌水和滴水的隧道，此法的不足之处在于防水膜的厚度较难控制；此外，由于这种防水层完全隔断水的渗漏而不能把水疏导排出，所以二次衬砌结构要承受外水压力。

②设置防水隔板。在初期支护与二次衬砌之间设置平板或带肋板。平板材料为聚乙烯或聚酯化合物。采用平板做防水层的优点是：能在涌水条件下施工，质量易于保证，对初期支护底层的平整度的要求比喷涂防水膜法低。采用带肋板做防水层的特点是：不仅可以隔断渗漏水或者滴水，并且还可以把隔断在板后面的水疏导排出，即在墙基部位设置集中导水管把水排出。因此用此法时，二次衬砌一般不会受到外水压力的作用，这在很大程度上就克服了因隧道超挖而造成的防水难题。

我国的许多隧道由于其光面爆破效果不佳，喷混凝土面难以吻合；接缝采用电烙铁，焊缝不均匀、不牢固，防水板很容易产生空鼓开裂；因局部超挖过量，回填又不好，使得塑料防水板的防水效能无法发挥。另外，有的施工单位一味追求施工速度，忽视二次衬砌质量，施工上粗心大意，混凝土配合比掌握得不好，浇筑时不按要求施工，也不捣固，结果必然造成混凝土内部空隙、衬砌表面不光滑，对排水设施不按要求砌筑且随意设置，施工缝、沉降缝及穿墙管、锚杆露头、预埋件等防水工序处理不当，做工不精，这些都会使地下水丰富地区的隧道造成严重的渗漏水。随着高等级铁路的发展，我国隧道防排水设施借鉴国外标准，除了在洞内外进行防排水设置外，对衬砌自防水、二次衬砌铺设复合式防水层、注浆堵水和施工缝、沉降缝、伸缩缝的止防水等方面也日益引起重视，大量采用复合式防水层、软式透水管、弹簧引水管、HDPE 波纹网管和 PVC、EVA、LDPE、PE 等各种防排水板材与卷材。基于上述，高分子聚合物防水材料的新型法拉格（FLAC）防水材料体系在我国也开始得到借鉴、运用。FLAC 防水体系主要由结构层、找平层、排水层、防水层、保护层、紧固件、分隔体系、检查和注入体系等八部分组成，防水效果好，但费用较高，目前还未得到普遍推广。

8.1.2 国外隧道防水排水现状

(1)防水排水现状

自 20 世纪 60 年代以来，随着隧道新奥法施工技术的逐步推广和应用，在初期支护与二次衬砌之间铺设防水隔层材料成为一种效果良好的防水形式。原西德在 1967 ~ 1976 年间的铁路与铁路隧道修建中，防水采用装配式衬砌的合成树脂垫片、防水混凝土结构接头处止水以及合成树脂和多层沥青的防水膜等技术。之后，瑞士、奥地利、德国等国家相继采用聚氯乙烯和聚乙烯防水材料，在世界各地普遍得到推广。

20 世纪 70 年代中期，日本在对已建成的 3800 多座、长度 1800km 隧道维护中，针对发生众多的漏水、冰凌等水害防治任务，采取了衬砌后面的、衬砌中间的和衬砌表面的防水措施，防水材料有软质绝热、橡胶防水和树脂填料等材料，表面喷射防水灰浆，漏水裂缝处采用 V 形堵水块（用一块弹性树脂层敷在堵水灰浆表面，并在块内埋置半裂开式钢管使漏水畅通无阻）有效防止灰浆与树脂层的剥落。日本在 20 世纪 70 年代修建世界上首次采用集尘机竖井排气型纵向通风方式的关越铁路隧道中，在二次衬砌之间贴聚乙烯防水片，施工缝不设止水板而是用埋置 10cm × 15cm 的箱形暗沟集水排水处理方法。为克服隧道内围岩开挖轮廓基面凹凸不平容易将防水板材撕裂的缺陷，日本等国家还在开挖轮廓基面上先敷设一层无纺布以缓冲此项尖顶撕破压力。

20 世纪 90 年代，国外在隧道防水排水技术上采用了渗透灌浆（Permeation Grouting）（给钻孔中灌浆形成一个地下帷幕从而拦截地下水）、喷射灌浆（Jet Grouting）（往孔内高压喷射水泥浆或水泥浆混合物阻隔地下水并具有支撑土层作用）及冷冻截水等一些新方法。

防水等级上，英国 CIRIA（建筑工业研究和情报协会）率先提出的防水等级标准，也是公认的比较科学、合理的分级指标，它将防水分为 7 个等级，O 级代表无可见的渗水，A 级最大渗水量为 $1L/m^2 \cdot d$。此外，国际上权威的防水技术研究机构——德国地下交通设施研究协会（STUVA）的标准，不仅规定整条隧道的平均漏水量，更注重单位长度内每昼夜、每平方米的平均渗漏量。日本专家提出日本城市道路隧道防水等级为第 3 级，与我国的相当。

法国于1992年1月出版实施的《法国铁路工程技术手册》汇集了地下结构防水工程标准。标准主要包括四类产品：

①工地结构物内侧使用的涂刷或喷射掺聚合物材料。

②填土结构物外侧使用的聚合物沥青防水土工膜。

③外防水合成材料板。

④结构内侧使用的防水水泥。

1998年法国对该《地下工程防水技术标准》进行了修订，将20世纪70年代以来运用的膨润土与膨推土板、硅段压缩缝与水膨胀缝两种施工缝和双层防水系统（在二次衬砌之间设无纺布保护层与防水土工膜，并在外面再设一层防水保护层）的技术产品作了改进。

日本的防水设计考虑的因素十分周到，对不同类型的隧道往往采用不同的方法。如山岭隧道的防水采用以排为主，堵排结合原则；对海底隧道和城市隧道等则是以堵为主，堵排结合原则。但在防水设计、施工的指导思想上都是要求把防水一次做好，不留后患，严格要求施工质量。隧道及地下工程的防水皆由专业公司承担设计、施工，每道工序都有人检查把关，严格做到按图施工。日本的防水材料较为先进，有专门的研究单位从事材料的开发和生产。如为解决混凝土施工缝的防水问题，日本开发生产了异丁基橡胶止水板。这种材料中间夹钢片，易于施工，效果可靠。当前，日本随着都市地下工程不断深层化，对高水压下的防水材料的性能要求也不断提高，在隧道防水方面，已经不再局限于防水措施之类的就事论事的方法，而是从地下工程的结构与整体设施的全局考虑。日本隧道施工技术的发展现状是：电脑技术已经广泛用于隧道及地下工程，对作业面实施自动记录、监理、绘图；应用激光导向和光电传感器，与微机联网，自动采集数据，分析、绘图。日本很重视新技术的开发，也善于吸收和引进别国的先进技术。

（2）发展趋势

当前，国外隧道防水排水技术出现了如下发展趋势：

①由多道设防向一道设防方向发展。多道设防效果好、费用高，一道设防可以胜任较高防水要求、造价较低、施工方便，如新加坡隧道东北线的防水设计施工就是采用一道设防的。

②防水材料开发与施工工艺要求相结合。防水材料要便于施工、经济可靠、质量可控。如国外近几年研发的新型土工合成防水材料膨润土防水毯，原材料成本低，防水性能好，在同等条件下，膨润土防水效能可达传统的五层防水，且耐久性能优良；自我愈合能力强；安装、施工方便。目前在世界上许多重要工程中使用，并证明具有很好的防水防渗效果。

③结构自防水是防水排水效果的基础。结构自防水的难题在于衬砌结构施工缝的防水，水一般不会通过喷射混凝土本身渗出，而是通过施工缝或钢筋嵌入处渗出。有资料显示，在衬砌施工缝处采用聚氨醋基喷涂防水膜是最具潜在动向的优势之一，特别是对于永久性喷射混凝土衬砌，这种产品目前仅在矿井的岩石支护上得到成功运用。

④复合式防水材料的发展。国外的橡胶止水条多采用氯丁橡胶和水膨胀材料的复合型。发挥两种材料各自的作用，取得良好的经济效益和工程效益。

8.1.3　隧道防水排水有待进一步解决的问题

由上述内容可以看出，尽管目前对隧道的防水排水及渗漏水的防治研究和工程实践已取得了丰硕的成果和丰富的经验，但还存在一定的问题，有待于深入研究。现有资料表明，已建隧道的防水都是按照现有的各种技术规范规程，借鉴国外成熟的技术方法来进行的。然而，尽管一些设计施工规范对各种隧道的防水作出了相应的规定，但这些规定仍存在着许多不足。主要有以下四个方面：

（1）隧道防水的等级不明确。大部分隧道规范对防水等级的划分比较模糊，各种隧道的防水要求和等级都不明确，定性而不定量。由于许多国标没有定量指标，过于笼统，执行起来就很困难。不同的隧道工程，采用不同的等级划分标准。

（2）隧道防水的设计依据不充分。由于地质情况复杂，勘察费用昂贵，因此很难仅通过勘察来掌握隧道的地质情况，大都要经过试验和估算推测。地下水的运动是一个非常复杂且目前还不能准确计算的问题，它对地下结构主要产生渗透作用，目前在结构计算中地下水的作用被简化为静水压力作用，没考虑到它的渗透作用。从宏观上讲，抗渗防水一般是按地下层流流态的达西定律计算，计算结果仅能作为地下工程抗渗设计的参考。目前国内外许多学者将渗流场与应力场结合起来考虑，采用有限元的方法研究地下水渗流的理论和计算问题，并取得了一些成果。但是总的来说，目前还缺乏可供地下工程抗渗防水设计的实际研究成果，当前的隧道防水设计及规定仍缺乏可靠的理论依据。其次，设计人员在设计隧道与地下工程时，往往只重视建筑和结构上的要求，而忽视了防水排水的设计要求；在防水设计之前，对其工程地质及水文地质情况了解得不够仔细，对衬砌周围地下水源、水量、流向及水质勘察不全。

（3）隧道防水的施工做法不规范。尽管规范对不同隧道的防水进行了规定，但国内对不同的防水措施没有从经济上、效率上进行过系统的研究，对防水施工措施缺乏规范。通常是，不同的工程根据不同的要求，按照自己的意愿来实施防水，没有统一的评价标准，在细部做法方面更是如此。因此建设设计和施工单位对采取哪种防水方法，如何实现防水措施，主要参照以往经验和国外的做法，这就存在很大的盲目性。许多隧道经使用证明，常常出现防水措施不防水或不经济两种极端。另外，有些施工队伍质量意识不高，无法保证精心施工，工程质量低劣，为隧道渗漏埋下隐患。

（4）科研、设计、施工单位之间缺乏学科之间的交叉渗透，缺乏组织协调和分工协作。科研开发又往往是低水平、重复多，着眼主导产品多，而对配套材料和施工技术的研究不够，从而妨碍了隧道防水技术总体水平的提高。隧道洞内防水排水是一项系统工程，应该采取以排为主，防、排、堵、截相结合的综合治理办法。要注意避免排而不防或者排而不堵的倾向，一味地排水可能会使隧道洞圈潜水流尽和使水塘、水库、农田等地表水排干，影响附近人们生产与生活，甚至造成植被失水枯死；防而不排或者堵而不排，会使衬砌周围的水无路可走、越积越多，最终因水害而导致隧道损坏。

8.2 隧道渗水及防水排水

8.2.1 隧道渗水灾害机理分析

一般来说，在自然条件下，地下水和土壤介质会形成一种动态平衡状态。那么当山岭隧道开挖的时候，会揭露含水层，人为改变自然形成的渗流场以及岩体渗流特性。当然也包括渗透压力和渗流边界条件，使岩土的稳定性下降，被破坏的岩土体，也会超过负荷极限。在隧道掘进过程中，会破坏到含水浅层，露出地下导水管道。因此，地下水会联动其他水体（地表水，地下河，溶洞）突然涌入隧道，导致突水事件。突水是隧道工程建设中和隧道运营中比较常见的地质灾害，属于流体灾害类型，发生的概率是非常高的，一次大规模的隧道突水事件，不仅会给施工造成一系列的难题，还可能会导致浅层地下水和地表水枯竭，甚至造成地面沉降和其他相关的环境地质问题。

隧道渗漏水现象应该属于隧道突水的一种比较常见的形式。即通过地层的隧道工程处于富水影响带内，岩溶水为缓慢过滤系统，围岩也较破碎，岩溶蓄水构造的水头不高，那么，隧道通过含水层或者含水层附近时，地下水会发生渗透作用。如果衬砌防水和排水设施不太全面，地下水进入隧道，就会造成隧道渗漏水灾害的发生。表现为沿隧道工程的隧道壁的地下水汇集，一般不会对隧道造成极大的水压力，而且多数为静储量消耗型，排水量会表现为减少的趋势。

8.2.2 隧道渗水造成的危害

隧道渗漏水对于隧道工程来说，是常见的病害。渗漏水灾害不仅对隧道结构造成损害，减小衬砌结构的可靠性，而且还会引发可能导致隧道整个结构失去稳定性的其他病害。根据铁道部科技研究开发课题《影响隧道渗漏水的主要因素、运营隧道渗漏水病害分类和等级评定方法的研究》中渗漏水调查资料显示，所调查的95条隧道都有不同程度的渗漏水现象。统计结果表明在95条隧道中有21%的隧道在无压时拱部有集中涌水点；25%的隧道在无压时边墙有集中涌水点；24%的隧道在有压时拱部有集中涌水点；27%的隧道在有压时边墙有集中涌水点；83%的隧道拱部有点漏滴水（处）；44%隧道边墙有点漏滴水（处）；54%隧道拱部有点漏成线（处）；25%的隧道边墙有点漏成线（处）；10%的隧道拱部有点漏涌水（处）；11%的隧道边墙有点漏涌水（处）；38%的隧道拱部有面漏湿渍（处）；37%的隧道边墙有面漏湿渍（处）；49%的隧道拱部有面漏渗水（处）；50%的隧道边墙有面漏渗水（处）；29%的隧道拱部有面漏漏水（处）；23%的隧道边墙有面漏漏水（处）；45%的隧道施工缝有缝漏渗水（处）；12%的隧道变形缝有缝漏渗水（处）；24%的隧道结构缝有缝漏渗水（处）；34%的隧道三缝有缝漏流水（处）；7%的隧道三缝有缝漏喷水（处）；32%的隧道基底有轻微翻浆冒泥和积水（处）；28%的隧道基底有中度翻浆冒泥和积水（处）；14%的隧道基底有严重翻浆冒泥和积水（处）。

由于地处不良地质条件之下，仓园隧道也有渗漏水现象产生，也会对隧道施工和隧道周围环境造成种种危害。

（1）隧道渗漏水会造成隧道衬砌混凝土风化、剥蚀，致使衬砌被破坏，而且，渗漏水会软化围岩，从而导致围岩产生变形。经检测，仓园隧道渗漏水中含有腐蚀性介质，会腐蚀衬砌混凝土和砌筑砂浆，降低围岩承载能力。在气温较低的时候，隧道渗漏水会导致边墙结冰，使衬砌形成冻胀破坏。

（2）隧道渗漏水病害会加快隧道内部设备（通信、照明、钢轨等）的锈蚀，影响设备的正常使用，缩短设备的使用寿命，从而造成维修成本的增加。

（3）隧道渗漏水灾害会造成铁路路基下陷、基底发生破损现象、翻浆冒泥等工程病害，使铁路轨距水平变形超出限定值；洞内供电线路也会因为冻胀而起伏不平，渗漏水侵入电线后，会造成短路、跳闸，影响隧道建设的安全性，还可能造成漏电导致伤人事故；而且还存在一些隧道暴雨后铺底破损涌水，淹没轨道。仓园隧道受雨季降水的影响，涌水量变化较大。通过甘家沟泥石流沟最大总涌水量 $3219m^3/d$，从而成为造成隧道渗水的主要原因之一。隧道渗漏水和突水相比，造成的伤害较小，但也可引起内墙面脱落，产生霉点，影响外观。对隧道的稳定性、洞内设施、地面建筑和隧道周围水环境有诸多不利影响，严重者还对隧道内部结构及附属设施造成破坏，缩短使用寿命，导致隧道衬砌展开裂缝、造成隧道衬砌被腐蚀，严重时会危及隧道施工，并且在隧道建好交付使用后，也会影响隧道的运营安全。因此，如何控制隧道渗漏水现象，是隧道施工人员亟待解决的问题。

8.2.3 铁路隧道防水排水要求

为了做好铁路隧道防水排水工作，我国有关铁路隧道设计和施工规范都有明确要求，现将防水排水要求汇集如下：

(1)《铁路隧道设计规范》(TB 10003—2005)规定。

①防水排水措施可靠，保证行车安全，设备正常使用。

②排水要通畅，防水要可靠、经济合理，不留后患。

③对于铁路隧道防水应做到拱部不滴水，边墙不漏水，路面不冒水、不积水，设备洞室不渗水；对铁路要求达到拱、墙、设备洞室均不渗水；冻害地区隧道衬砌背后不积水，排水沟不冻结。

④防水时首先应防止地表水下渗；在围岩破碎，涌水易塌地段可灌浆防水；隧道衬砌内可敷设内外防水层；在复合式衬砌采用夹层防水层，混凝土应满足抗渗要求，抗渗等级不宜低于S4；在施工缝、变形缝等处应有专门防水措施。

(2)《铁路隧道设计规范》(TB 10003—2005)规定。

隧道防水排水设施应与营运防水排水工程相结合，因为施工期间防排水设施是保证隧道顺利建成的关键，搞好结构物防排水又是保证隧道正常运营的前提；防水排水工作应按防、截、排、堵相结合的综合治理原则进行。

(3)《地铁设计规范》(GB 50157—2003)规定。

采取以防为主、防排结合的原则，在车站及机电设备集中地段，隧道结构物不应渗水，结构物表面不得有湿渍，区间及其他一般隧道结构不得有线流和漏泥沙。变形缝、施工缝、穿墙管等特殊部位，应采取加强防水措施。对明挖隧道结构防水应优先采用防水混凝土和增加防水层或其他防水措施。对防水卷材及厚度要求，沥青类不宜少于两层，橡胶型料卷材宜为一层厚度不小于1.5mm，并要在防水层中设保护层。

8.2.4 隧道防水排水原则

隧道防水排水措施一般遵循以排为主，防、排、截、堵相结合的原则，以经济合理为前提，以排水通畅，防水可靠，隧道渗漏水不复发为目的，在隧道形成一个排水系统，可以比较高效完整地处理地表水和地下水。对于黄土隧道来说，遵循的原则却是“以防为主，防排结合”，以此来达到止水的效果。

防是指衬砌抗掺和衬砌外围防水(包括衬砌外围防水层和压浆)；排是指衬砌背后空隙及围岩不积水，减少衬砌背后的渗水压力和渗水量；截是从地面截水，减少地面水下渗，地下采取导坑、泄水洞、井点降水等截水设施,减少地下水流向衬砌周围;堵是指采取注浆、喷涂、嵌衬、抹面等方法,堵住渗水裂缝、空隙,或用气压控制地下水。

仓园隧道设计防水排水原则为:对于与地表水存在良好水力联系、地下水发育的地段采用"以堵为主,限量排放"的原则,以降低围岩渗透系数,减少水资源流失。其他地段采用"防、排、堵、截结合,因地制宜、综合治理"的原则。

8.2.5　隧道防水排水分类

隧道根据防水排水形式,可将其分为:防水型和排水型。防水型隧道,就是施作止水带和防水层,依靠此类措施,把水控制在二次衬砌之外,如果是静水压力较小的隧道区域中,就可以依此来设计隧道防排水措施。排水型隧道,就是典型的遵循"以排为主,排防结合"原则的隧道,山岭隧道一般都是此类隧道。

8.2.6　隧道防水应注意的问题

衬砌表面渗漏水是隧道内最为常见的一种破坏形式。有关调查数据表明:由于施工原因导致渗漏水的占34.2%;防水材质在不同水环境条件下变异占33.1%;结构变异致使防水体系失效的占11%;设计不合理占10.4%;维修养护不善占2.3%。这些数据同时为我们提供了隧道衬砌表面渗漏水现象的研究方向。

(1)精细防水结构施工

大部分北方山区在施工过程中开挖面水系并不发育,尤其是在枯水季节,隧道开挖面基本是干燥的,所以防水结构施工出现问题并不容易被发现。在隧道使用阶段,随着隧道周围水系的变化和衬砌外围裂隙水的积压,防水结构失效的问题才逐渐表现出来。所以保证防水结构的质量,需要从细节入手,精细的进行施工控制。

据统计,防水施工不精细或者偷工减料,施工工艺不成熟,施工技术水平低等方面的原因是造成衬砌表面渗漏水现象的主要原因,同时这也是施工管理和检测方面工作不到位的表现。针对不同防水部位可能出现的问题,施工和管理应着重注意以下几点问题。

①复合衬砌隧道一般采用高分子防水板(卷材)防水,其失效原因主要有:

a. 防水板材质本身不能和喷射混凝土初衬密贴,安设时的冲击、背面突出物等易将防水板扎破,导致漏水。

b. 板与板间的接合部是薄弱环节,稍有不慎会导致整个防水体系失效。

c. 如遇混凝土壁面有较大空洞和凹凸的部位,二次衬砌的挤压及围岩变形会使防水板拉伸,特别是结合部位易发生断裂破坏。

②衬砌混凝土自防水体系的失效原因有:地下工程工作面狭小,混凝土振捣密实度很难达到设计抗渗的要求,尤其是隧道拱顶位置,如不及时进行注浆填实,极易出现空洞。另外施工缝和变形缝处理不当也会导致防水失效。

(2)合理选择防水材料

研究发现,由于防水材料材质的变异导致防水体系失效的情况占有较大的比例。其原因有:地下水环境和微生物侵蚀对防水材料性能的弱化;采用的防水材料材质固有的弱点使其随使用环境的恶劣和使用时间推移逐渐丧失防水功能。如:某些隧道在维修时,发现修建时铺设的防水板已大部分腐烂；某些隧道在整理渗漏水时，发现该隧道漏水的原因是防水板的连接处大部分已失效；某些隧道在维修养护时，其防水卷材已变质老化。发生这些情况，归纳起来，主要有以下原因：

①劣质的混凝土添加剂中含有高浓度的碱性成分和不易分解的盐类物质，导致混凝土结构的松软，析出的物质对防水卷材起了侵蚀作用。

②冻融交替使得防水材料结构变异。

③微生物侵蚀、黏结材料变异。

④地下水中含有不同浓度的酸、碱、盐离子对材料的侵蚀。

⑤防水材料材质结构的不稳定性导致材料结构组织的变异。

隧道建设前一定要注意对隧道周边水质进行调查，采用合理防水材料，施工时选择优质的材料，尽量避免添加剂的使用。

(3)适当加强衬砌结构

地下工程长期处于复杂的环境中，致使结构产生变异的不利因素很多，一旦发生变异，衬砌结构就会出现位移、变形、开裂、混凝土剥落等现象，进而使得防水体系失效。由于围岩具有流变性，后期的围岩应力在长期的调整过程中可能会使防水板受到来自补衬和二次衬砌的长期挤压，在基面不平整或有突出点处产生穿刺性损伤，造成防水层失效。在四季温差较大的场合，常年冻融交替，在冻胀力的强烈作用下，残余变形逐年积累，使衬砌结构位移和开裂，导致防水层逐步失效。结构本身材料劣化引起的变异，如混凝土碳化、盐害、碱集料反应等，其析出物也是造成防水体系破坏的原因。

解决这些问题，要求我们对隧道地质情况进行详细调查，对于地质结构不稳定地段，加强超前支护及初期支护，避免围岩出现明显的变形，同时对防水层进行特殊设计，必要时做多层防水结构。另外，减少结构变异，要特别注意衬砌结构本身的施工质量。

(4)科学地进行防水设计

某些设计人员对防水重要性的认识不够，认为地下工程渗漏水不影响结构的安全问题，在选用材料和设计方式上不予重视，在防水设计方案中结合结构特征认真研究不充分，致使防水设计不合理。主要体现在两方面。

①由防水设计理念问题可引发防水结构失效。目前地下工程使用寿命都在 100 年以上，而防水材料的使用寿命均达不到这一要求，因此地下工程防水设计应考虑防排水系统的可维护性和易更换性。

②由防水设计经济性问题引发的失效。尽管防水工程在地下工程中占的工程总费用比例是较小的，但往往设计者考虑工程造价，仍选用价廉质差的材料，也是导致防水失效的原因。

可见，隧道设计中，科学的选用防水材料和方式是保证隧道防水结构使用功能的前提。

(5)加强维护和管理

对于隧道工程的维护管理工作来说，发现病害并针对防水结构失效采取一些补救性措施，如修复施工缝、沉降缝，衬砌打孔灌浆补漏等，如果隧道防水结构只是局部出现问题，及时的堵漏修复是可以解决问题的。对隧道进行积极地维护，是延长隧道使用寿命的一种有效手段。

8.2.7　隧道排水应注意的问题

隧道防水排水以“排为主,防为辅”为原则。防水层的作用是保证在排水过程中防止围岩水渗漏,如果只防不排,就会出现围岩水局部积压现象,加速防水系统破坏,严重时会因水压过大或在高寒地区出现衬砌内大片结冰压迫衬砌,造成衬砌结构彻底的破坏,脱落。隧道排水应从施工、材料、结构、设计和养护这五个方面加以注意。

(1)加强排水施工管理

经调查,大部分施工单位及技术人员认为隧道环向排水管的安装和无仰拱路段中心保暖水沟及横向引水盲沟的开挖较为困难;有一部分施工和现场管理人员认为在开挖面无水或少水的情况下,环向排水管是无意义的。由于隧道排水工程大部分为隐蔽工程,施工较为困难,建设者重视程度又不够,隧道的排水设施很容易出现问题。针对不同排水部位可能出现的问题,应注意以下几个方面:

①环向盲管设置密度不足。隧道施工时技术人员一般以开挖面出水量多少来判定环向盲沟的纵向密度,在出水较为集中地段,为方便施工,设置较为密集的环向盲沟,而在出水量较少,或是无裂隙水地段,只是以喷射混凝土封闭岩面,环向盲沟基本不设置。这种做法在施工过程中基本满足了排水需求,但经过多年使用后,隧道周边水系多会发生变化,有些路段盲沟设置密集处因无水源点,出水量逐渐减少;有些路段盲沟设置稀疏甚至无盲沟,因隧道顶地貌改变出现新的地表水渗流区的情况;也有因局部水系逐渐发展变大,裂隙水不断增多的情况发生,这样就会出现许多环向盲沟设置不合理路段,造成隧道内排水不畅。

②施工时环向盲沟固定和保护措施处理不当或施工不够精细,外包土工布及塑料布未能紧密固定或脱落,致使衬砌施工时混凝土进入环向盲管或使围岩颗粒流入盲管造成堵塞,失去排水功能,围岩出水无法直接排入纵向排水管中。

③纵向排水管包裹不严,二次衬砌混凝土大量流入,致使进水孔堵塞,影响其排水功能,造成围岩出水积压在拱脚和侧墙底部。

④横向引水管施工时,因开挖面有较大凹凸面,造成引水管压弯,出现弯折阻水情况,使围岩出水不能流入中心排水沟。

⑤中心排水沟保温措施处理不当或是水沟埋设深度太浅,造成洞口路段在低温情况下纵向水沟结冰堵塞,使整个隧道的排水系统失效。

⑥中心水沟出水口处理不当,出现回水、延冰阻水、淤泥封堵等情况,影响隧道排水系统正常运转。

(2)加强衬砌结构

隧道完成时排水通道已经成形,衬砌结构发生变化或是后期围岩流变引起衬砌压力加大的情况发生时,只要不发生较大变形致使通道截断或堵塞,对排水系统影响不会很明显,但是一旦排水通道发生堵塞,水系又较为发达,就可能引起水压长期积累致使结构开裂,破坏防水排水体系。和防水结构情况相似,针对不稳定围岩,对衬砌结构进行特殊的设计是有必要的。

(3)加强维护和管理

排水系统堵塞、不畅通时,如果维护不善,将导致较大的水压长期积累引起结构开裂,破坏防水体系。在严寒地区的隧道,冰冻产生的冻胀力是导致结构开裂和排水管堵塞破裂的重要原因，因此隧道及地下工程的维修养护是十分重要的。隧道的管养部门，应保证每个隧道有专人管养，对隧道排水情况随时进行监控，既可以及时发现问题，又可以及时对隧道病害进行修复。减少损失，延长隧道的使用寿命。

8.3 仓园隧道渗漏水因素

8.3.1 仓园隧道渗漏水现象

仓园隧道沟心地段隧道全断面处于泥石流沉积层中，施工难度大，由于在过甘家沟浅埋段施工时洞内富水，而且泥石流沟常年有水流动。隧道部分断面为淤泥质饱水黄土，其他部分为泥石流堆积体及破碎千枚岩，围岩情况破碎，自稳能力差。掌子面出现渗水，下台阶四周也均有渗水现象，日渗水量约在 300 ~ 500m^3。经监测，仓园隧道 DK378 +410 ~ DK378 +460、DK378 +478 ~ DK378 +490、DK378 +510 ~ DK378 +540、DK378 +555 ~ DK378 +570 段均在施工中，围岩情况比较破碎，自稳能力较差，掌子面及拱顶出现渗水现象，边墙及下台阶四周也均有渗水。图 8-1 为仓园隧道 DK378 +450 处掌子面渗水图片；图 8-2 为 DK378 +535 处拱顶渗水图片；图 8-3 为 DK378 +555 处边墙渗水图片；图 8-4 为 DK378 +570 处下台阶渗水图片。

图 8-1 DK378 +450 处掌子面渗水

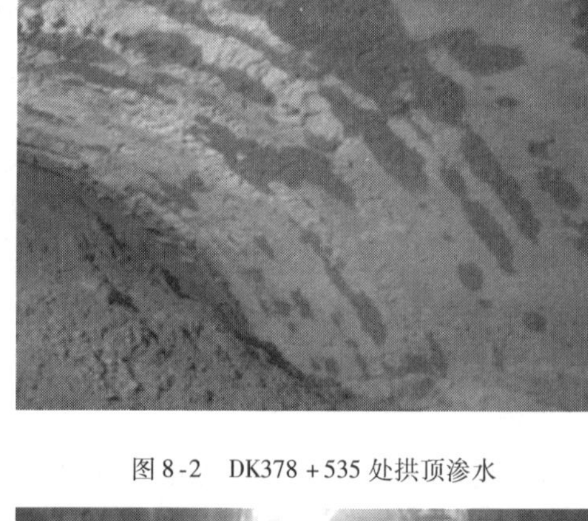

图 8-2 DK378 +535 处拱顶渗水

图 8-3 DK378 +555 处边墙渗水

图 8-4 DK378 +570 处下台阶渗水

8.3.2　隧道渗水原因

(1)地质方面

因为铁路隧道的特性,一般都位于山岭地区,而山岭地区地形地貌条件、构造应力条件、工程地质和水文地质条件、气候条件相对来说,都比较复杂,因此在隧道区进行全面、详细的调查是非常有必要的。局限于设计前调查的早期工程,大多只能通过踏勘、初勘、详勘三个步骤进行调查。该方法只能满足埋藏浅、地质条件相对简单的隧道工程要求。埋深大、地质条件复杂,特别是通过富水段,有破碎岩石带的隧道工程,该方法则不能满足要求。而仓园隧道正是多处于不良地质区域,过甘家沟浅埋段施工时洞内富水,部分断面为淤泥质饱水黄土,其他部分为泥石流堆积体及破碎质千枚岩,岩石破碎带分布比较广泛。

(2)开挖设计方面

隧道在开挖之前,地下水渗流场是一种动态的平衡状态。随着开挖的隧道形成了临空面,隧道区的地下水开始汇集、渗出,形成隧道渗水,而且隧道围岩中的节理、裂隙以及断层破碎带又与地下水密切相关,那么,隧道在开挖的过程中,必将因为围岩的变形而使地下水的渗漏速度加快。对于隧道建设理念而言,最早的理念一般认为把隧道内的水排出即可解决此类问题。但是,如果只是排出地下水,会造成大量地下水外泄,进而地下水位下降,造成地下水资源的巨大损失,对植被的生长和生态平衡也会形成影响,造成环境破坏。当隧道在施工的时候,如果有地下水汇集并且渗出,就会浸泡、侵蚀隧道围岩,降低围岩的强度,使围岩的稳定性不能得到保证,而且还会使衬砌背后形成空洞,甚至会产生巨大的水压力破坏衬砌,破坏围岩的稳定性。除此之外,隧道渗水也会携带大量泥沙,泥沙淤积在排水管道内,阻塞排水管道,造成管道排水不畅,使隧道衬砌渗漏。综上所述,只用简单的排水措施是无法解决隧道渗水问题的,一定要提出更合理的设计方案,从根本上进行修改完善。

(3)自然地理方面

大量的资料说明,同时也有隧道渗漏水调查数据作为证明,如果隧道建设区域,水文地质条件不是很好,也很有可能产生隧道渗漏水。依据水文地质学和力学原理,地下水会按照从高水位到低水位的固定路线流动。隧道在建设之初,会进行开挖措施,在此期间,会造成围岩应力二次重分布现象的产生,这样一来,岩体的力学特性就会发生变化,而地下水径流路线也会随之发生变化。就有可能流向隧道,从隧道区渗出。总的来说,在自然地理方面,隧道区的水文地质情况、气象以及降雨量都有可能成为隧道发生渗漏水的因素。尤其是地表水情况以及隧道区域年均降雨量。

①地表水状况——仓园隧道范围内甘家沟内根据调查常年都有水流动,平时虽然流量较少,但是在雨季有大的洪流,仓园隧道区内雨量较充沛,年降雨量400~1200mm,夏季降雨量350~750mm。夏季,地表水比较丰富,地下水和地表水系的通道随之增大,地表水大量涌入地下,在隧道内汇集,造成隧道渗漏水现象的发生。而隧道建设攻坚段建设主要在雨季进行,因此有可能遇到地表水比较丰富的情况从而对围岩稳定性产生影响。

②气候原因——在隧道建设中,隧道渗水是施工难点之一。在北方寒冷地区建设的隧道,隧道渗漏水现象就显得更加明显。而处于寒冷区域建设的隧道,会因为气候变化,有一个融化圈存在于隧道周围。如果气温上升,变暖之后,此融化圈就会融化,融化后就会聚集在隧道二

次衬砌周围。气温降低,水会产生冻结的时候,聚集的这些水又会被冻结,就会自然而然产生冻胀力,进而破坏防水板接缝。但是问题在于隧道的排水系统只能季节性排水,其排水功能受到了季节限制,因此会造成隧道渗漏水现象的发生。而仓园隧道处于大西北的甘肃地区,因此会受气候影响,发生隧道渗漏水现象。

(4)地下水及围岩情况

地下水对隧道工程造成的危害有多方面的表现,地下水会侵蚀隧道衬砌,从而危及衬砌耐久性,在严寒地区,又由于反复冻融循环,使混凝土产生冻胀进而破坏,而且地下水是最基本的地质营力之一,与环境具有相互作用,主要表现为:

①化学作用。包括水合、水解、溶解、氧化还原、酸性腐蚀、化学沉淀、离子交换以及富集与超渗透。

②物理作用。包括对空隙水压力的控制和润滑作用。

③动力作用。包括水、液相、非液相物质三者之间的热量传输。

④地下水的腐蚀性。衬砌周围的地下水对衬砌混凝土有腐蚀性。地下水通过对衬砌混凝土的腐蚀,产生空隙,给渗水提供了通道。腐蚀严重时甚至可以破坏衬砌混凝土结构,影响其使用功能。根据现场钻孔提水试验结果,仓园隧道通过地段的地下水对混凝土具有硫酸盐侵蚀。

⑤围岩对隧道发生渗漏水的影响。仓园隧道所在区域的地层岩性,主要是第四系上更新统风积黄土、冲积砂质黄土、粗圆砾土,第四系全新统洪积细角砾土、粗圆砾土,还有下伏的志留系千枚岩。围岩等级较低,会影响隧道整体强度,容易产生裂缝。且围岩与初期支护之间不密实,形成了空洞。当围岩完整度较差,裂隙、节理、不良结构面较多时,容易造成隧道渗水。

(5)隧道的开挖

一般来说,隧道开挖,地下水渗流场出现变化。隧道在建设之初,施作开挖措施,无形中就会在原有的地层中形成一个“空洞”,使地下水原有的平衡状态遭到破坏,从而使地下水的地下径流方向发生改变,隧道开挖后,因为地应力的改变围岩裂隙会扩大,甚至可能发展成裂缝,这些裂缝就形成了自然的进水通道。造成隧道渗漏水现象的产生。

(6)施工原因

因为仓园隧道施工过程比较复杂,所处地质环境条件也比较差,因此防排水施工中经常出现一些问题,如防水层接茬不严,铺设过程出现损伤或者有缺陷,在浇筑混凝土之前,围岩裂隙水不及时排出,进而改变混凝土的水灰比,混凝土会出现离析、孔眼、毛细管通道等病害。而且使用三台阶七步法施工,开挖不易,施工机械没有足够工作面,特别是上台阶施工,使得浇筑混凝土时不能振捣密实,会出现孔隙和裂隙,形成隧道渗漏水通道,产生隧道渗漏水现象。

8.4 仓园隧道防水排水措施

仓园隧道在过甘家沟浅埋段施工时洞内富水,部分断面为淤泥质饱水黄土,其他部分为泥石流堆积体及破碎千枚岩,围岩情况破碎,自稳能力差,掌子面出现渗水,下台阶四周也均有渗水现象,日渗水量约在 300 ~ 500m^3。隧道施工前,建设单位根据隧道施工山体的地貌特征对山体含水情况进行了初步分析,针对性的对隧道的岩体结构、地下水情况作出评估,并有针对性制定了防排水施工方案。

8.4.1　仓园隧道排水措施

施工期排水:反坡施工,采用在洞内设备洞室一侧布置集水井,水泵抽排。

运营期排水:双侧水沟加中心水沟排水。洞内每50m设置一处中心水沟检查井。

洞外排水:对甘家沟沟心进行M10浆砌片石铺砌,上下游长度各50m。洞顶截水沟设在刷坡线以外10m,以拦截地表水。兰州端洞口外2m设一道横向盲沟尺寸为30cm×40cm(宽×深)。

8.4.2　仓园隧道防水措施

(1)基面处理和出水点处理。

①基面处理。在铺设防水层前对初期支护找平,边墙及拱部宜补喷找平,底部宜砂浆找平;对外露的锚杆及钢筋等尖锐物应切除,并用水泥砂浆处理平顺。

②出水点处理。在铺设防水板前,要及时处理初期支护表面漏水,埋设排水管直接将水引排到边沟或者注浆堵水;在基面干燥以后再铺设防水板。

(2)初期支护和二次衬砌之间铺设1.5mm厚防水板,内衬密度不小于350g/m^{2}的无纺布,要求采用无钉铺设,搭接缝为双缝焊。防水板搭接处与施工缝错开布置,错开的距离不小于50cm。

(3)施工缝防水。环线施工缝采用中埋橡胶止水带+外贴止水带的复合防水构造;纵向施工缝采用中埋橡胶止水带+界面剂的复合防水构造。

(4)变形缝防水。中埋橡胶止水带+外贴止水带+嵌缝材料的复合防水构造。

8.4.3　仓园隧道防水排水施工具体工艺

(1)仓园隧道在开挖之前,按照设计规范,在洞口施作了排水系统,如果施工地段为顺坡,采取自然排水的措施,也就是使用潜水泵,利用抽水功能,将开挖面聚集的水抽到排水沟,然后排放清除。而施工地段要是在反坡,采用在洞内设备洞室一侧布置集水井,水泵抽排。

双侧水沟加中心水沟排水。洞内每50m设置一处中心水沟检查井。隧道拱墙环向设ϕ50mm盲管,间距6~10m,拱墙纵向设ϕ80mm盲管,分段10~15m与边墙进水孔连接。

(2)环向、纵向盲管设置在喷射混凝土与土工无纺布之间,盲管两边使用固定暗钉将土工布、防水板与盲管固定。具体施工措施见图8-5和图8-6。

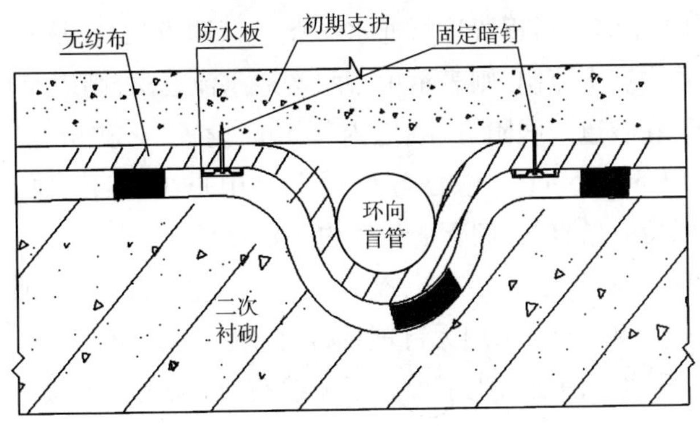

图8-5　环向盲管铺设图

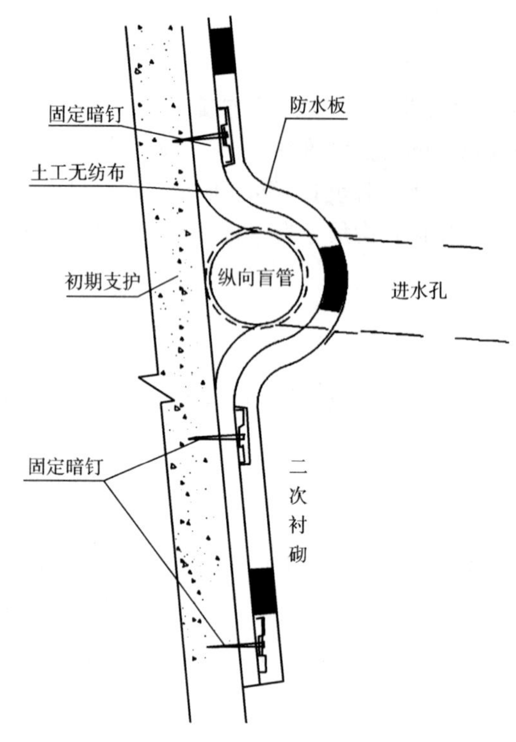

图 8-6　纵向盲管铺设图

仓园隧道用 $\phi50$ 单壁打孔波纹管作为环向盲管,因为这种波纹管具有透水性好的特点,盲管之间的间距应布置为 6 ~ 10m,进行环向盲管锚固作业的时候,在浇筑混凝土时要特别注意,不能挤压盲管,以免发生偏位。环向盲管布置,可以直接从下端进入进水口,可以不与纵向盲管连接在一起,这样,布置在边墙上的进水孔与进水孔之间,应该保持不小于 10m 的间距。

同样,单壁打孔波纹管也用来做纵向盲管,不过与环向盲管不同的是,这种波纹管的直径为 $\phi80$。纵向盲管在进行锚固作业的时候,一般在初期支护表面,用 80mm 宽的防水板窄条锚固钉锚固,锚固钉长 50mm。纵向盲管的出水口,布置 12 ~ 20m 的间距,纵向盲管不与环向盲管连接,两端可以直接弯入进水口。纵向盲管的坡度对于排水效果很重要,施工时要特别注意,布置时,在两个出水口之间形成一个凸形的纵坡。纵坡里面,要将水排除干净。

中心水沟是将衬砌背后的渗水汇集并排出的一种排水设施。中央排水沟工程施工时应该注意的事项有:

①严格检查中心排水管的质量。铁路隧道内的渗水都要从中央排水沟管排至洞外,所以施工人员必须严格检查排水管的质量及施工质量,控制好排水管基座高程,排水管对接要严密,排水管上部渗水孔要设置合理,要用土工无纺布包裹并回填碎石。

②施工时要注意中心排水沟的坡度不能高低起伏,要提前在隧道紧急停车段的坡度顺接,避免积水。

③在中心排水沟施工完成后逐段进行通水试验。试验方法是,从高程最高处的检查井中灌水,如果低处检查井中有水流出,则表示中心水沟通水流畅,否则应及时处理。

中心水沟的位置,在隧道中线附近,隧道内每 50m 设置一处中心水沟检查井。中心水沟检查井平面尺寸为 150cm × 150cm。中心沟为一圆管,中心在内钢轨顶面 132cm 处,施作中心沟的时候,圆管必须保持一条直线,圆管的位置也不能挪动。

(3)防水层使用防水板和土工无纺布,初期支护与二次衬砌之间铺设 1.5mm 厚防水板,土工无纺布密度不小于 350g/m^2,采用无钉铺设,搭接缝为双焊缝。

(4)土工无纺布、防水板铺设时先铺设土工无纺布,再利用土工无纺布设置的粘结点把防水板固定在土工无纺布上,见图 8-7。土工无纺布使用热熔垫片固定,热熔垫片采用梅花形布置,拱部垫片间距为 50 ~ 80cm,边墙垫片间距为 80 ~ 150cm。土工无纺布铺设完毕后进行防水板铺设,先在拱顶上正确标出隧道纵向中心线,再使防水板中心线与标定线重合,注意合理的确定其松弛程度,留有一定的富余量,保持自然平整、伏贴。

图8-7 土工无纺布铺设

①施作防水板之前的准备工作。对初期支护表面进行彻底清理,清除碎石等异物,达到干净的目的。并且要使之保持平整,不能有凸起。施工前,仔细检查各种机械设备,使之功能不受损,可以正常使用。

防水板在焊接的时候用自动爬行热焊机焊接成双焊缝。焊缝质量直接影响防水效果,要求焊缝平直、整齐、轮廓清晰,符合设计要求。

②铺设固定防水板。

a.对防水板的铺设位置,需要用画线来进行定位。根据画线的位置和防水板上的挂绳位置,用电钻打孔。将射钉打入孔眼中,射钉不外露,如图8-8所示。

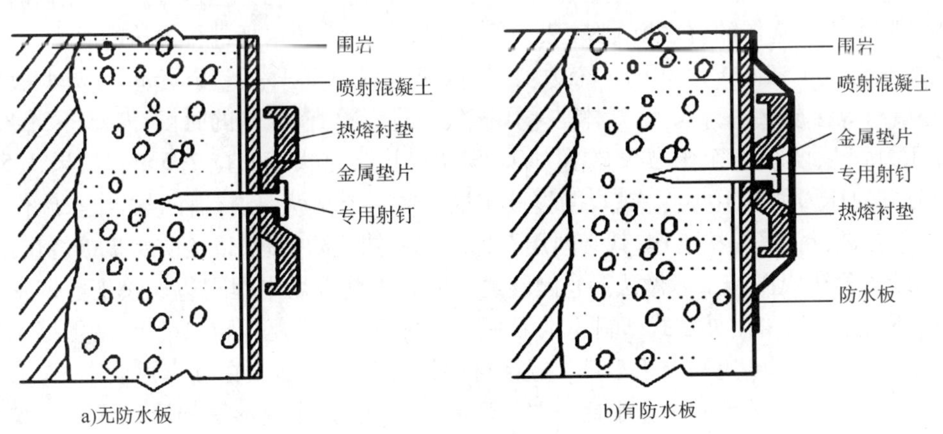

图8-8 防水板固定示意图

b.将防水板上的吊绳捆绑在射钉上,要求吊绳与射钉栓紧,再用橡皮锤将外露射钉打入混凝土内,射钉与基面平,不外露。必要时,用砂浆抹平,见图8-9。

图 8-9　防水板挂设

c. 防水板在焊接的时候用自动爬行热焊机焊接成双焊缝。焊缝质量直接影响防水效果，要求焊缝平直、整齐、轮廓清晰，符合设计要求。如图 8-10 所示。

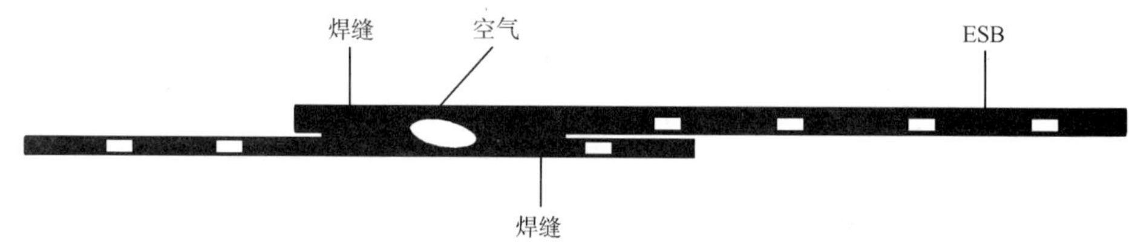

图 8-10　防水板焊接示意图

d. 为防止浇筑混凝土时出现拱顶防水板逐渐收缩甚至拉裂现象，防水板铺设时保持 6% ~8% 的松弛度。

③施作二次衬砌注意事项。隧道施作二次衬砌时，需要对混凝土进行振捣，振捣时要注意不可破坏防水板。施作的防水板，必须表面保持平整干净。防水板进行焊接的时候，一般会将焊接温度取为 200 ~270℃之间的一个数值，焊接速度保持 0. 1 ~0. 15m/min。防水板焊接完毕后，还要对焊接质量进行检查，具体是采用充气法进行检查，操作的时候，需要将 5 号注射针连接在压力表上，充气直至压力表显示为 0. 25MPa，并以此状态保持 7. 5min，如果 7. 5min 后压力值降到原压力值的 10% 左右，说明焊接质量合格。否则就要进行补焊工作。施作二次衬砌时，如果要进行钢筋焊接工作，就必须用石棉水泥板挡住防水板，以免防水板被烧伤损坏。

(5) 隧道衬砌纵向施工缝做法。仓园隧道纵向施工缝采用中埋刚边橡胶止水带 + 混凝土界面剂；环向施工缝采用外贴式塑料止水带 + 中埋橡胶止水带复合防水措施；变形缝采用外贴式塑料止水带 + 中埋刚边橡胶止水带 + 嵌缝材料复合防水措施。在隧道建设中，施工缝和变形缝可以说是整个支护结构中止水比较弱的环节。因此，施作变形缝和施工缝的时候必须要严格按照设计要求和规范操作。

(6) 中埋刚边橡胶止水带，用热接式进行搭接，上部止水带附接在围岩周围，下部止水带附接在隧道内壁。因此，中埋刚边橡胶止水以顺水流方向为压茬方向。搭接前，清刷搭接表面，而且还要使用锉刀打毛，搭接的时候，采用满焊，长度取为 100mm。而对于橡胶止水带来说，施作的时候，必须要保证质量，做到不扎孔，安装居中，注意搭接的质量。

具体的施作方法为：

①钻钢筋孔。钢筋孔间距小于50cm，直径为$\phi 12$，钻孔方向为沿二次衬砌轴线。

②将钢筋卡穿过，钢筋卡内侧卡进止水带一半，将另外的止水带在挡头板上平靠着，另拆除挡头板，拉直止水带，最后再用弯钢筋将止水带卡紧。

施作止水带时，应该注意以下几点：

①如果施工缝周围100cm范围内有明显的渗水现象，就要先采取防水板隔离措施，然后用引排方式将水排出。

②止水带应该按照断面环向截面截取，尽可能不用搭接方式，即一整条止水带仅用于一个施工缝。

③止水带进行安装的时候，必须对称。也就是说，露在外面的部分和在模内的部分的宽度一样。为了保证正确安装止水带，用两根短钢筋沿着环向每隔50cm将止水带夹住，钢筋直径取为$\phi 6$。止水带处的混凝土外表面要光滑整洁，振捣密实，缝身竖直，而且宽度也必须一致。

④浇筑混凝土时，如果是在止水带附近进行操作，那么必须注意不得碰到止水带，以免止水带位置发生偏移。

(7)喷涂防水层施工技术要求。

①在可能大面积水渗漏的地方喷一层防水水泥砂浆，保证基面不会发生水渗漏。如有大量的流水，在喷涂防水层之前必须先进行预埋管引流。

②必须要在喷锚支护稳定之后才能进行防水层的喷涂，要整平外露的锚杆和钢筋，保证喷混凝土层的平顺。

③保证防水层施工地段与开挖面的合理距离，使防水层免受爆破的损害。

④严格掌握防水层配料比例，并要均匀拌和。小面积的喷涂可以用人工喷涂，大面积的喷涂必须用机械喷涂。

⑤喷嘴与壁面距离为0.5~0.8m，不能过远，喷射的压力不能小于0.3MPa，喷涂顺序应该由下而上，每次喷涂的厚度应该是1~2mm，喷涂的次数一般是3~4次，喷涂的间隔时间不能小于4h。

⑥在喷涂的过程中必须及时处理漏水点，要确保防水层不漏水时才能喷水泥砂浆保护层。

⑦喷涂防水层施工完成之后要间隔5~10d再进行模筑混凝土施工，间隔期内要对防水层进行观察和补漏，模筑混凝土施工时不能损伤防水层。

(8)排水边沟的施工技术。洞内的排水边沟是在隧道开挖贯通之后才进行的。施工时施工人员应该按图纸的要求施工。对于建成后的边沟，施工人员应该保证其结构尺寸符合设计要求，纵坡平顺，排水流畅，两个侧面都规则、平整，盖板平整、密实等。特别注意的是，在严寒地区设置排水边沟时，施工人员要按照保温技术的要求而采取防冻保温措施，保证排水设施内的水流不会受到衬砌表面低温的影响，避免造成冻害。

8.5　防水排水措施的结果分析

仓园隧道通过采取上述防排水的措施，隧道渗水现象也明显改善，掌子面及拱墙面出现的渗水面积减小,渗水量也得到了很好的控制。图8-11、图8-12为采取综合措施后DK378+500和DK378+560的掌子面图片,可以看出基本达到干燥状态,没有渗水迹象。

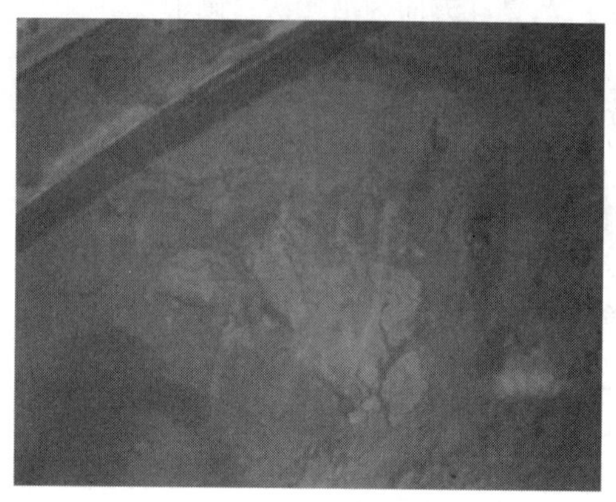

图8-11　DK378+500掌子面

图8-12　DK378+560掌子面

总的来说,仓园隧道通过泥石流段埋深浅,围岩岩性较差,强度也低,地下水比较丰富,因此造成该段渗水和不均匀沉降现象,施工难点多。隧道建设过程中,建设方针对此类地质条件的特性和具体施工难点的产生机理进行分析,并采取了正确合理的施工措施,解决了施工难点,使隧道建设得以顺利安全地进行。

8.6　结　　论

隧道渗漏水病害的防治,是一个综合性的问题。由于目前病害监控体系还不是很完善,隧道水害的发生机理比较复杂,对于隧道渗漏水的研究和处治还有相当长的路要走。隧道防排水已经成为隧道建设中很重要的一个体系,这个体系由很多环节组成,如果在施工中,某个环节出现了问题,就会在隧道的施工中出现诸多困难。进而需要增加投资成本进行维护,而且本身也会威胁到隧道正常的建设秩序和施工安全。隧道建设方在隧道施工中,必须严格遵循防排水原则,建立整体的防水观念,认真仔细对待每个细节。

第9章 穿越泥石流沟仓园隧道换拱技术

9.1 引 言

隧道的衬砌结构是承受地层压力、防止围岩变形坍落以及阻挡地下水渗漏的主要构筑物。由于地下水的作用、地层压力的影响、腐蚀介质的侵蚀、地震力或其他人为因素的影响,隧道衬砌结构发生开裂、剥离、错台等,使得在建隧道施工无法正常进行或已建隧道无法正常使用,统称为隧道衬砌裂损。衬砌裂损从力学性质上分析可分为三类。

(1)剪切裂缝。主要为拱腰处衬砌混凝土受剪切应力作用而开裂,甚至出现错位,呈纵向、斜线或X型交叉分布。剪切裂缝主要是由于偏压、围岩的承压力不足、纵向沉降差和其他施工因素引起的。

(2)拉裂缝。由于隧道衬砌混凝土的干缩、热胀冷缩和衬砌外侧围岩阻碍了衬砌的自由胀缩,在衬砌内部产生温度应力。混凝土抗拉强度远远低于抗压强度,故能抵抗升温时产生的压应力,而难以抵抗降温时产生的拉应力。

(3)弯曲受压开裂。主要为拱顶处衬砌混凝土受压开裂。由于衬砌两侧受压,拱顶上升,衬砌内侧受压产生劈裂,外侧受拉产生"V"字形拉裂缝,当两者进一步发展时产生贯通裂缝,使裂面处于不稳定状态。

衬砌裂损防治的工程措施主要包括三大类。

(1)稳固岩体。

(2)衬砌加固。

(3)当这两种措施都不能奏效时,可以实行衬砌的更换,即换拱。

9.2 隧道衬砌换拱的工况与适用条件

9.2.1 隧道衬砌换拱的工况

由于隧道围岩条件不同,受到的应力方向也不同,产生的变形也不一样,造成的侵限部位各有差异,根据侵限的部位和范围不同,一般分为下列四种工况,见图9-1。

工况一:拱顶及两侧边墙均侵限。

工况二:拱顶120°范围内侵限。

工况三:拱腰部位或单侧或双侧边墙部位侵限。

工况四:局部侵限,这种情况多出现在局部鼓包,如钢架接头部位或其他应力很大的部位。

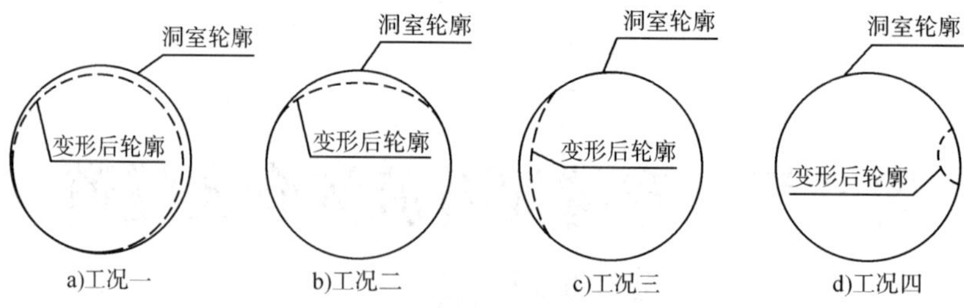

图9-1　衬砌拆换常见的四种工况

9.2.2　隧道衬砌换拱的适用条件

对由于围岩压力过大，导致严重裂损变形的隧道衬砌，进行整治加固时，常使用型钢拱架作为加固和施工安全防护措施。当隧道净空足够时，钢拱架可在衬砌外架设；净空不富余时，凿槽嵌入衬砌内。作为永久加固措施，净空富余时，常在隧道内侧增设钢筋混凝土或型钢混凝土套拱加固；开裂的衬砌仍然具有一定的承载能力，即便严重裂损错台，并局部侵限的衬砌，可在钢拱架的临时支护下，采用凿除其侵限部分，也可采用网喷的办法来恢复和提高承载能力。此外，对于二次衬砌，还可以采取外贴钢板、高强度碳纤维等加强措施。

换拱是一种有效、可靠和较为彻底的隧道病害处治措施，但是又具有影响施工进度，劳动强度大，工程费用高，对施工、行车干扰大等缺点。特别是爆破拆除旧衬砌时，对围岩产生新的扰动，易引起围岩应力的二次分配，导致地层压力增大，塌方断道事故。因此，其设计施工难度较大，是一种不得已而为之的措施，一般较少采用。当发生以下情况时，可以考虑换拱。

(1)对由于围岩压力过大，导致衬砌严重破损，变形侵入隧道建筑眼界地段。裂损原因有如下几种可能：

①在设计阶段由于各种原因，地质勘察资料不全或不完全准确，造成围岩级别划分不准，衬砌类型(几何形状或厚度)选择不当，施工中又未得到纠正，或施工中对正确的设计进行了错误的变更，都会造成衬砌结构与围岩实际荷载不相适应。

②地勘和超前预报未能及时反馈施工现场。

③错过最佳支护时机，初期支护距掌子面距离过长，二次衬砌距初期支护距离过长，初期支护强度不够，施工措施不当，对沉降和收敛预计不足。

④管理程序过于复杂，意见反馈不够及时。

⑤由于修建时受技术条件限制，施工方法不当，管理不善，造成工程质量不良。

⑥排水设施不完善、养护维修不好。

此外，有些隧道傍山穿越断层破碎带，由于山体滑坡、古错落体复活，或修复线时距既有线隧道太近，施工时二次扰动，使围岩压力骤增，导致衬砌裂损特别严重，且发展迅猛，此时，仅仅采用上述整治衬砌裂损的措施是不够的，还必须同时采取整治山体滑坡，在围岩内钻孔压浆稳固山体围岩，减少偏压力及处理好地表和地下水的截、排水措施。

(2)衬砌遭受物理性侵蚀。冻融交替部位的冻胀性裂损；干湿交替部位的盐类结晶性胀裂损坏；火灾造成的高温灼烧引起的混凝土疏松；混凝土碳化；导致混凝土强度等级及承载能力降低。

(3)衬砌遭受化学性腐蚀。因地下水流经地层的岩性及所含侵蚀性离子产生的衬砌腐蚀,可分为硫酸盐侵蚀、镁盐侵蚀、软水溶出性侵蚀、碳酸性侵蚀、一般酸性侵蚀(依硫酸根离子、镁离子、碳酸根离子,按 pH 值的大小,分为弱、中、强侵蚀)。化学性腐蚀使衬砌疏松剥落,以致结构强度及承载能力降低。对于化学性腐蚀,在换拱前,首先要查明环境水含侵蚀介质的来源和成分,在正确判定其对衬砌侵蚀程度的基础上,因地制宜采取防治措施。

①首先要改善隧道防排水系统及设备设施,改建洞内排水沟、槽,钻孔降排衬砌背后的地下水。

②提高更换衬砌的防水防侵蚀能力。

③提高衬砌的密实性和整体性,如采用防腐蚀混凝土,或以防水砂浆砌筑不受侵蚀的石料作衬砌(除严格控制水灰比用水量外,应优选石料级配掺和减水剂、引气剂,采用机械拌和与振捣)。

④针对环境水侵蚀性介质不同,合理选用相应的抗侵蚀性较好的水泥(采用低碱高抗硫酸盐水泥)。

复合式衬砌的换拱施工大致包含以下步骤:

①对裂损衬砌及围岩进行检测,摸清具体情况。

②注浆加固围岩,进行承载方式转换。

③待注浆凝固达到设计强度后,采用切槽法对原衬砌进行切割凿除。

9.3 初期支护拆换施工程序

第 1 步:对断面进行扫描,判断侵限的范围和程度,标定需要拆换的大致轮廓。

第 2 步:对围岩注浆加固。

第 3 步:超前小导管预支护。

第 4 步:用破碎锤破碎,从一端开始拆除,每次一榀。

第 5 步:喷射混凝土封闭新开挖面,防止掉块。

第 6 步:割除旧钢架,安装新钢架。连接横向钢筋,安装钢筋网。

第 7 步:喷射混凝土,达到设计要求。

9.4 处理施工方案

9.4.1 施工前期工作

(1)了解换拱部位的技术信息

①测量定位。首先用断面仪对已完成的初期支护进行精确测量,测量断面间距要加密测量,根据测量结果精确地定出需要换拱的部位。

②熟读设计图纸,了解支护类型。目前隧道施工采取的支护类型主要有(素混凝土、钢筋网、钢纤维)喷射混凝土支护,锚杆支护,钢架(型钢拱架、钢管拱架、格栅钢架)支护,还有联合支护和辅助支护。

③制定施工方案。了解了初期支护类型后，根据不同的支护类型制定相应的施工方案。召集相关作业人员会谈，了解初期支护施工过程中的现场信息和出现的异常现象、实际施作与设计图纸的差异和开挖时见到的实际地质等其他信息，作为制定具体实施方案的依据之一。

(2)材料、机具准备

①物资材料。施工前，根据换拱部位原设计图的结构形式，准备好相应的物资材料，待下沉部位的混凝土切割下来后，能及时再次施作初期支护。

②施工机具。换拱施工前，先用型钢、钢管、钢筋网片和木板搭建一个简易作业平台；再准备洞内的换拱设备和切割设备及喷锚设备，风压机和换风设备等。

③其他准备。准备部分废旧的汽车轮胎，用于支垫切割后滑落到地面上的混凝土块。

9.4.2 施工措施

(1)施工准备

通常拆换作业都是单工序作业，前方的掌子面不能有人作业。拆换需要的时间长，掌子面需要喷混凝土封闭。通常采用非爆破法进行拆换施工，需要准备的机械有破碎机械、渣土装运机械、小导管打入机械、注浆加固机械。设备有作业台车，电焊设备、混凝土设备等。

(2)加固注浆

支护变形后其背后一定范围会形成松动，通过注浆使背后的松动岩体得到固结，形成整体，有利于围岩的稳定。

(3)凿除破碎的喷射混凝土

采用破碎锤凿除法施工。通常沿钢架两侧由低处向高处推进。凿除时切忌大面积开花，要每次一榀地进行，一榀完成，喷射混凝土封闭完成后，才能进行下一榀凿除。

(4)喷射混凝土

对于需要拱部拆换的工况一和工况二，钢架凿开后要先进行喷射混凝土封闭，防止围岩掉块，然后再割除旧钢架。喷层厚度一般3~5cm，喷射要及时。全断面施工时，要使用台车作为工作平台，喷射作业需要在台车上进行。

①初期支护喷射混凝土设计厚度：V级加强拱墙为27cm，仰拱为25cm；IV级加强拱墙为25cm，仰拱为15cm；IV级拱墙为23cm，仰拱为0cm；Ⅲ级拱墙为12cm；混凝土设计强度等级为C25。

②设置控制喷射混凝土厚度的标志，一般采用埋设钢筋头做标志，亦可在喷射时插入长度比设计厚度大5cm的铁丝，每1~2m设一根，作为施工控制用。

③喷射前对受喷岩面进行处理。一般用高压水冲洗受喷岩面的浮尘、岩屑，当岩面遇水容易潮解、泥化时，采用高压风吹净岩面。

④喷射操作程序为：打开速凝剂辅助风→缓慢打开主风阀→起动速凝剂计量泵、主电动机、振动器→向料斗加混凝土。

⑤初喷。喷射人员佩戴防护用具；初喷混凝土厚度4cm，分段、分片、分层、由下而上进行，分段长度不大于6m，先将低洼处大致喷平，再顺序分层、往复喷射。先喷钢架与围岩间混凝土，再喷两钢架之间混凝土。边墙从墙角开始向上喷射，一次喷射厚度7~10cm，拱部5~6cm。喷射时喷嘴与受喷面保持1.5~2m的距离，喷射角度尽可能接近90°。

⑥复喷。在前一层混凝土终凝后进行，如终凝1h后再进行喷射，要用风水清洗喷层表面后复喷至设计厚度。

⑦喷射混凝土终凝后3h内不得进行爆破作业；混凝土表面要平整，无空鼓、裂缝，喷射混凝土2h后要进行养护。

⑧喷射混凝土优点。可以很好地控制住影响混凝土强度的主要因素水灰比W/C，从而确保混凝土强度，这是湿喷工艺的最大优势；粉尘和回弹量减小，可大大改善作业环境，符合时代潮流；施工能力强，进口设备喷射量可达$20m^3/h$，国产设备可达$5m^3/h$以上，这对于大断面隧道喷射作业极为有利。

(5)锚杆施工

①拱部系统锚杆采用$\phi22$中空锚杆，边墙系统锚杆采用$\phi22$砂浆锚杆。锚杆长度：Ⅲ级围岩长3m，间距为1.2m×1.5m；Ⅳ级围岩长3.5m，间距为1.2m×1.2m；Ⅴ级围岩长4m，间距为1.2m×1.1m；所有锚杆均设钢垫板，尺寸为150mm×150mm×6mm。

②锚杆施工在初喷混凝土后进行，以保证锚杆垫板有较平整的基面。

③中空注浆锚杆由中空锚杆杆体和垫板、螺母、排气管等附件组成，其内外表面不得有油污、裂缝、折叠、轧折、离层、结疤和锈斑等缺陷。注浆从中空通孔中进行，中空通孔或孔壁作为排气回浆通道，注浆完毕后立即安装堵头。

④杆体插入孔内时，要保持居中位置，深度满足设计要求。

⑤锚杆垫板要与孔口混凝土密贴，并随时检查锚杆头的变化情况，及时紧固垫板螺母，且垫板安装要在锚杆具有抗拔力时进行。

⑥砂浆锚杆孔内灌注砂浆要饱满密实，砂浆内可以适当添加膨胀剂和速凝剂。

⑦砂浆要拌和均匀，随拌随用，一次拌和的砂浆要在砂浆初凝之前用完。

⑧注浆开始或暂停超过30min时，用水或稀释的水泥浆润滑注浆罐及其管路；采用普通砂浆锚杆时，管插至距孔底5～10cm处，随水泥砂浆的灌入缓慢匀速拔出，随即将杆体迅速插入，其插入长度不得小于设计长度的95%。

⑨锚杆用的水泥浆或砂浆强度不低于M20。

⑩施工方法。锚杆施工宜采用锚杆钻机施工。

a. 布眼：系统锚杆按照设计间距，梅花形布置；锁脚锚杆在钢架拱脚处两侧各两根，钢架分单元支撑时，每次要布置锚杆，定出锚杆孔位，作出标记。

b. 钻孔：钻孔采用YT-28手持风钻，钻杆采用长、短配套，钻头直径比锚杆直径大15mm。将钻孔台架移至施工面，两人操作一台钻机，一人掌钻，推进钻杆；一人掌钎，双手握钻杆对准眼位，控制方向。起动时速度要低，待钻杆进入一定深度且方向准确后掌钎人松手，钻眼速度方可加快：钻深眼时，先用短钎，达到一定深度后，换短钎为长钎。

c. 锚杆入孔：检查孔位方向及深度后，用高压风清孔，将虚渣及粉尘清理干净；人工或锤击将锚杆插入孔内后，安上止浆塞，用木楔或小石子在孔口卡住，防止杆体滑出。安装上钢垫板和螺母，拧紧螺母，使钢垫板紧贴岩面。锚杆插入长度不得小于设计长度的95%，且位于孔的中心。

d. 注浆：中空锚杆注浆：锚杆入孔后，在外露锚杆头接上注浆嘴，注浆使用注浆罐及注浆管，直到孔口有浆液流出为止。孔口压力控制在0.4MPa以内。普通砂浆锚杆注浆：清孔后，

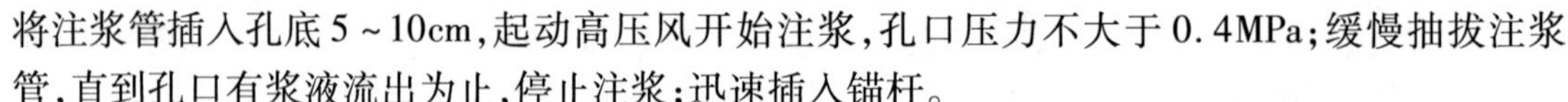

将注浆管插入孔底 5 ~ 10cm，起动高压风开始注浆，孔口压力不大于 0.4MPa；缓慢抽拔注浆管，直到孔口有浆液流出为止，停止注浆；迅速插入锚杆。

（6）钢筋网片施工

①钢筋网片根据围岩情况分为：Ⅲ级、Ⅳ级、Ⅳ级加强围岩钢筋网片，钢筋直径为 $\phi 6$；Ⅴ级、Ⅴ级加强围岩钢筋网片，钢筋直径为 $\phi 8$。Ⅲ级围岩钢筋网片间距 25cm × 25cm，其他级别围岩钢筋网片间距为 20cm × 20cm。钢筋网片尺寸根据拱架间距和网片之间的搭接综合考虑，Ⅲ级、Ⅳ级、Ⅳ级加强围岩钢筋网片尺寸加工为 1m × 1.4m（环 × 纵）大小，Ⅴ级围岩钢筋网片加工尺寸为 1m × 1m（图 9-2）。

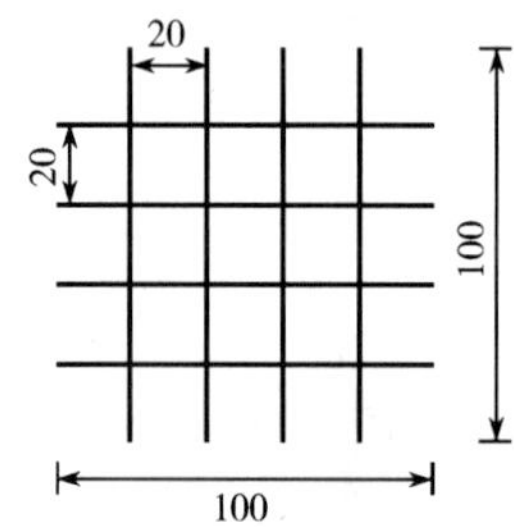

a）Ⅴ级、Ⅴ级加强围岩钢筋网片尺寸　　b）Ⅳ级、Ⅳ级加强围岩钢筋网片尺寸

图 9-2　钢筋网片大小情况（尺寸单位：cm）

②钢筋网片设置部位为拱墙。

③具体要求。钢筋网片搭接长度应为 1 ~ 2 个网格；网片间采用焊接方式连接；钢筋网随受喷面起伏铺设，其间隙不应大于 3cm，钢筋网要与锚杆、钢架连接牢固，且钢筋保护层厚度不小于 4cm；挂网时有脱落的石块或混凝土块被钢筋网卡住时，要及时清除。

（7）钢架加工

①质量标准。钢架安装间距允许偏差为 ±50mm。钢架安装横向允许偏差为 ±50mm。钢架安装高程允许偏差为 ±50mm。钢架安装垂直度允许偏差为 ±2°。钢架安装保护层与表面覆盖厚度允许偏差为 -5mm。采用型钢弯制钢架时，分节长度应根据设计尺寸及所用的开挖方法确定，各节长度不大于 4m。钢架节点焊接长度应大于 4cm，且对称焊接。钢架周边拼装允许偏差为 ±30mm，平面翘曲小于 20mm。

②技术措施。型钢钢架采用冷弯成型。钢架制作按照设计尺寸在洞外下料分节焊接制作。制作时，严格按照设计图纸进行，保证每节的弧度与尺寸均符合设计要求，每节两端均焊连接板，节点通过连接板用螺栓连接牢固。加工后必须进行试拼装检查，严禁不合格品进入施工现场。钢架加工的焊接不得有虚焊，焊缝表面不得有裂纹、焊瘤等缺陷。钢架安装前要对底脚下的废渣及杂物进行清除。各节钢架安装时均以螺栓连接，连接板间应密贴，其局部缝隙不允许超过 2mm。同时，沿钢架外缘每隔 2m 用钢楔或混凝土预制块楔紧。钢架底脚设置在牢靠的基础上。钢架尽量密贴围岩并与锚杆焊接牢固，钢架之间按照设计要求（一般为 $\phi 22$ 钢筋）进行纵向连接。分部开挖施工时，钢拱架拱脚处打设直径为 22mm 的锁脚锚杆，锚杆长度不小于 3.5m，数量为 2 ~ 4 根。下半部开挖后钢架及时落底接长，封闭成环。钢架与围岩间的间隙用喷射混凝土充填密实，与混凝土形成一体，其保护层厚度不小于 40mm。若超挖较大

时，拱背喷填同级混凝土，以使支护与围岩密贴，控制围岩变形的进一步发展。钢架安装时，要严格控制其内轮廓线尺寸，且预留沉降量，防止侵入衬砌净空。

（8）钢架安装施工

①隧道复合式一般衬砌断面和非绝缘一般锚段衬砌断面设计参数如表9-1所示。

一般锚段衬砌断面设计参数　　表9-1

围岩级别	钢架		
	设置部位	钢架类型	纵向间距(m)
Ⅴ加强	全环	Ⅰ20b型钢	0.6
Ⅴ	全环	Ⅰ20b型钢	0.8
Ⅳ加强	全环	Ⅰ18b型钢	1
Ⅳ	全环	格栅钢架	1.2

②钢架的混凝土保护层厚度不得小于4cm，表面覆盖层厚度不得小于3cm。钢架安装允许偏差的检查必须符合表9-2的要求。

安装允许偏差　　表9-2

序号	项目	允许偏差
1	间距	±50mm
2	横向	±50mm
3	高程	±50mm
4	垂直度	±2°
5	保护层和表面覆盖层厚度	-5mm

③隧道各部开挖完成初喷混凝土后，分单元及时安装钢架，采用与定位锚杆、径向锚杆以及双侧锁脚锚杆固定，纵向采用ϕ22钢筋连接，钢架之间铺挂钢筋网，然后复喷混凝土到设计厚度。

④钢架安装要在掌子面开挖初喷完成后立即进行。根据测设的位置，各节钢架在掌子面以螺栓连接，连接板应密贴。为保证各节钢架在全环封闭之前置于稳固的地基上，安装前应清除各节钢架底脚下的虚渣及杂物。同时每侧安设两根锁脚锚杆将其锁定，底部开挖完成后，底部初期支护及时跟进，将钢架全环封闭。为保证钢架位置安设准确，隧道开挖时在钢架的各连接处预留连接板凹槽。初喷混凝土时，在凹槽处打入木楔，为架设钢架留出连接板（和槽钢）位置。钢架按设计位置安设，在安设过程中当钢架和初喷层之间有较大间隙时，应每隔2m用混凝土预制块楔紧，钢架背后用喷射混凝土填充密实。钢架纵向连接采用ϕ22螺纹筋，环向间距1m。钢架落底接长在单边交错进行，每次单边接长钢架1～2排。在软弱地层可同时落底接长和仰拱相连并及时喷射混凝土。接长钢架和上部钢架通过垫板用螺栓牢固准确连接。架立钢架后应尽快进行喷混凝土作业，以使钢架与喷混凝土共同受力。喷射混凝土分层进行，先从拱脚或墙角处由下向上喷射，防止上层喷射料虚掩拱脚（墙角）不密实，造成强度不够、拱脚（墙角）失稳。

9.4.3 监控量测

在整个换拱过程中监控量测的工作是必不可少的。在换拱过程中成立了专门的监控量测小组,对置换之后的拱架定时进行拱顶下沉和收敛位移的监控,前期监控频率2次/d,待变形基本控制住后可改为1次/d,将监控量测结果及时反馈工程部及总监办。根据换拱进度及时量测、计算、分析,将结果上报到工程部,再及时反馈到施工现场,用于指导现场的施工。

9.4.4 及时跟进二次衬砌

由于仓园隧道围岩成分以软岩为主,遇水膨胀,因此如果二次衬砌施作过晚则可能又造成初期支护的再次变形,因此经过工程部技术人员研究决定,在换拱结束后立即施作二次衬砌,早日封闭成环,使二次衬砌和初期支护共同参与受力,防止再次变形。考虑到此处属于换拱易塌方段,决定在二次衬砌中增加衬砌钢筋并提高混凝土强度等级以提高混凝土的受力性能。

9.5 处理效果

隧道经过换拱处理的图片如图9-3~图9-6所示。

图9-3　DK378+430换拱

图9-4　DK378+401~+448段套拱

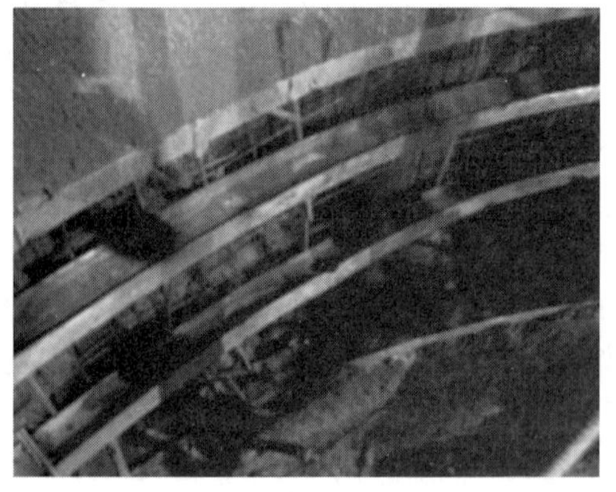

图9-5　DK378+560换拱

图9-6　DK378+554~+574段套拱

此次处理无论是对隧道拱顶沉降还是对两侧围岩的收敛都起到了很好的作用,支护结构受力趋于稳定,满足二次衬砌净空的要求。因此可以认为,此次换拱处理方案符合实际,施工工艺得当,施工质量满足要求,处理方案值得借鉴。

9.6 结　　论

(1)软弱偏压隧道施工要注意施工工序安排,各台阶距离不要拉得过长,控制在3m以内。仰拱及二次衬砌要紧跟开挖。

(2)隧道施工过程中,由于前方围岩地质情况难以预测。因此需要工程技术人员充分掌握各种地质资料并深入现场调查,一旦发现围岩出露与设计不符的情况应及时提出变更设计,采取可靠措施对围岩进行预加固处理。

(3)要重视局部变形的前兆,及时加强支护。并作好超前地质预报,指导现场施工。在隧道施工中要进行地表地形的勘察并做好隧道内的地质超前预报,以防范不应有的错误。

(4)治理变形应以预防为主,意识超前。初期支护宁强勿弱,尽快成环,二次衬砌宁早勿迟,仰拱先行。处理变形过程中要采用"管超前,严注浆,短进尺,弱爆破,强支护,紧封闭,勤量测"的21字方针,处理完后不留后患。

第10章　隧道信息化施工

10.1　引　言

隧道工程设计的基本特点是“地质环境复杂,基础信息缺乏”,其施工存在着很大的不确定性和高风险性。自从新奥法诞生以来,特别是岩土理论以及量测技术、数据库管理技术、计算机辅助设计的发展,使隧道施工迈进了“信息化”时代。

大多数的隧道一般可以视为线状结构物,围岩地质情况沿隧道轴线方向变化较大,不可能在隧道施工前将地质情况全部搞清楚,即使可能也是不科学和不经济的。隧道工程的特殊性决定了其在勘察、设计和施工等诸多环节中允许有交叉、反复,在此基础上形成了采取与隧道施工过程中的地质条件、力学动态等不断变化相适应的“动态施工”方法。

信息化施工方法就具有这种解决不确定性问题的能力,它可以降低风险,建立针对重大坍塌和破坏事件的报警系统,从而实现施工的安全和经济指标。

隧道工程信息化施工方法是在施工中布置监控测试系统,从现场围岩的开挖及支护过程中获得围岩稳定性及支护设施的工作状态信息,通过分析研究这些信息,间接地描述围岩的稳定性和支护的作用,并反馈于施工决策和支持系统,修正和确定新的开挖方案及支护参数。其实质是通过施工前(地质勘察)和施工过程中(超前地质预报、围岩-支护体系的变形及结构受力量测)的大量信息来指导施工,以期获得最优地下结构物的一种方法,因此日本也把这种方法叫作情报化设计和施工。

10.2　隧道信息化施工国内外研究与应用现状

“信息化方法”起源于20世纪40年代末,随着当时现代土力学理论的进展,发展了一种集成预测、监控、评价和修正的设计方法。20世纪60年代,奥地利学者和工程师总结出了以尽可能不要恶化围岩中的应力分布为前提,在施工过程中密切量测围岩变形和应力等,通过调整支护措施来控制变形,从而达到最大限度地发挥围岩本身自承能力的新奥法隧道施工技术。新奥法成功的三大支柱之一就是现场量测,现场量测以及其准确的信息解释和及时反馈,有效地反映支护变形情况,直接用于指导施工。由于新奥法施工过程中最容易而且最直接的量测结果是洞周位移,因而,人们开始研究用位移量测资料来确定合理的支护结构形式及设置时间的收敛约束法理论。

自20世纪70年代起,随着计算机技术的大力发展,很多学者对岩土计算理论尤其是岩土工程反演理论进行了研究并取得了较多成果。日本的樱井提出的位移—应变反馈确定初始地应力与地层弹性参数值的有限单元法、结合工程实践提出了确定围岩极限张应变值的原理和方法,以及评估隧道稳定性的方法和标准(Hazard Warning Level)。西安空军工程学院发表的是引入数理统计原理的二维弹塑性问题位移反分析计算的边界单元法;能源部成勘院发表的方法是可考虑松动圈影响的弹塑性问题双介质位移反分析数值计算法。这些研究不仅促进了岩土力学的发展,也有力地激起隧道信息化设计施工划时代的变化。

近年来由于量测技术、电子技术、数据处理技术的快速发展,进一步激发了信息化设计和信息化施工方法的应用。进入 90 年代,“信息化方法”的原理也被大大地扩展,作为一种设计、施工方法已经被写入许多规范之中,如欧洲规范(Eurocode)。诸多学者也更加重视甚至大力倡导信息化方法。1999 年 Ralph Peck 和 Alan Powderham 在《施工反思》(Rethinking Construction)书中写到,“信息化方法具有天生的解决复杂问题的能力,虽然事实上已经取得了很多成功的范例,人们在项目开始仍极少考虑信息化途径。”他们呼吁将信息化方法提到项目各方(业主、承包商及咨询工程师)的议事日程表。ISSMGE(国际土力学及岩土工程学会)副主席 Brandi 博士也大力倡导信息化方法,称之为“解决目前理论与实际日益脱节”的有效办法。国际隧协 1992—1995 年执行主席 Eisenstein 教授在《城市隧道的挑战与进展》书中提到“信息化方法特别适于隧道工程”。

目前日本及欧洲多个国家已纷纷开始研制和开发隧道工程动态设计系统,该系统是建立在现代信息技术及信息化设计施工思想基础上的,其中有的已开始产业化应用。

在日本,一些会社在大力开发“信息化设计施工”的应用系统。例如佐藤工业(株)开发的“SIT 系统”,是一个把洞内的量测数据、机械和运输车辆的运行数据、通信数据等情报信号,用单一的通信线路进行传输,实现洞内施工的一体化管理。而西松建设(株)也开发了“隧道综合管理系统”。该系统是由信息化施工、设计支援和质量管理、隧道形状管理四个子系统构成的。其中信息化系统是由 TSP(地震波探查)、DRISS(钻孔探查)、TDEM(电磁波探查)三个掌子面地质超前预报技术组合而成。设计支援系统则由过去的施工实际和支护模式、辅助工法等构成。同样,在 TBM 的掘进管理中也开发了类似的系统。

在欧洲,意大利在修建 Vaglia 隧道中,采用了 ADECO - RS(Analysis of Controlled Deformation in Rocksand Soils)系统进行隧道的设计和施工。该系统是一个控制岩土变形的系统,设计阶段则根据地质条件的工程划分类别,给出基准。最后根据开挖时发生的应力、应变的特性给出适合地质条件的施工方法和支护结构。在南美,哥伦比亚修建铁路 Buenavista 隧道时,成功利用信息化施工技术顺利通过断层带及高地应力、高渗水伴砾石、泥沙这种困难地质地段。

在国内,许多学者和工程技术人员结合工程实例,对“信息化设计施工”进行不懈探索和研究。20 世纪 80 年代在中国坑道工程中产生的典型类比分析法(Precedent Type Analysis)及配套的 BMP 系列软件从中国隧道工程设计与施工的实际需要与现实条件出发,发展了信息化设计施工方法。李世煇先生主持完成的课题“坑道工程围岩稳定分析超前预报智能系统研究”在理论和应用上的发展均取得了极具价值的成果。西南交通大学结合南昆铁路与铁二院研制的“隧道工程计算机信息化设计、施工管理系统”(1990 年)就是一个范例。该系统是以施工中的量测位移为依据而建立的。在此基础上,与华东水利水电勘测设计院合作,结合锦屏水电工程中的“8km 探洞”项目研制了“水工隧道信息化设计施工系统”(1995 年),并在探洞工程中予以应用,效果良好。这个系统是以地质素材判释和量测位移为主体的。铁道部科学研究院西南研究分院(现中铁西南研究院)也进行过隧道施工管理系统方面的研究,对建立隧道施工管理系统是有参考价值的。

10.2.1 隧道信息化施工特点

所谓信息化施工，就是要在施工中快速准确地获取信息、灵活地作出反映，这是一个动态的过程。其信息来源主要包括地质勘查、超前地质预报、工程测量与检测、地质素描与摄影、地下水观测、设计施工文件、类似工程施工经验等。以现场量测信息为基础，结合反馈方法进行施工中围岩和隧道结构稳定性的判定，据此调整支护参数，合理指导施工，实现信息化施工。

如图 10-1 所示，将施工中获取的信息（主要是位移量测信息）、力学计算以及经验方法相结合，建立了隧道特有的设计施工工序。在初步地质调查的基础上根据经验方法或通过力学计算进行预设计，初步选定支护参数。施工过程中根据量测所获得的关于围岩稳定性和支护系统力学和工作状态的信息，对施工过程和支护参数进行调整。施工实测表明，对于设计所作的这种调整和修改是十分必要和有效的。

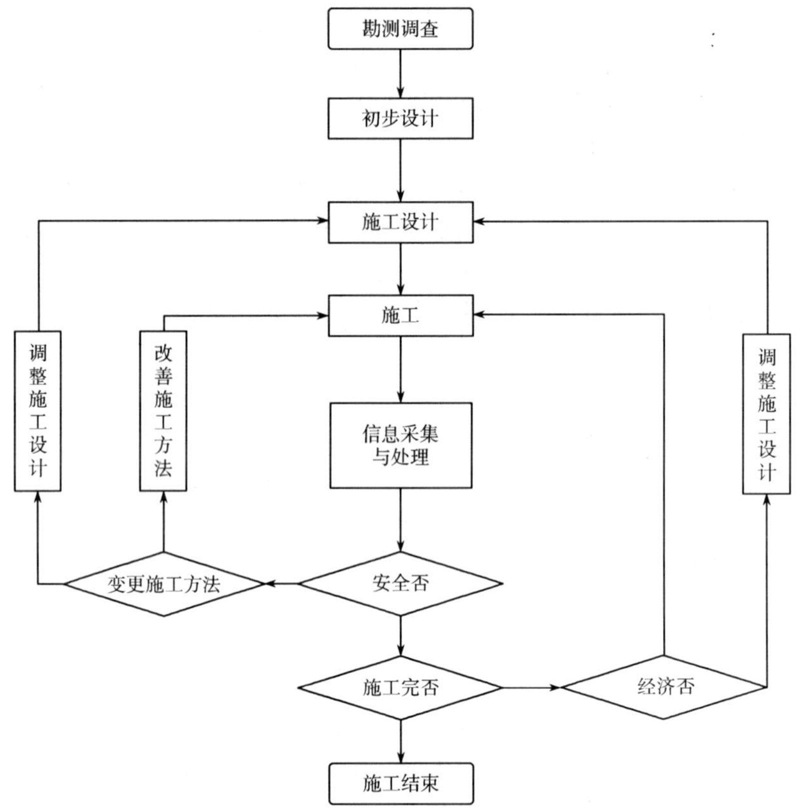

图 10-1 隧道信息设计和施工流程图

10.2.2 信息反馈的方法

信息反馈的方法有两种。

(1)经验方法

就是将施工量测获取的信息（或经某种处理）与以往用工程类比法或理论建立的判别标准直接进行比较，藉以确认或调整支护参数与施工措施的方法。这种方法回避了围岩中种种复杂的因素,而把它变为最简单的信息。

(2)力学方法

它又分两种方法,第一种是直接利用测量值计算进行稳定性分析,比如根据围岩压力量测值计算支护结构的应力,但这样的计算容易导致错误的结果,因为支护阻力的自动调整使隧道周边的接触压力分布变得很不均匀,计算中必须引入一定的假定,而且支护结构中应力变化的过程也得不到反映。第二种是利用开挖洞室测得的信息,反推岩体的初始地应力和岩体变形性质等的宏观参数,并用以此作为输入信息对该隧道断面做稳定分析,从而获得是否有必要修正支护参数与施工方法的输出信息,这种反馈方法又称为位移反分析法。

10.3 隧道信息化施工技术的研究

10.3.1 信息化施工基本程序

隧道工程的建造程序不同于一般地面建筑工程,岩土工程的地质条件复杂多变,要在工程设计阶段准确无误地预测岩体的基本情况及其在施工过程中的变化是不可能的。

在隧道工程的实施过程中,只能是"理论导向、监测定量、经验判断"。以力学计算、施工监测、经验方法相结合,建立隧道工程特有的设计施工程序。

铁路隧道建设可分为调查、设计、监测和施工四个环节,从勘察设计到施工各个环节允许有交叉、反复。

在初步地质调查的基础上,根据经验方法,通过力学计算进行预设计,初步选定支护参数,然后还必须在施工过程中根据监控量测所获得的关于围岩稳定和支护系统工作状态的信息,对施工过程和支护参数进行调整。

成功的工程实例已充分证明这种修改和调整是必要的,只按原设计进行施工的教条式做法将给工程带来巨大的浪费,甚至造成严重事故。监控量测包括信息采集、信息处理和信息反馈。隧道建设的基本程序执行框图,如图10-2所示。

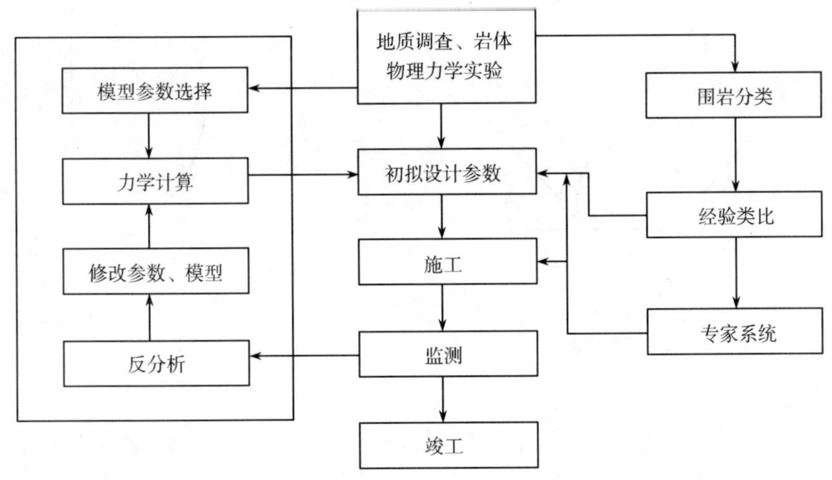

图10-2 信息化设计与施工流程

(1)信息采集

工程信息采集就是在工程实施过程中对隧道围岩的支护衬砌实施全过程的监控量测,获得地质围岩条件、围岩净空收敛、围岩松弛变形、支护内力工作状态等各种施工信息,主要目的是了解围岩的稳定性以及支护衬砌的作用。我国现行隧道施工技术规范规定必须将现场监控量测项目列入施工组织计划,并在施工中认真实施,把现场监控量测划分为必测项目和选测项目,并且具体规定了必测项目和选测项目所包含的内容。

(2)必测项目

必测项目包括隧道掌子面围岩观察和支护观察、地表沉降、拱顶下沉、周边收敛观测以及施工工况记录。这类量测是为了在设计、施工过程中确保围岩稳定,通过对围岩变形观测判断围岩稳定性来指导施工的经常性量测项目。这类项目量测方法简单,量测信息直观可靠,费用较少,对监视围岩稳定、指导设计和施工有巨大的作用。地表沉降观测是对浅埋隧道地表下沉的量测,其量测断面的测点布置如图 10-3 所示,单洞测点不少于 5 点,双洞测点不少于 7 点,测点布置在理论沉降破裂角范围以内。洞内测点布置如图 10-4 所示,拱顶下沉测线 3 点,洞轴线布置一点、左右两侧各布置一点,周边水平收敛测线 2 条,一条位于拱腰,一条位于最大跨度位置。

(3)选测项目

选测项目包括围岩内部位移、锚杆轴力、衬砌接触压力、衬砌内应力以及钢支撑内力等。这类项目是必测项目的拓展和补充,是对有代表性的地段、特殊地段、危险地段进行的量测。以便更深入地掌握围岩应力分布和支护效果,对未开挖地段提供信息,指导未开挖段的设计和施工。选测项目一般应安装和埋设位移、应力传感器,埋设比较麻烦,费用大,对施工有一定的干扰,但工程施工期和竣工后可长期观测。复合衬砌典型断面测点布置如图 10-3 所示,根据工程要求可以埋设全部或部分传感器。洞内测点布置图如图 10-4 所示。

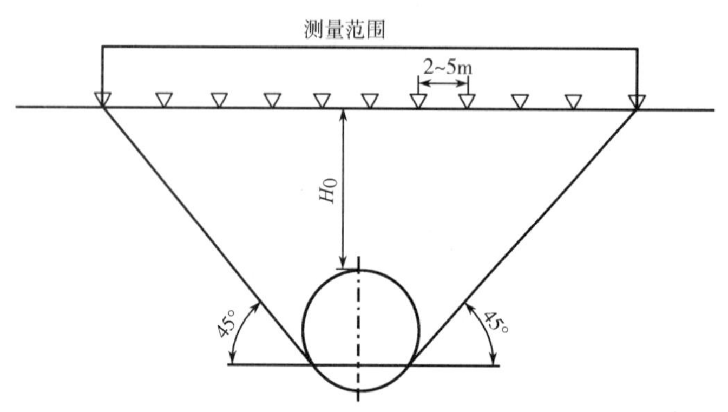

图 10-3　地表量测断面测点布置图

H_0-隧道埋深

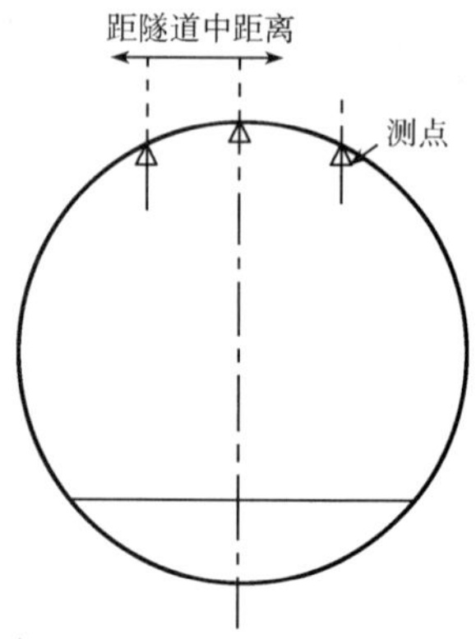

图 10-4　洞内测点布置图

(4)数据采集

数据采集就是在隧道施工过程记录包括围岩地质条件、施工进度、施工步序、支护参数以及围岩变形和应力变化、天气情况等各种信息。为了准确如实地记录现场情况,在工程实施过程中,需制定一系列表格,如量测数据记录表、工程日志表、围岩地质描述表等,使复杂的数据采集工作简单化、规范化，防止遗漏，减少错误。为了准确真实和及时地获得各种量测数据，选择合理的量测手段和可靠的量测仪器是工程技术人员普遍关心的问题。目前用于岩土工程的量测仪器、传感器也很多，价格差异很大。在满足精度、灵敏度的前提下，首先应选择受温度、湿度影响小，抗干扰、埋设方便、价格便宜的仪器和传感器。具体讲，位移量测以水平仪为主，应力、压力宜采用钢筋传感器为主，相对来讲价格便宜，量测数据稳定可靠，既能满足一定的精度、灵敏度要求，又能方便快速地测取读数。隧道工程的监控量测，除地表下沉可以获得从开挖前到开挖后的变化全过程以外，一般情况下只能得到围岩开挖爆破后的变化情况，获得的数据是隧道围岩开挖以后的位移、压力随时间的变化值。但我们希望尽可能地了解隧道变化的全过程。所以量测测点应尽早地埋设、布置，测点应尽可能靠近掌子面，而又不被施工放炮破坏。一般要求在开挖暴露48h以内埋设测点，或距开挖面3～5m范围内埋设，测点埋设后应尽可能早地测取初始读数。测取数据的频率是在满足规范规定的量测次数前提下根据工程情况而定。围岩条件较差或围岩不稳定时应增加量测次数。隧道分部开挖，第二次、第三次挠动都应增加量测次数，做好记录。

10.3.2 信息处理与信息反馈

由于各种可预见或不可预见的因素，岩土工程所固有的特性以及量测仪器的差异，由于操作人员水平以及施工干扰所带来的误差，现场量测所测得的原始数据具有一定的离散性，必须进行误差分析、回归分析和归纳整理后才能很好地解释量测结果，才能揭示出较为准确的含义。对量测的各物理量随时间变化曲线作滤波处理，经回归拟合后得到光滑曲线$\mu = f(t)$，以此计算出某一时刻的变化程度。由于从隧道开挖到元件埋设好后读取初始读数这段时间围岩已经发生变化，总的围岩变化函数为

$$\mu = \mu_0 + f(t) \tag{10-1}$$

我们不能直接量测获取μ_0值，也不能通过量测直接获取总的位移量和应力变化量，只有经过回归分析得出回归曲线计算出μ_0值。但是回归分析需要大量的量测数据为基础，也就是说，要想较为准确地计算出μ_0值，只有在量测的后期才能进行回归分析。这显然不能满足工程上“及时”的要求。因为有可能在尚未获得足够数据进行回归计算时，工程事故已经发生。对总变形量的了解仅对隧道力学分析有意义，对下一阶段的施工有指导意义。但事实上，我们挖空心思去获得总的位移量，对正在监测的地段意义不大，对现有工程意义也不大，我们所关心的应该是每天甚至每小时的各物理量的变化。这就要求我们立即整理从现场采集到的数据，绘制出随时间的变化曲线，观察变化趋势，以此来判断围岩的稳定。因此，要求当天的数据当天处理，不能积压集中处理。对于在量测中出现的异常情况，要引起高度重视，必须马上分析原因，必要时应重测验证，防止偶然因素导致判断错误。从理论上讲设计合理可靠的支护系统，应该是一切表征围岩与支护系统力学形态的物理量的变化随时间而趋于稳定。反之，如果量测到的表征围岩或支护系统力学形态特征的某几种或某一种物理量的变化随时间不是趋于稳定，则可以判断围岩是不稳定的，必须进行加固、修改设计或调整施工方法。例如某高速铁路隧道的一个量测断面，测点埋设不到三天，初期支护内的钢支撑应力、锚杆轴力和围岩内部位移及围岩收敛变形都出现了很明显的增大趋势，量测人员马上进行复测，确认围岩发生了明显变化，并立即反馈给施工现场，施工方及时采取了临时加固措施。到第四天，变形及应力继

续发展，喷射混凝土出现开裂，但由于信息反馈准确及时、采取措施得力，避免了塌方事故的发生，没有影响隧道继续施工。云南某隧道左线在通过某冲沟地段时，量测数据显示，拱顶持续几天下沉达13.4cm，量测信息也及时反馈给了施工现场，但由于施工方经验不足没有引起重视，没有及时采取措施，结果出现了塌方冒顶事故，拖延工期并加大了成本，对工程造成了很大的损失。

在工程实际中我们发现单从位移时间变化曲线来判断围岩稳定与否是不够的，还必须同时反映施工状态，反映测点与开挖的空间关系，才能作出准确的判断。例如重庆尖山子隧道施工中采用正台阶法开挖，在开挖下半断面时，拱顶下沉和周边收敛突然发生变化，施工方担心围岩失稳，要求增加支护措施，但从量测数据上分析这种变化是由于开挖下半断面时出现的暂时性突变。在以后的几天量测信息显示变形很快趋于稳定，从而判断围岩是稳定的，避免了工程的浪费。

10.4 信息化施工技术在穿越泥石流沟仓园隧道中应用

10.4.1 隧道施工监测技术要求及工程原理

(1)施工监测应按照规范进行监测，根据本隧道情况，施工监测必测的项目有：地质与支护状况观察、拱顶下沉、周边位移。选测项目可根据施工实际情况适当增减，但地表下沉在洞口、浅埋和偏压段应作为必测项目，各项位移量的容许值应在施工中根据实际情况，参照有关规范确定。

(2)施工中应将围岩监控量测与地质调查作为一道重要工序纳入到整个施工过程中，通过监控量测数据调整支护参数及确定二次衬砌施作时机。

(3)在施工中，监测后应及时对各种监测数据进行整理分析，判断其稳定性，并及时反馈到施工现场指导施工。根据以往经验以《铁路隧道喷锚构筑法技术规范》(TB 10108—2002)的Ⅲ级管理制度作为监测管理方式。监测管理表见表10-1。

监测管理表 表10-1

管理等级	位移状态	施工控制
Ⅲ	$U_0 < \frac{U_n}{3}$	可正常施工
Ⅱ	$\frac{U_n}{3} \leqslant U_0 \leqslant \frac{2U_n}{3}$	应注意，并加强监测
Ⅰ	$\frac{2U_n}{3} < U_0$	应采取加强支护等措施

注：U_0-实测位移值；U_n-允许位移值。

U_n 的取值，也就是监测控制标准。根据以往类似工程经验、有关规范规定及招标文件的要求，提出控制标准见表10-2。

监测控制标准表(单位:mm) 表10-2

序 号	监 测 项 目	控 制 标 准
1	地表及建筑物沉降	30
2	拱顶下沉	45
3	净空收敛	30

根据上述监测管理标准,可选择监测频率:一般在Ⅲ级管理等级监测频率可适当放大一些;在Ⅱ级管理等级则应注意加密监测次数;在Ⅰ级管理等级应密切关注,加强监测,监测频率可达到1~2次/d或更多。

目前我国进行较多的隧道监测有隧道工作面地质观察、拱顶下沉、洞周收敛等直观的观测项目。而观测的主要目的是及时获得围岩和支护结构受力与变形的动态信息,分析其变化趋势来评价围岩稳定性和支护系统的可靠性。同时将量测数据与反分析技术结合起来,求解岩体初始应力和力学参数,以期更全面、真实地反映围岩性态,并对隧道稳定性进行预测。我国隧道施工监控及围岩参数反分析,大都致力于对围岩各项弹塑性参数及初始应力进行反算。由于洞内及地表位移量测方便,目前对反分析的研究主要集中在位移的反分析上,并对围岩参数及初始应力进行推算,然后分析预测隧道稳定性及变形。另外,国内对锚杆轴力及钢拱架应力的检测及数据应用较少。实际工程中,锚杆轴力和钢拱架应力能直观地反映围岩的应力状况,并可对围岩的塑性区进行直观判断,这方面的研究对隧道施工有着切实的意义。

施工监控不断地收集地质条件及施工中的信息,并反馈到设计进行指导施工,达到工程建设优化的目的。本次隧道施工监控的内容涵盖了隧道围岩-支护结构体系的各个方面,包括动态和静态条件下,位移、应力、应变、压力等,具体的测量项目有:工作面地质观察、隧道拱顶下沉、洞周收敛、地表下降、围岩内部位移、围岩应力、支护结构压力、锚杆轴力和抗拔力等。

10.4.2 隧道施工监测技术的目的

隧道施工监测应该作为施工组织设计的一项重要内容纳入施工工序中。根据观测数据评价原设计参数是否合理,评价隧道开挖对围岩和周围环境造成的影响,再根据需要对设计和施工进行适当的修正,使隧道的设计和施工过程更加科学、合理。通过实施监控量测,期望达到以下目的:

(1)通过水平收敛、拱顶下沉量测及回归掌握围岩力学形态的变化和规律,对原支护结构形式、支护参数和支护效果作出评价,确保施工过程的安全,并为二次衬砌施作的时机做出判断;

(2)通过围岩压力和支护结构内力测定,了解支护结构受力状态和应力分布规律,检验和修正施工预设计,对施工方法的合理性作出评价,为调整支护参数和施工方法提供依据;

(3)监控工程对周围环境的影响;

(4)积累资料,为理论解析、数据分析提供计算数据与对比指标,为今后类似工程和规范编制提供一定的参考和借鉴。

10.4.3 隧道施工监测方案制定原则

隧道监控量测的设计是新奥法设计施工过程中的一个必不可缺的部分,监测设计应从监测目的、原则到监测资料的整理与应用等整个过程全面系统地考虑。它从确定目标开始,到进

行操作和根据资料进行分析提出评价为止。本工程监测设计原则主要有以下几点:

(1)隧道监控量测设计应该建立在对地质条件和工程状况有充分了解的基础上,以施工过程中的监测为重心,施工过程中的监测重点则是隧道变形和衬砌结构的工作状态。

(2)要综合考虑各种因素对监测结果的影响,而监测系统应该把这些因素的影响降到最低。此外,观测项目和测点的布置应满足预测模型的要求。

(3)监控量测点要布置合理,覆盖工程的关键位置。同时还要考虑时间和空间因素,时间上来讲要尽快读取初始读数以掌握围岩及结构的最初动态,空间上来讲监控量测点的布置要能反映出特定方向或边界上的物理量变化。

(4)安全监测设计应该随着隧道的开挖分不同阶段进行设计。作为设计工作的一项重要内容,在施工过程中要做适当补充和完善来应对出现的新问题。

(5)把隧道工程施工过程中的监测和运营过程中的监测当作一个整体来统一进行设计。

(6)要选取有代表性的断面和位置布设监控量测点,除了使用仪器监测外还需要采用人工巡视调查来减小系统误差、控制偶然误差,同时还要避免人为误差。

(7)隧道曲率大、埋深大、围岩和结构受力条件很差的结构危险部位应该增加测点数量来控制监测质量。

10.4.4 实现方法

根据地质和岩土层条件、埋深和结构特点、支护类型、开挖方式以及环境状况等因素综合考虑变形观测点的布设。利用少而精的测点取得全面的监测结果。要能够反映建筑物、构筑物变形明显的部位、点位标志稳固、明显、结构合理,不影响构筑物的美观,使用点位应避开障碍物,便于观测和长期保存,还要变形观测点和沉降点布置满足规范要求。

通过现场布设仪器对隧道内的几项基本要素进行检测:有隧道洞顶的沉降和位移监测;隧道收敛监测;隧道底板底鼓监测;钢架内应力及所承受的荷载量测;围岩压力量测;锚杆轴力量测;隧道爆破振动检测。

10.4.5 隧道内目测观察

在隧道工程中,开挖前的地质勘探工作很难提供非常准确的地质资料,所以,在施工过程中对开挖面附近围岩的岩石性质、状态应进行目测,并绘制地质素描和拍摄照片。对开挖支护动态进行目测。

细致的目测观察,对于监视围岩稳定性是即省事而作用又很大的监测方法,它可以获得与围岩稳定状态有关的直观信息,应当予以足够的重视,所以目测观察是新奥法监控量测中的必要项目。隧道目测观察的目的是:

(1)预测开挖面前方的地质条件。

(2)为判断围岩、隧道的稳定性提供地质依据。

(3)根据喷层表面状态及锚杆的工作状态,分析支护结构的可靠程度。

10.4.6 隧道位移测量

(1)净空相对位移量测

净空相对位移测试即收敛测试,洞室内壁面两点连线方向的位移之和称为“收敛”,此项

量测称"收敛量测"。收敛值为两次测量的距离之差。收敛量测是地下洞室施工监控量测的重要项目,收敛值是最基本的量测数据,必须测量准确,计算无误。

(2)拱顶下沉量测

隧道拱顶下沉的监测数据,能较好地反映出围岩状况(包括围岩岩性和扰状况)。拱顶下沉量测的测点,一般可与周边位移测点共用,既节省安设测点工作量,又可减少量测点,并使测点统一,测试结果能互相校验。

目前,隧道拱顶下沉量测多采用精密水准仪来量测拱顶下沉,本工程采用较先进的拱顶下沉量测仪器对围岩位移实时监测仪。

(3)围岩内部位移量测

①量测目的。

净空收敛量测结果是隧道周边两点在连线方向位移之和,隧道周边和内部移状态不能通过净空收敛量测取得,而对于浅埋、偏压和强构造不均质岩体,隧道两侧变形(位移)差异很大,对上述岩体及时监测隧道周边和内部绝对位移,对判断围岩稳定性和支护效果的作用极大。围岩内部位移(地中位移)量测是监测隧道周边某点及围岩内部不同深度各点的位移状态。主要目的如下:

a.判别浅埋、偏压和强构造岩体中隧道围岩稳定性和支护效果,确保施工安全和工程质量。

b.判别隧道围岩松弛范围,优化锚杆设计参数。

②量测手段。

采用钻孔伸长计或位移计,由锚固、传递、孔口装置、测试仪表等部分组成。

10.4.7　支护的应力应变测量

锚杆轴向力量测属于选定项目,根据科研和生产需要,首先在隧道内选择好拟测岩层,再结合隧道开挖等情况,选择好钻孔位置,以便于钻孔施工。

(1)根据量测所得的各测点的应变值,绘制应变沿锚杆长度的分布状态曲线一般把从隧道壁面至应变量最大处称为松动圈范围,因而它为锚杆参数设计提供了一定依据。

(2)根据计算得出的锚杆轴向力(P)绘制轴向力沿锚杆长度的分布状态曲线。

(3)根据锚杆轴向力的最大值确定适宜的锚杆长度。当锚杆轴向力的最大值低于锚杆的抗拔力,且围岩壁面与围岩内不动点之间的绝对变形量又不大于所用锚杆长度的6%(经验值),应加大锚杆长度。当锚杆轴向力最大值低于锚杆拉拔抗力,且围岩内变位很小时,说明锚杆过长,可以减少锚杆长度或数量。

(4)绘制锚杆轴向力随时间变化曲线判断围岩变形的发展趋势。

10.4.8　围岩应力、应变和围岩与支护间接触力量测

岩体作为大地的构造体来说,它的各部位都处在一定的应力状态下,这种应力一般称为原岩应力。由于洞室的开挖,改变了部分岩体的原岩应力状态,而把岩体中原岩应力改变的范围称为围岩,其应力称为围岩应力。在开挖前进行钻孔或在开挖后在洞室内紧跟开挖面钻孔,在孔中按要求埋设各种类型应力计、应变计,对围岩应力、应变进行观测。能够及时、较好地掌握围岩内部

的受力与变形状态,进而判断围岩的稳定性。围岩应力重分布与时间和空间有关——即时间效应与空间效应。及时提供支护作用力,能有效地调整和控制应力重分布的过程和结果。支护与围岩间这种相互作用力通常称为接触应力。在围岩与支护间埋设各种压力盒等传感器,对接触应力进行观测,进而掌握围岩与支护的共同工作情况、稳定状态及支护的力学性能等。

10.4.9 洞内振动速度监测和土压力检测

(1)爆破测振仪

TCD-108 多通道爆破测振仪采用 ARM9 为核心板设计,仪器具有体积小、重量轻、可电脑远程控制、液晶显示及使用方便等特点。本仪器可以在现场没有电脑的情况下,通过按键和液晶屏快速设置参数,从而达到信号快速、准确采集的目的。同时,仪器可以在现场通过仪器本身的功能读出特征值,还能大致预览到已经采集到的信号波形。根据实际的情况也可以现场对采集参数做调整。本仪器使用应变片传感器组成各种检测桥路,可对微小应变及超强应变进行测量。该产品适用于爆破监测、工程环境监测、建筑、机电设备、交通运输、机械等领域对应变量动态过程的监测、记录、报警和分析。产品配套软件能及时有效地对数据进行分析与预测。如:选定某些特征点,对其周期性地进行重复观测,通过数据处理,研究被监测点群的沉降、水平位移等随时间变化规律,寻找一种能够较好反映数据变化规律的函数关系,对下一阶段的监测数据进行预测,预测监测点可能出现的最大位移值或应力值,以预测构筑物和结构的安全状况,评价施工方法,确定工程措施。

将现场的两只三向传感器连接到 TCD-108 的前 6 个通道进行数据采集和观测,24 只振弦式传感器连接到多通道振弦采集仪的 24 个通道,更全面的对隧道内岩土变化情况进行监测。

①工作原理。

多通道振弦采集仪采用当前国际最新 16 位单片机技术,利用数字信号处理技术对采集到的振弦信号进行运算处理得到精确的频率值,仪器硬件集成化,设有很强的硬、软件抗干扰措施。内部全部采用工业级耐高低温元件,仪器还配有电源适配器,RS485 转 USB 接口,可远距离方便地在上位机对采集仪进行控制。

②多通道振弦采集仪的优点。

a. 支持单通道数据采集,包括传感器编号,频率与温度;

b. 支持全通道频率循检,温度循检,频率与温度同时循检;

c. 支持自定义周期自动采集;

d. 采集仪内设有 128K 的临时内存,用来保存自动采集数据;

e. 支持 RS485 通信,把内存中的数据读取出来;

f. 具有同步时间的功能,便于把采集设备的时间与当地时间同步;

g. 具有内存容量查看功能,以确保内存状况的随时监控;

h. 多通道振弦采集仪可连续长时间安全工作,内置安全监控系统,保证设备的安全稳定长期正常工作。

(2)振弦式土压力盒

振弦传感器的频率受温度影响较大,因此传感器测试中必须含有温度的测试,以进行测试数值的修正。

振弦式土压力盒是一种埋入式通用土压力传感器。适用各种条件下土体内部应力的测量，适应长期监测和自动化测量。

①土压力盒的工作原理。

振弦式土压力盒工作原理是由激振电路驱动电磁线圈，当信号的频率和振弦的固有频率相接近时，振弦迅速达到共振状态，振动产生的感应电动势通过检测电路滤波、放大、整形送给单片机，单片机根据接收的信号，通过软件方式反馈给激振电路驱动电磁线圈。通过反馈，弦能在电磁线圈产生的变化磁场驱动下在本振频率点振动。当激振信号撤去后，弦由于惯性作用仍然振动。单片机通过测量感应电动势脉冲周期，即可测得弦的振动频率，最后将所测数据显示出来。

②振弦式土压力盒变量计算公式。

$$P = k(f_i^2 - f_0^2) + K_T(T_i - T_0) \tag{10-2}$$

式中：P——当前时刻相对初始位置的压力量(kPa)；

k——振弦式土压力盒与频率的系数[kPa/(kHz²)]；

f_i^2——振弦式土压力盒当前时刻的输出频率模数(kHz²)；

f_0^2——振弦式土压力盒初始的输出频率模数(kHz²)；

K_T——振弦式土压力盒温度修正系数，10～6/℃；

T_i——振弦式土压力盒当前时刻的温度值(℃)；

T_0——测量 f_0 时的温度值(℃)。

③系统安装。

a. 根据结构要求先定测试点与测力方向。

b. 使压力盒受力面(光面)与受力方向垂直安装好。见图10-5。

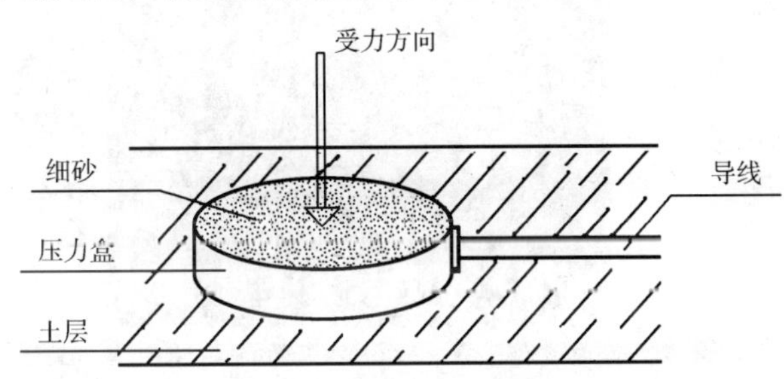

图10-5　压力盒受力示意图

注：压力盒周围应由20cm左右的细砂(里面不能有大颗粒硬物)包裹并压实。

c. 将导线沿结构体引出，最好采用护套管保护好。

d. 连接仪器。

e. 记录数据，以便以后监测。

(3)TCD108型多通道爆破测振仪

安装和配置容易，支持即插即用，系统对其进行自动配置；条件恶列可单独使用仪器完成数据采集和实时监控数据；内置大容量存储器(SD卡)；以太网接口，高速传输速度；ARM926EJS嵌入式计算机(400MHz)；多种输入输出接口方式；16bit的A/D分辨率；8通道并行采集，可扩展至全同步的4～64通道的测试系统；自动校准零点和通道增益；瞬态高速采集深度达到每通道4M样点(16M字节)；体积小、重量轻，便于携带。

10.4.10 隧道断面检测

本次工程采用 BJSD-6 型激光隧道断面检测仪,其产品主要性能如下:

(1)产品用途

本仪器主要用于对隧道施工的全方位控制,能实现断面的快速精确检测,完成施工监测,竣工验收,质量控制等工作。

(2)产品功能

测量当前隧道断面曲线;测量前后方隧道断面曲线;炮眼指示放样功能;围岩收敛功能;具备土石方计算功能;隧道轮廓素描;隧道超欠挖评估;隧道三维整形处理,给出隧道的三维立体图,强大的隧道断面管理系统。

(3)产品特点

采用军工级黑色掌上电脑、防水、防潮、抗低温;可现场直接查看测量数据;应用蓝牙技术,无需电缆连接;高精度测角系统,最高可达到 2 秒;高精度测距系统,最高可达到 0.5mm;高速度测距系统,最高可达到每秒 10,全断面测量仅需不到一分钟;多功能三维隧道仪后处理软件,可对隧道轮廓进行三维扫描。

(4)软件模拟图

软件如图 10-6 和图 10-7 所示。

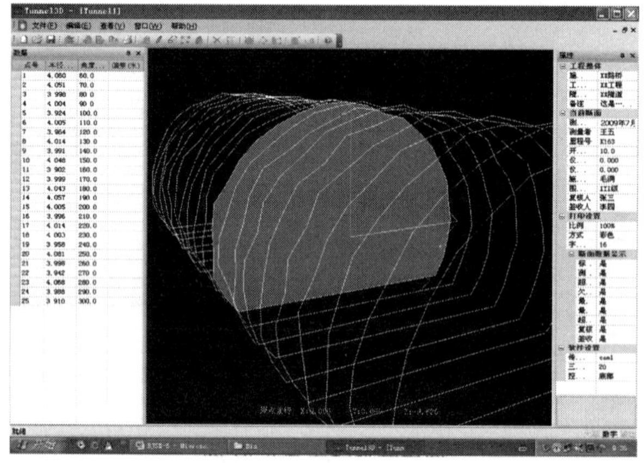

图 10-6　断面扫描数据图

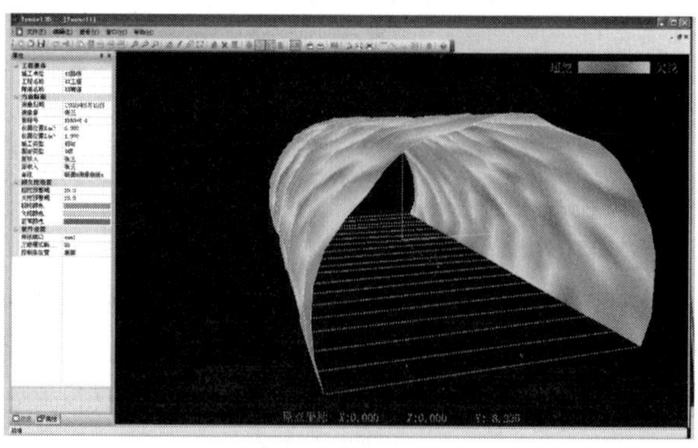

图 10-7　隧道模拟图

10.4.11 监控网的布设

在进行监测之前,首先要建立监测控制网,及时准确地反映监测项目、测点的变化情况。

平面位移监测控制网应布设独立的控制网,控制点埋设在变形区外,如有条件监测网宜采用强制对中观测架。监测网线路现场地形特点宜采用附合导线和三角网。

垂直位移监测控制网宜采用工程高程控制网,在变形观测中应定期对高程控制网点进行检测,监控基准点至少有三个。三角点和高程点每周进行一次复测。

控制网精度达到一级网要求。

10.4.12 监测频率和检测精度

变形测量的周期应根据建筑物、构筑物的特征、变形速率、观测精度要求和工程地质条件等因素综合考虑,观测过程中根据变形量的情况可适当调整。

监测频率:施工掌子面周围范围内根据检测需要可进行实时检测。

频率检测精度 1Hz,位移和收敛检测精度 1mm,振动检测精度 1ms,监控系统 1ms。

10.4.13 监测依据

以上几项监测工作应严格按照《铁路隧道安全施工技术规范》(TB 10304—2009)、《城市轨道交通工程测量规范》(GB 50308—2008)、《工程测量规范》(GB 50026—2007)、《建筑物变形测量规范》(JGJ/T 8—2007)等技术规范来实施,以确保隧道施工期间和工后各构筑物的安全,其他要求参照有关的行业规范。

第11章 穿越泥石流沟仓园隧道质量安全控制措施

11.1 引 言

随着隧道工程的大量修建,工程质量问题已经得到人们越来越多的关注。隧道施工期间及运营过程中的质量检测手段与方法得到了长足的发展。由于我国隧道建设起步较晚,工程建设经验不足,特别是长大铁路隧道方面建设经验不足。铁路隧道技术难度较大,要求较高,加上目前我们在管理体制上的问题,造成隧道在运营后出现许多工程病害问题,例如隧道二次衬砌开裂、渗水、净空缩小、路面起伏不平等病害。更为严重的是,质量问题的产生往往会造成安全问题的产生,基于这一点可以这样说,很多工程安全问题的产生尤其是与隧道本身硬件相关联的安全问题是质量问题的衍生物。

11.2 隧道在施工过程中常见的质量问题

当前隧道的建设过程中,由于时间紧任务重,在施工过程中存在着大量的质量问题。主要有以下几个方面:

(1)在隧道施工过程中,由于对掌子面前方的地质超前预报工作及对前方的地质情况预报不够精准,在开挖过程中存在突水突泥、地下暗河、溶洞、断层破碎带等地质不良地段不能被发现,给隧道施工质量及人员和机械带来致命的灾难。

(2)隧道在开挖过程中的超、欠挖问题。超挖不仅造成支护与衬砌材料的浪费,还会导致衬砌背后有空洞;欠挖则会减薄喷射混凝土与衬砌混凝土的厚度。不论是衬砌背后存在空洞还是衬砌厚度不足,都会给隧道衬砌结构的长期稳定埋下隐患。

(3)隧道开挖后支护的质量问题。隧道在支护的过程中存在喷射混凝土厚度不足、初期支护背后空洞回填不够、钢拱架或钢支撑间距过大、锚杆长度不足及注浆饱满度不够等质量问题。

(4)二次衬砌的质量问题。隧道衬砌在整个隧道工程中扮演着重要角色,它是隧道重要的承载结构,是隧道防水的最后一道防线,还是隧道外观形象的主要体现。二次衬砌主要存在厚度不够、强度不足、钢筋缺失、背后及内部存在空洞及不密实等质量问题。

面对上述隧道施工过程中遇到的工程质量问题,隧道工程界迫切需要一种质量控制体系来解决上述问题,对每一种质量问题都必须有相应的检测技术对其进行质量控制。

11.3　隧道质量问题产生的原因

在当前隧道的施工与建设过程中由于存在行业之间的竞争，承包商低价抢标，中标后又暗地里转包，转包给一些工程建设资质达不到要求的小承包商，使得工程质量得不到保证。在隧道工程施工过程中存在问题的原因较多，归纳起来主要有以下几个方面：

(1)没有针对掌子面前方的地质状况采取相应的预报方法。现代隧道越来越长，埋深也越来越大。对掌子面前方的地质条件了解不够，使隧道施工具有很大的盲目性，施工中经常出现预料不到的塌方、突水和突泥等地质灾害，增大了隧道质量问题产生的概率，不仅增加了工程费用和处理的难度，同时也大大影响了工期。目前所用的超前地质预报的方法中，每种方法都有自身的优势和不足。因此在物探手段上选用 TGP203、陆地声呐、地质雷达、红外线探钡、瞬变电磁和 BEAM 六种物探方法进行综合超前地质预报工作，并在重点异常地段实施水平钻探，进一步确认物探成果的准确性，为隧道掌子面前方围岩级别的判别及设计的变更提供第一手资料。

(2)开挖是山岭隧道施工的第一道工序，它的施工质量对后续工序有重要影响。在目前山岭隧道施工中多数还是以钻爆法为主，施工单位为了追求工程进度，盲目地加大装药量，加大开挖进尺，另外，由于其自身的能力有限，使得隧道开挖中超、欠挖现象特别明显。

(3)按照新奥法理论，隧道开挖后要及时支护，使围岩的变形在设计要求的范围之内，以减小荷载并发挥其自承能力。目前隧道施工多采用锚喷支护，对隧道锚喷支护的质量问题进行控制是决定新奥法支护理念能否实施的关键一环。在实际施工中，锚杆的加工质量、力学性能以及锚杆的长度和注浆的饱满度都与现行规范相差甚远。喷射混凝土中使用的砂子和水泥的质量较差，喷射混凝土强度、厚度与围岩黏结强度以及施工粉尘、回弹率达不到规范要求。

(4)二次衬砌模板台车很多施工单位都是自行设计制造，没有严格的设计标准和依据。因此模板台车会出现固定不牢，施工放样粗糙，产生了衬砌侵限、隧道偏位过大、施工缝错台等问题。背弃新奥法的思想，在初次衬砌变形未收敛的情况下施作二次衬砌。拆模过早导致衬砌早期强度不足产生裂缝。衬砌混凝土配合比达不到强度要求，施工不振捣和振捣不密实导致混凝土中有蜂窝或局部强度降低，造成衬砌混凝强度的不均匀。泵送混凝土压力不够，在二次衬砌拱顶存在空洞与不密实带。

11.4　国内外隧道工程在施工过程中质量检测研究的现状

我国隧道建设与发达国家相比起步较晚，相应的施工与检测技术与国外相比存在很大的差距，至今尚无一部完整的隧道质量检测评定标准。隧道工程与其他工程相比，隐蔽项目多，内在的质量问题很难被发现。隧道在施工期间对于隐蔽工程的质量控制，是一个非常难解决的问题。一旦出现质量缺陷，处理起来较为困难。在实际的工程建设中，业主和监理部门遇到这些问题时，往往束手无策，不知道如何解决。国内目前虽然也有不少科研单位正在进行这方面的研究，但都不够深入，没有形成一个完整的检测评价体系，这和当前道路的发展速度以及工程质量的要求极不相符。

国外许多国家对于隧道工程质量控制与质量检测,已经研究得较为深入,其相关的研究成果已经纳入行业规范。其中一些发达国家和一些大型的企业,已制定了相对应于国家或区域性标准更为详细严格的企业施工质量控制检验标准体系。对于隧道在施工中的质量控制,这些检测标准体系对保障工程质量发挥了强有力的技术和法律作用。当前,国外的研究工作者已将对工程质量的控制和检测研究,转入更深层次的工程安全度研究,并逐步将其纳入国家技术法规体系。

鉴于当前我国的国情,在现代隧道建设与检测技术上与国外相比还有很大的差距,对隧道在施工期间的质量检测研究工作还不够深入,质量检测方面的研究文献相对较少。但是值得欣慰的是在许多高校、科研院所、质检与施工单位的同行们对隧道检测技术做了大量有益的探索。四川省交通厅质监站的姜云在《控制隧道质量的几个关键问题》中根据四川省隧道建设的实践并结合国内其他隧道建设的现状,提出了隧道建设中工程质量控制的几个关键问题。辽宁省交通公路质量与安全监督局的张德喜在系统探讨隧道施工技术、吸取以往隧道施工中经验教训的基础上,结合对隧道施工质量控制要点的认识和体会,对隧道施工质量控制要点进行了整理和归纳,对隧道施工和质量管理提供了有意义的参考。甘肃省交通厅工程处的苏爱军提出加强地质工作、改进施工工艺、在施工中采用先进的检测技术是质量控制的关键。山西省新原高速公路建设有限责任公司的王润民等针对目前隧道施工中质量控制存在的问题,建立了业主、设计、监理、施工单位的质量控制措施,并对隧道施工质量检测中存在的不足,给出了涵盖隧道施工全过程所有工序质量检测的相应表格。贵州高速公路开发总公司的曹建平等以镇胜五龙山隧道为工程背景,通过在该隧道中实施的施工过程质量检测控制,初步总结了长大隧道施工过程质量控制的方法,便于施工过程中进行质量管理和控制,提出的"利用施工过程质量控制检测技术实现控制工程质量的理念"可为类似长大隧道工程建设时参考。中铁十五局集团第七工程有限公司的潘正胜介绍了隧道施工过程中的几个重要工序的质量控制,指出现阶段我们仍需要进一步总结、研究,提出了一系列适应隧道要求的有效的质量检测方法和工程质量检验评价指标,形成一套系统的隧道质量控制体系。

虽然我们在现代隧道检测技术与体系上与国外还存在一定的差距,但是随着国内同行们研究的不断深入,相信在不久的将来这样的局面一定会得到改善。

11.5 隧道施工质量控制体系的建立与几种关键无损检测技术介绍

11.5.1 隧道施工质量控制体系的建立

隧道工程质量问题与隧道的设计、项目管理、施工、监理等各个环节紧密相关,在铁路隧道系统工程中,各工序和工艺相互联系,相互交叉,密不可分。仅对施工质量控制来讲,施工建筑材料质量控制、施工过程中工序工艺质量控制以及相关工程竣工检查最为关键。

对隧道施工阶段,已建成的分部工程及相应分项工程(尤其是隐蔽部分)的施工情况,运用隧道无损检测技术检测其质量参数、指标为评定其工程质量是否符合相应规范要求提供实际依据,是隧道施工阶段质量检测的基础。加强施工质量监控可以尽早发现质量隐患,及时整改,提高下一阶段施工管理水平,是隧道施工质量保证体系中的重要环节。

所以在隧道施工的过程中,有必要建立一套隧道施工过程支护结构施工质量控制检测体系。该体系是一个全新的质量检测理念。不同于隧道竣工质量检测,它是对过程质量的检测、控制、评价、管理与整改的流程体系,伴随施工进度而进行。根据检测手段的实施,获取各阶段各分项工程质量数据,全面加强质量管理,使工程质量既能满足设计要求,又能节约施工成本,以利最终实现工程质量优良的目的。

11.5.2 仓园隧道施工质量目标和控制体系

(1)质量目标及保证措施

质量检验后,分项、分部工程质量检验合格率达到100%;单位工程一次验收合格率达到100%;主体工程质量零缺陷。

①全面质量管理,强化工程质量创优措施,投入精干的质量管理人员和先进的机械设备及严密的精测手段,科学管理。切实开展全面质量管理活动(TQC活动),实行全员、全过程、全方位的质量管理方法,制定全面质量管理工作规划,解决施工中的关键问题,以工序质量保证整个工程质量。

②充分发挥技术监控机构对工程质量的控制作用。上道工序完成转入下道工序之前,必须经监理工程师检查签证,确保各工序质量合格,以工序质量保证整个工程质量。

③编制工序作业细则,做好准备工作,严格按照规范要求施工。

(2)仓园隧道施工质量保证体系

仓园隧道施工质量保证体系如图11-1所示。施工过程质量控制检测手段、方法的确定是根据施工质量管理的需要而定。

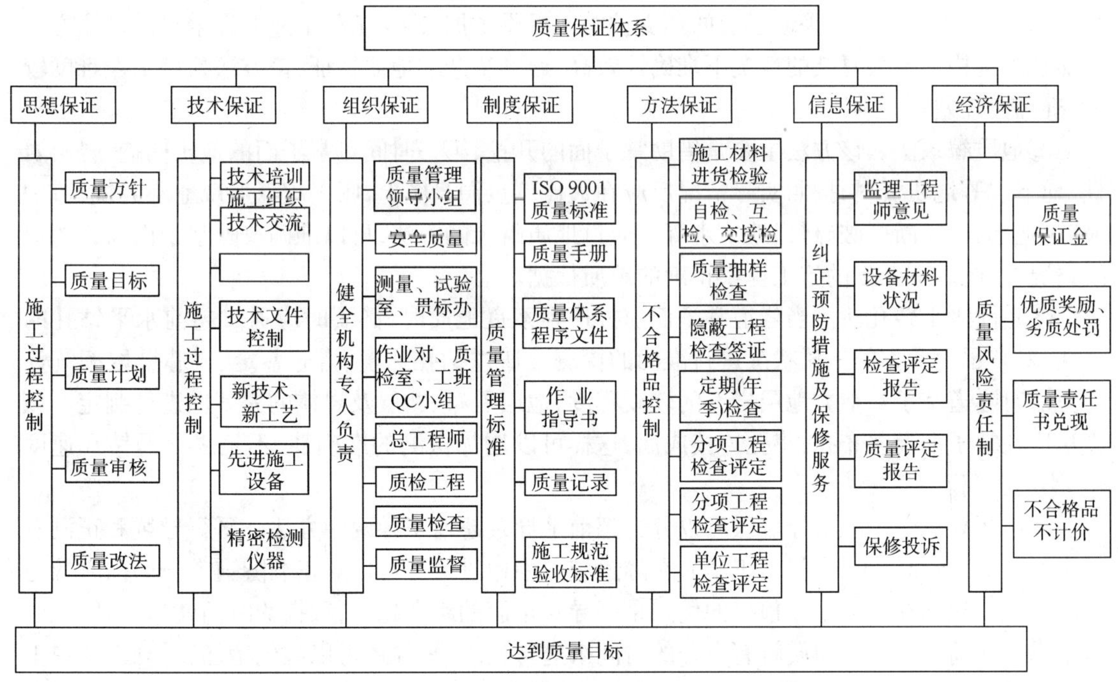

图11-1 质量保证体系框图

11.5.3 几种关键的无损检测技术

1)隧道地质超前预报

现代隧道越来越长,埋深也越来越大。对掌子面前方的地质条件预测得不够精确,使隧道在施工时具有很大的盲目性,施工过程经常出现预料不到的塌方、突水、突泥等地质灾害。不仅增加了费用和处理的难度,同时也大大影响了工期。虽然前期的地质勘探能够提供一定的地质资料作为设计依据,但由于隧道是隐蔽工程,深埋于地下,其工程地质和水文地质条件复杂多变,限于目前的地质勘探水平,若希望在勘察阶段就全面地查明其工程岩体的状态、特征以及可能发生地质灾害的不良地质体的位置、规模和性质是极其困难的。特别是长大隧道在地形复杂的地区,由于受岩性、地下水、地层组合、构造、地貌等诸多因素的影响,给勘察工作带来很大难度。因此开展深入细致的地质超前预报工作,对现代隧道施工有积极的意义。

目前所用的超前地质预报的方法中,每种方法都有自身的优势和不足,尽管这些方法都是很先进的,但也只能对某种特定的不良地质作出大概估计。

隧道施工期间的超前预报方法经过了最近几十年的快速发展,预报的形式和方法越来越多,但是归纳起来主要可分为地质分析法和物探法两大类。

(1)地质分析法

①地质地面调查法。地质调查的方法是隧道超前预报中比较古老的方法之一。此方法通过分析与调查地表的地质条件,由此可以了解隧道所处位置的地质结构特征,进而推测隧道前方的地质情况。该方法调查的内容包括掌子面的岩性特征、断裂带、节理的发育规律、岩溶带发育的形态、部位、走向,通过上述调查预测掌子面前方可能出现的不良地质体的规模、类型及出露部位,可以为施工方采取必要的预支护措施提供依据,避免工程事故的发生。但是该方法只能在结构构造不太复杂的情况下准确性较高,遇到复杂的地质特征,该方法预测工作难度较大,准确性较差。

②地质编录法。该方法主要是借助掌子面的开挖,第一时间对掌子面的地质构造、岩层岩性、地下水等地质资料,按照实际情况反应在大比例尺洞身图上,图上重点展现地质界线、节理裂隙、地层岩性、断层破碎带、地下水等。通过地质编录的方法,可以准确反映掌子面前方的地质情况,由此对下一步的施工提供正确的地质依据。

③超前水平转孔法。当隧道掌子面前方遇到不良地质时,必要时应通过超前水平钻孔的方法,对掌子面前方的地质状况进行准确的探测。通过钻孔速度、岩芯鉴定、岩芯采取率统计等方法对隧道掌子面前方地层岩石的软硬程度、地层展布、断层及岩体的完整性进行判定。该方法应在掌子面上多布孔,将孔连接成面,这样可以增加探测的准确性,不足之处是钻孔速度慢,影响工期。

④超前导坑法。超前导坑法可以分为超前平导及超前正导两种方法。平行导坑和正洞有一定的距离,断面较小,平行于正洞。在隧道施工中通过平导可以对正洞隧道掌子面前方的地质状况进行超前探测。平导预报的优点是平导对正洞的距离越长,预报的时间就越早,施工中对于掌子面前方的不良地质就有充分的时间来进行处理,平导还可以起到增加工作面,加快工程施工进度,改善通风及减压排水的作用。

⑤超前正导。其方法是沿隧道掌子面轴线开挖小导洞(坑),以此来对掌子面前方的地质

情况进行探明，然后再将平导扩大为隧道断面，正导作用和平导相比，效果要更好。但是该方法成本太高，在地质构造很复杂的地区比如岩溶地区准确性不是很高。

(2)地球物理探测方法

①TGP地震反射波法。TGP地震发射波法，是瑞士Amberg公司在20世纪90年代初期时研制出的一套隧道超前地质预报系统，它采用地震波的反射原理，利用地震波在不同的地质构造中产生的反射波来预报隧道掌子面前方150m范围内岩石特性及地质条件的变化；同时它还可以提供岩体的泊松比、杨氏模量等岩体力学参数，也可对隧道的围岩级别进行判释，这些数据可为隧道的信息化施工奠定基础。

其基本工作方法是沿平行隧洞轴线方向于隧洞侧壁布置观测系统，在炮孔中用炸药震源人工激发地震波，地震波向隧洞掌子面前方传播，当遇到弹性不同的分界面时，就发生反射。我们可以在测线的接受孔位上用专门的传感器记录地震信号，然后传给记录单元，从而获得地震记录。由于接收的地震波受到了掌子面前方围岩介质的改造，就带有与围岩构造、岩性等有关的信息，诸如时间、能量、速度、频率等。从地震记录中提取这些信息，就有可能推断解释掌子面前方地质构造形态及围岩的力学物理参数。

②地质雷达法。地质雷达是一种用于探测地下介质分布的广谱(1MHz～1GHz)电磁技术。其工作过程是：由置于地面的发射天线送入地下高频电磁脉冲波，当其在地下传播过程中遇到不同的目标体(岩石破碎带、溶洞、断层裂隙等)的电性介面时，就有部分电磁能量被反射折向地面，被接收天线接收，并由主机记录，得到从发射经地下界面反射回到接收天线的双程走时 t。当地下介质的波速已知时，可根据测到的精确 t 值求得目标体的位置和埋深。

此法工作效率高、现场操作简便，能给出一个三维的探测图像，信息丰富，但探测距离较小，一般20～25m，图像多解性。在仓园隧道的施工中就采用了此种方法。

③陆地声呐法。其实质是在被测物体表面采用锤击的方式产生振动弹性波，弹性波在岩体中传播，当遇到密度和波速不同的界面时会产生反射，在锤击点附近利用检波器来接收这一系列反射波。以其反射时间 Δt，以及在岩体表面测的弹性波波速 V，就可计算出反射面深度 h。

$$h = V \times \frac{\Delta t}{2} \tag{11-1}$$

陆地声呐法不仅可以探测断层等近似平面型的物体，还可探测溶洞等有限大小的地质体。由于是全信息的采集，还可根据频谱推断出断层影响破碎带的范围。同时还可避免直达波、面波等的干扰。

④瞬变电磁法。瞬变电磁法是利用不接地回线向地下发射一次脉冲电磁场，即在发射回线上供一个电流脉冲方波，当方波发射后在下降的瞬间，会产生一个向地下传播的一次瞬变磁场，地质体在该磁场的激励下会产生涡流，涡流的大小取决于地质体的导电能力，导电能力强时感应涡流也强。当一次场消失后，涡流不会立刻消失，它会有一个过渡过程，该过渡过程又会产生一个衰减的二次场向地下传播。在地表用接收线圈接收二次磁场，此二次磁场的变化，将反映地下介质的电性变化情况。研究瞬变电磁场随时间的变化规律，即可了解不同导电介质的分布。

测试图像简捷直观、预报距离50m左右；可识别多种异常，但要求解释人员具备丰富地质工作经验、并与地质调查资料密切结合，方可取得好的预报效果。

⑤红外线法。红外线法是利用一切物质都存在红外辐射场，场的存在就会有能量、方向、密度等信息的存在。隧道里面的围岩向外发射红外辐射时，势必会把内部的地质信息传递出来。正常场有如下特征是当隧道围岩介质正常时，所获得的红外场强值曲线形态是各有起伏不平，这样的场被称为被探地段的正常场。隧道围岩周围存在正常场，说明被探地段隧道外围20～30m范围内无不良地质体存在。异常场的特征是当隧道掌子面前方或隧道四壁外围任一空间存在不良含水地质体时，它们自身产生的红外场，就会叠加在正常场上，这样就会使正常场发生畸变。探测曲线上的畸变段称为异常场。

2）隧道初期支护净空断面检测

我国从20世纪60年代开始采用新奥法的施工方法，即初期支护采取喷锚柔性支护，二次衬砌采用模筑混凝土衬砌。

目前山岭隧道开挖方式基本上都采用钻爆法，因此开挖是控制隧道施工工期和造价的关键工序。超挖过多，会造成出渣量和衬砌量增多，还会因为局部超挖过大产生应力集中，从而影响到围岩的稳定性；欠挖会影响到初期支护及二次衬砌的厚度，对工程质量产生直接的影响，处理起来也相当的麻烦。

因此应该对隧道的开挖和支护断面轮廓进行检测，通过检测可以清楚地看到开挖断面轮廓的超、欠挖情况和初期支护断面轮廓的超、侵限情况，还可以检查出隧道开挖的方向是否偏移，能够及时地掌握开挖和初期支护的施工质量，及时地调整开挖方式，指导下一步的施工。

3）锚杆质量检测评定

由于新奥法施工技术在我国日趋成熟，锚固技术已在铁路、公路、矿山及水工隧道中得到广泛应用。早期检测锚杆锚固质量主要是靠测试锚杆的抗拔力来判断。这种方法有诸多缺陷：测试锚杆的抗拔力是一种破坏性的检测方法；抽检的样本数十分有限，难免以偏概全；不能完全反映锚杆的锚固质量状况；水泥砂浆（或锚固剂）对钢筋的包裹情况无法检测；不能检测锚杆的实际长度。

因此为进一步满足各类岩土锚固工程监测的需要，工程界出现了一种既简便经济又迅速可靠的锚杆质量检测方法，即超声波无损检测，这种方法为施工质量控制和工程可靠性检测提供了可靠的手段。随着对岩石动力学的深入研究和在岩土工程中的应用开展，在许多高校与科研院所，采用超声波无损检测及时确定锚杆锚固质量的方法，已经替代了传统的检测方法。

4）超声回弹综合法检测隧道衬砌质量

最近几年，我国高速铁路发展迅猛，我国隧道建设的数量和规模都在迅速增加。衬砌作为隧道结构的重要组成部分，无论是对在建隧道的质量检控，还是对已建隧道的健康诊断和日常维护，对衬砌进行强度检测都是必不可少的内容。

对回弹法来讲，随着混凝土龄期的变化会直接影响回弹值的大小，当龄期高时，混凝土表面硬化会使回弹值偏大；龄期低时，混凝土表面潮湿，会使回弹值偏小。对超声法来讲，当混凝土龄期高时，混凝土内部变得干燥，超声波速度会偏低；龄期低时，混凝土内部潮湿，声速会偏高。随着对混凝土强度检测的不断深入，考虑到二者的优点与不足，在混凝土强度检测时将这两种方法结合起来，形成了一种新的检测方法——超声回弹综合法。

超声回弹综合法是采用低频超声波检测仪和回弹仪，在结构或构件混凝土同一测区分别测量超声及回弹值，并利用已建立的测强公式，推算该测区混凝土强度值的一种方法。当所检测地区无专用的测强曲线时，应按全国统一测区混凝土抗压强度换算公式计算。

$$f_i = a V_{ai}^b R_{ai}^c \quad (11\text{-}2)$$

式中：f_i——结构或构件第 i 个测区混凝土抗压强度换算值，精确至0.1MPa；

V_{ai}——修正后结构或构件第 i 个测区混凝土声速代表值；

R_a——修正后结构或构件第 i 个测区混凝土回弹代表值；

a,b,c——粗骨料的品种系数。

5）检测隧道衬砌质量

隧道施作衬砌后，受诸多因素的影响，隧道衬砌混凝土可能出现未达到设计要求或有脱空等质量问题，为及时发现隧道衬砌质量问题，需对隧道的衬砌质量进行快速和高分辨率的检测，为隧道工程的科学管理提供依据。最早的检测是采用钻孔探测衬砌的厚度及背后的缺陷，这种方法比较的直观，但是会对隧道造成损伤，只能部分抽样检测，不能反映整个隧道的施工质量。

因此人们开始探索隧道衬砌的无损检测技术，地质雷达法就是在这样的背景下产生了。地质雷达技术起源于国外，最先是应用于军事领域，随后这种技术大量的运用在土木工程界。目前国外这项技术已经相当成熟了。当前，国际上有多个厂家或公司提供面向不同应用领域的地质雷达产品与服务，主要的地质雷达公司有美国地球物理探钡公司（GSSI公司）、加拿大探测器与软件公司（Sensor & SoftwareInc.）、瑞典MALA公司等。国内在20世纪80年代就开始地质雷达的研究工作，主要是为了煤矿安全，重庆煤研所在很多煤矿进行了试验，采用模拟信号、屏幕显示技术。20世纪90年代初外国雷达进入中国后，电子部22所和航天部爱迪尔公司也先后开始数字化雷达的研制，分别推出了自己的产品。

地质雷达技术的理论基础是电磁理论，要想对地质雷达技术有准确的把握必须对这些基础理论知识有清晰的认识，因为仓园隧道主要用到了地质雷达法，所以下面主要对地质雷达基本理论、岩石的介电常数及地质雷达的工作原理做一些简单介绍，并介绍在仓园隧道的应用情况。

11.6　地质雷达法

11.6.1　地质雷达的组成及工作原理

1）地质雷达的组成

地质雷达系统一般由控制单元、发射机、接收机和一些辅助元件组成。他们之间的关系如图11-2所示。

（1）控制单元。顾名思义，控制单元在整个雷达系统中起到关键的控制作用，是雷达系统的管理器，在检测时如何测量，需要通过计算机（32位处理器）给出详细的指令。系统的关键之处在于发射机和接收机均被控制单元控制，当前的时间和位置也被跟踪。

（2）发射机。发射机是用来发射电磁信号的设备。发射机的发射天线根据控制单元所发出的指令，产生相应频率的电信号；然后将一定频率的电信号转换成电磁波信号，发射天线将电磁波发向目标体的介质中去。在这个过程中，电磁信号主要能量集中在被研究的介质里传播。

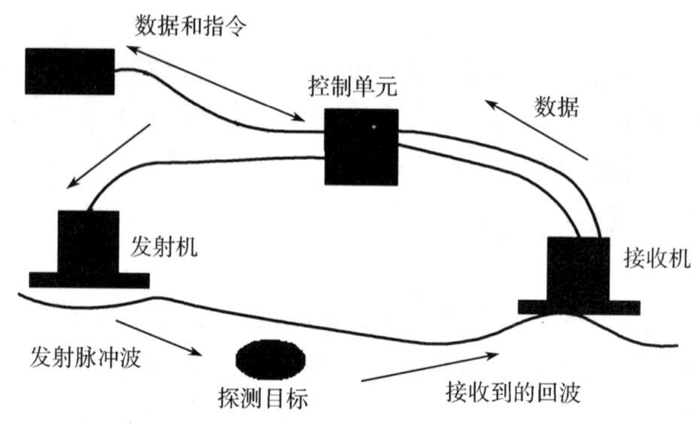

图11-2　地质雷达系统的组成

(3)接收机。接收机通过接收天线接收到电磁波信号，然后将电磁波信号还原成电信号，并将电信号以数字信息的方式进行存储。

(4)其他的主要是一些附属元件，例如光缆、电源、触发盒、通信电缆、测量轮等。

2)地质雷达的工作原理

(1)地质雷达探测技术是利用雷达发射机发射的高频脉冲电磁波来探测地下介质分布或被检测体内部情况的一种地球物理探测技术。其工作原理是：二个轴线保持一致的天线，即发射天线和接收天线被安装在地质雷达上，探测时，通过地质雷达的发射天线向隧道掌子面前方将要探测的地层或被检测体定向发射主频为数十兆赫至上千兆赫的高频脉冲电磁波。依据电磁波的相关理论，我们可以获知，电磁波在传播过程中遇到物理性质不同的介质的界面或被检测体内部不同物质(如节理、裂隙、断层的软弱围岩、钢筋、混凝土和围岩界面、地下水等)会发生反射和折射，不同距离的反射波信号由接收天线接收后，信号被直接传输到接收机。首先在接收机经过各种处理例如叠加、滤波、整形和放大，然后通过电缆传输到雷达主机，再由雷达主机进行处理后，传输到计算机。在计算机中，我们依照幅度大小对信号进行编码，并以灰色电平图、伪彩色电平图、波形堆积图等方式显示出来，通过事后处理，这些信息可用来分析、判断被检测体内部介质情况或地下目标、掌子面前方围岩介质的物体位置、深度、大小、介质电磁信息等特性参数。

(2)地质雷达检测技术是通过利用发射高频电磁脉冲波，在经过地下或岩体时遇到障碍物发生反射，通过对反射的研究来探测地下被检测体的形式、分布形态及特征的一种无损检测技术。

这种检测技术是将探地雷达紧贴掌子面或被检测体表面，通过发射天线向前发射宽频带短脉冲的形式的高频电磁波，当电磁波遇到异常地质体或介质分界面时，发生反射返回被接收天线接收，并由雷达主机记录下来，通过相关程序软件，形成雷达剖面图。因为电磁波在介质中传播的过程中，它的路径、波形以及电磁波场强度都将随所通过介质的几何形态及其电磁特性而发生变化。

所以，依据接收到的电磁波的旅行时间、幅度、频率和波形等特征，我们通过对雷达图像的处理和分析，可以确定目标体或掌子面前方界面的具体空间位置和结构特征。

(3)地质雷达依据电磁波的传播理论作为基础，以电磁波脉冲在地下介质中的传播原理进行工作。

首先发射天线将频率为 106 ~ 109Hz 或更高的高频电磁波以宽带短脉冲形式送入被检测体或地下，被不同介质的分界面或者被检测体内部的埋藏物表面（例如衬砌中的钢筋、孔洞表面）反射，反射信号被接收天线接收，系统自动记录反射的时间。然后我们根据接收到波的双程走时即旅行时间、波形变化与幅度频率等资料，判断目标体的形状、深度等特征参数或者介质的内部结构。由于接收天线安装在发射天线一旁，移动雷达设备时，两个天线沿物体表面实现了逐点同步移动，根据相关信息，我们可以得到被检测体或目标体内部介质的剖面图像（图 11-3）。

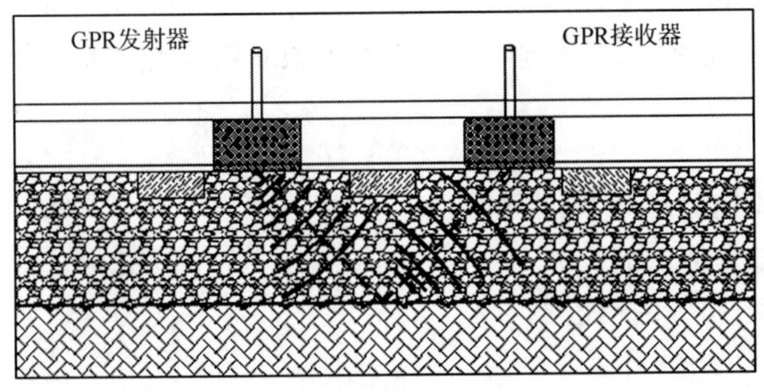

图 11-3　地质雷达探测原理图

依据最基本的勾股定理和路程时间速度公式我们可以得出脉冲波走时：

$$t = \frac{\sqrt{4z^2 + x^2}}{v} \tag{11-3}$$

式中：t——电磁波从发射机发射到经过介质反射后被接收机接收的间隔时间即脉冲波走时；

z——被检测体外表面到内部分界面的距离或者勘察目标体的埋深；

x——发射和接收天线的距离，x 值在剖面探测中是固定的；

v——电磁波在介质中的传播速度；可以利用现成的数据或测定获得。

(4)根据式(11-3)反推得：

$$z = \frac{\sqrt{v^2 t^2 - x^2}}{2} \tag{11-4}$$

由式(11-4)，我们很容易获得目标体的深度值(m)。

11.6.2　地质雷达的探测性能

1)地质雷达的分辨率

地质雷达的分辨率指的是雷达辨别等最小目标体的大小或者最小距离的能力。雷达的分辨率主要与介质的特性、介质与目标体的差异、要求的探测深度、选取的天线频率等有关。雷达的分辨率有垂向分辨率与横向分辨率。在隧道的混凝土结构健康检测中，一般对雷达的垂向分辨率要求不高，一般只注重地质雷达的横向分辨率。

(1)垂向分辨率

地质雷达的垂向分辨率是指其区分一个以上反射界面的能力,有时又称深度分辨率。当雷达波垂直入射到一个厚度逐渐变薄且介质均匀的地层中时,由于层间多次波的能量比较弱,所以雷达的接受天线所接受的波主要是地层顶面及底面的反射波的合成。

根据实验研究表明,当地层的厚度超过雷达天线主频波长的四分之一时,雷达所记录的反射波的第一个波谷和最后一个波峰之间的时间差与地层的厚度成正比,可通过时间差算出地层的厚度;而当地层的厚度小于雷达天线主频波长的1/4时,雷达所记录的反射波的变化很小,不能在雷达的时间剖面图上确定地层的厚度。所以一般把雷达天线主频波长的1/4作为雷达垂向分辨率的下限。

在隧道的混凝土结构健康检测中,垂向分辨率是地质雷达在隧道轴线方向上所能识别的最薄层的厚度。其实垂向分辨率的极限理论值是雷达天线主频波长的1/8,但是在实际检测中,由于外界的一些干扰因素,雷达垂向分辨率的下限一般取雷达天线主频波长的1/4。即

$$d_v = \frac{\lambda}{4} \approx \frac{c}{4f\sqrt{\varepsilon_r}} \tag{11-5}$$

式中:d_v——雷达的垂向分辨率;

λ——雷达天线主频的波长;

c——光在真空中的传播速度;

f——雷达天线的中心频率;

ε_r——介质的相对介电常数。

雷达天线的中心频率越高,其垂向分辨率越小,分辨能力就越强;反之,中心频率越低,雷达的分辨能力就越弱。例如若选用100MHz的天线,介质的相对介电常数为9,则雷达的垂向分辨率d_v约为0.25m。

(2)横向分辨率

地质雷达的横向分辨率指的是其在水平方向上所能分辨的最小目标体的大小,又称平面分辨率或者水平分辨率。在隧道的混凝土健康检测中,横向分辨率指的是雷达天线在混凝土结构表面移动时,雷达可以识别的目标体在测线方向上的最小尺寸。由于雷达波的传播过程中有干涉现象,产生了菲涅尔带,而雷达的横向分辨率与菲涅尔直径有关。

$$d_h = \sqrt{\frac{\lambda h}{2}} = \sqrt{\frac{ch}{2f\sqrt{\varepsilon_r}}} \tag{11-6}$$

式中:d_h——菲涅尔直径;

λ——雷达天线主频的波长;

c——光在真空中的传播速度;

h——目标体的深度;

f——雷达天线的中心频率;

ε_r——介质的相对介电常数。

当两个或者两个以上目标体之间的间距小于菲涅尔直径d_h,便不能区分开来,而对于一个目标体,地质雷达的横向分辨率一般大于菲涅尔带直径的1/4。所以当目标体的深度越深时,菲涅尔直径d_h越大,雷达的横向分辨率越大,分辨能力就越弱。

2）地质雷达的探测深度

地质雷达的探测深度指的是地质雷达所能探测到的最深目标体的深度。地质雷达的探测深度由雷达系统的增益 Q_s 及功率损耗 Q 所决定。

其中，雷达系统的增益 Q_s 由雷达系统本身决定。

$$Q_s = 101g\left(\frac{W_{min}}{W_T}\right) \tag{11-7}$$

式中：W_{min}——雷达的最小可探测的信号功率；

W_T——雷达系统输入到发射天线的功率。

地质雷达波从发射天线出发到接收天线接收的过程中能量会逐渐发生衰减，图 11-4 所示为地质雷达波从发射到接收的过程中功率传送的过程。

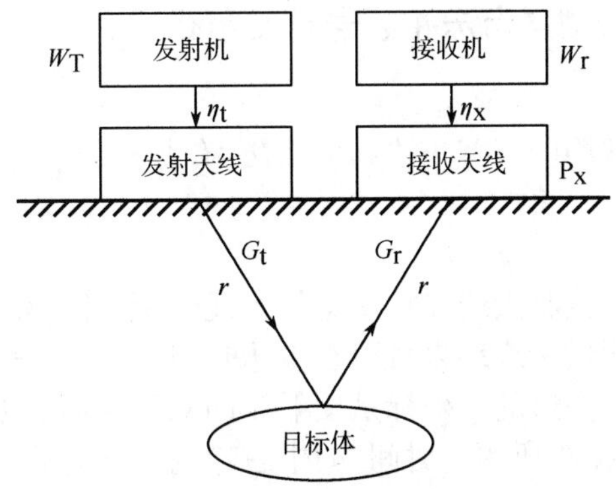

图 11-4　地质雷达功率传播示意图

雷达波从发射到接收过程中雷达系统功率的损耗 Q 计算。

$$Q = 101g\left(\frac{\eta_t\,\eta_r\,G_t\,G_r g\sigma\,\lambda^2\,e^{-4\beta r}}{64\,\pi^3\,r^4}\right) \tag{11-8}$$

式中：η_t——发射天线的效率；

η_r——接收天线的效率；

G_t——在入射方向上天线的方向性增益；

G_r——在接收方向上天线的方向性增益；

g——目标体向接收天线方向的向后散射增益；

σ——目标体的散射截面；

β——介质的吸收系数；

r——雷达天线到目标体的距离；

λ——雷达波在介质中的波长。

地质雷达的探测深度是满足 $Q_S + Q > 0$ 的深度 r，即雷达能探测到 r 深度范围内的目标体。η_t、η_r、G_t、G_r是由雷达系统本身所决定的，所以雷达的探测深度其实由介质的吸收系数 β、雷达波在介质中的波长 λ、目标体的后散射增益 g 与有效散射截面 σ 所决定。不同频率的天线在理想状态下的理论探测深度如表 11-1 所示。

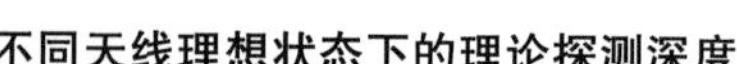
不同天线理想状态下的理论探测深度　　表 11-1

天线频率(MHz)	土　壤　中(m)	岩　石　中(m)
25	25	40
50	20	30
100	10	20
200	8	15
250	5	10
500	3.5	5
800	2	3.5
1000	1.5	3

11.6.3　地质雷达的测量方法和信号触发方式

1)地质雷达的测量方法

地质雷达的测量方法常用的有宽角法和剖面法,有些时候也会根据实际情况采用环形剖面法及多天线的测量方法。

(1)剖面法

剖面法就是发射天线和接收天线保持一定的天线间距,并且沿着测线方向一起移动的雷达测量方法。利用剖面法测量最终结果可以在雷达时间剖面图上表示,如图 11-5 所示为某隧道的雷达时间剖面图。图中左边的纵坐标是反射波的双程走时,记录了雷达波从发射天线出发,发生反射后由接收天线接收所用的时间;图中右边的纵坐标是探测的目标体的深度;图中横坐标是测线的长度。

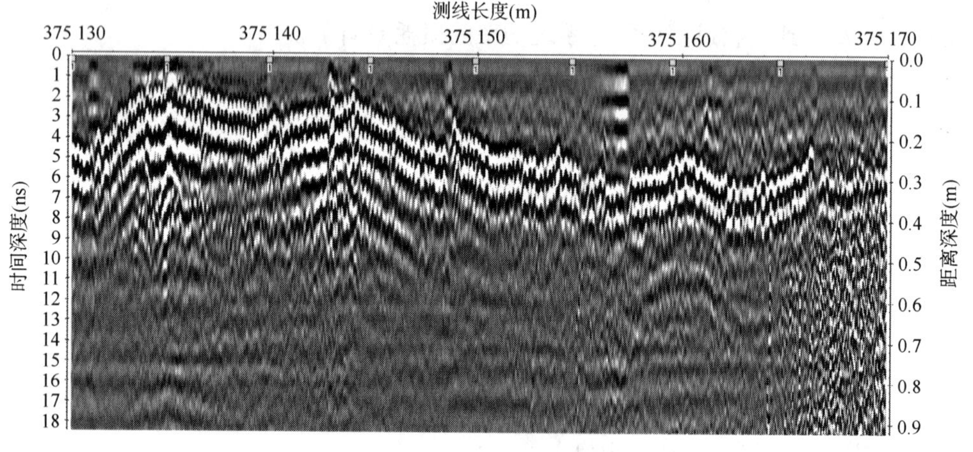

图 11-5　隧道雷达的时间剖面图

如图 11-5 所示,在利用雷达检测的过程中,深度信号往往不容易被识别,主要是由于介质对电磁波的吸收。虽然在数据处理阶段我们可以通过增益等滤波方式放大深部有用信号,但同时我们也可能放大了干扰信号。在测量时,我们其实可以通过多次覆盖测量,即在同一测线上选用不同的天线间距重复测量,然后将其结果叠加,从而增强深部雷达信号。

(2)宽角法

宽角法是其中一个天线固定不动,通过另一个天线的沿测线移动来采集数据的测量方法。利用宽角法采集的是反射波的双程走时 t,而宽角法的测量目的是为了求得雷达波在某种介质中的传播速度。

$$t^2 = \frac{x^2}{v^2} + \frac{4h^2}{v^2} \tag{11-9}$$

式中:v——雷达波波速;

h——反射界面的深度;

x——发射天线与接收天线的天线间距,且设直达波的 $h=0$。

另外,在某些特殊情况下还可以选择环形法或者多天线法。所谓的环形法,就是以所测目标体为中心,相对目标体在不同的半径上布置天线来进行测量。而天线法就是选取多个频率相同或者不同的天线进行测量。采用天线法,所有天线可以同时工作也可以相继工作。前者可以将所有单独扫描的结果叠加,从而扩大测量的面积,提高效率;后者是利用时间延迟期,通过推迟各道雷达波的发射和接受时间,将各天线的雷达数据叠加。根据实验显示,采用的各天线的间距越大,其叠加的效果越好。

2)地质雷达的信号触发方式

利用地质雷达采集数据时的信号触发方式主要有时间触发、键盘触发和测量轮触发。

(1)时间触发是地质雷达自动按照一定的时间间隔来采集数据。选用时间触发时,天线前行的速度要均匀,时间触发允许测量表面和天线底面存在一定的空隙。但是无论天线是否前行,雷达系统都会自动采集数据,所以这种方式人为比较难控制,往往出现雷达记录测线长度与实际的测线长度不相符,影响到检测的准确性,一般较少采用这种触发方式。

(2)键盘触发方式是测量现场将雷达系统与电脑相连,利用键盘发送指令,每按下键盘,天线移动一次就可以采集数据。键盘触发可用于恶劣条件下的超前地质预报。

(3)测量轮触发首先要保证测量轮的正常滚动,从而保证雷达记录的数据长度与实际的测线长度基本一致。所以在所测表面比较光滑的前提下可以考虑该种测量方式。

为了获得尽量多的有效信号,地质雷达记录数据时一般用的是宽频带,所以在记录有效信号的时候也记录了各种干扰信号。另外,雷达波在介质中传播的过程中,能量发生衰减,接收天线接收到的雷达波波幅变小,波形也有变化。所以,对收集的雷达数据必须进行处理,使雷达波能更加真实准确地反映所测目标体的实际情况,雷达波数据处理的效果如何直接关系到最终雷达图像解释的正确与否。

11.7　地质雷达应用于隧道混凝土结构健康检测的图像分析与解释

11.7.1　隧道混凝土结构中钢筋及钢拱架的判释

隧道中钢筋及钢拱架的施工是否符合设计要求直接关系到隧道的安全问题,所以在隧道混凝土结构的健康检测中需要对初期支护及二次衬砌中钢筋和钢拱架进行检测。隧道混凝土结构中单根钢筋在雷达图像中为圆弧状，圆弧的顶部就是钢筋所处的位置。实际检测中，钢筋网的雷达图像常呈尖锐的峰状，这主要是受到相邻钢筋的影响，此时钢筋的顶部为峰顶的位置。图 11-6 所示为隧道混凝土结构中钢筋网的雷达图像。

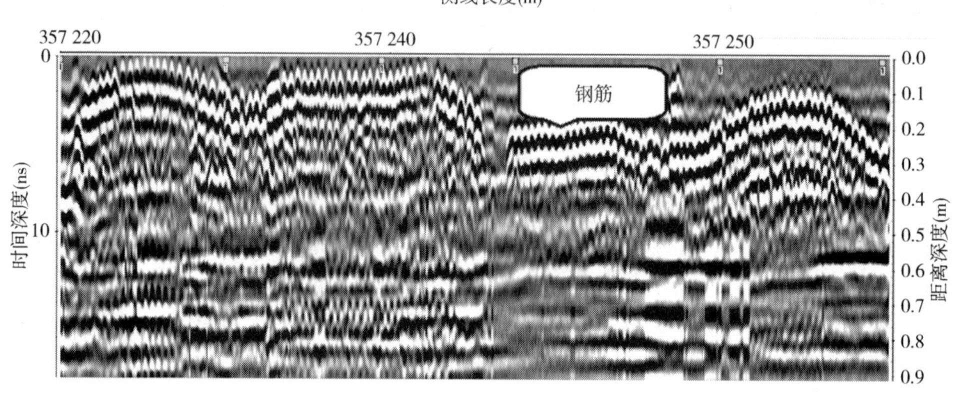

图 11-6　隧道混凝土结构中钢筋网的雷达图像

钢拱架在雷达图像中呈月牙状，每个月牙代表一榀钢拱架。在处理后的雷达图像中，可以通过统计每米测线长度内钢拱架的数量估算出钢拱架的间距，再与其设计值比较，从而判断钢拱架的施工是否满足要求。图 11-7 所示为隧道混凝土结构中钢拱架的雷达图像。

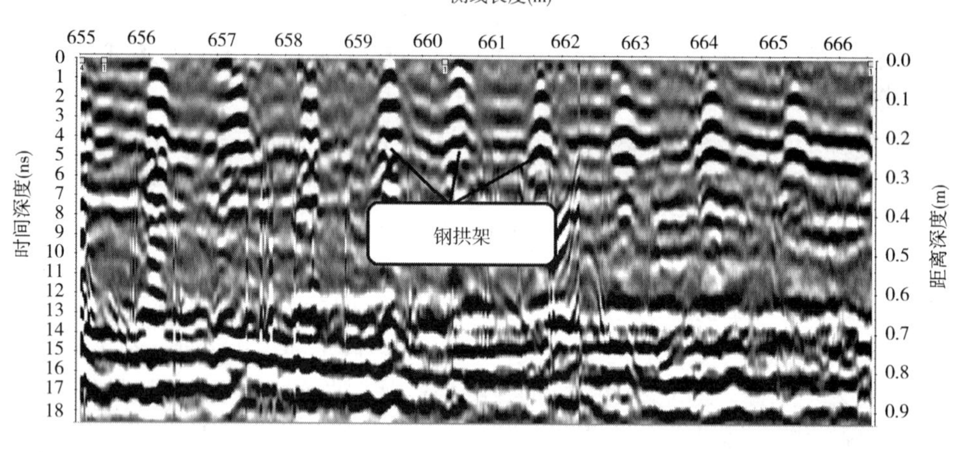

图 11-7　隧道混凝土结构中钢拱架的雷达图像

11.7.2　隧道混凝土不密实的判释

隧道混凝土的不密实是指在隧道混凝土的施工过程中因振捣不够或者漏浆及离析等，而造成混凝土内部某些区域出现因砂浆不饱满而有小空洞存在或是有蜂窝状空隙，严重的不密实也会影响到隧道的健康状态。雷达波在不密实体中传播时，会发生多次反射，其波形图零乱不连续。图 11-8 所示为隧道混凝土不密实的雷达图像。

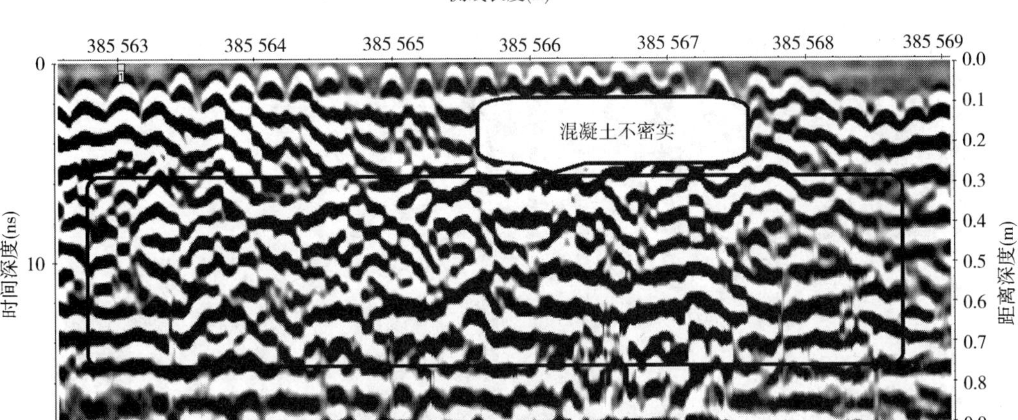

图 11-8　隧道混凝土不密实的雷达图像

11.7.3　隧道混凝土结构中空洞的判释

由于混凝土的流动性、收缩性及自重等特性,隧道混凝土结构中易出现空洞,特别是隧道的拱顶。如果隧道混凝土结构中存在空洞时,电磁波会产生强反射界面,反射波次数增多、振幅变大且与地面波反相,在雷达图像中呈现双曲线状。图 11-9 所示为隧道混凝土结构中空洞的雷达图像。

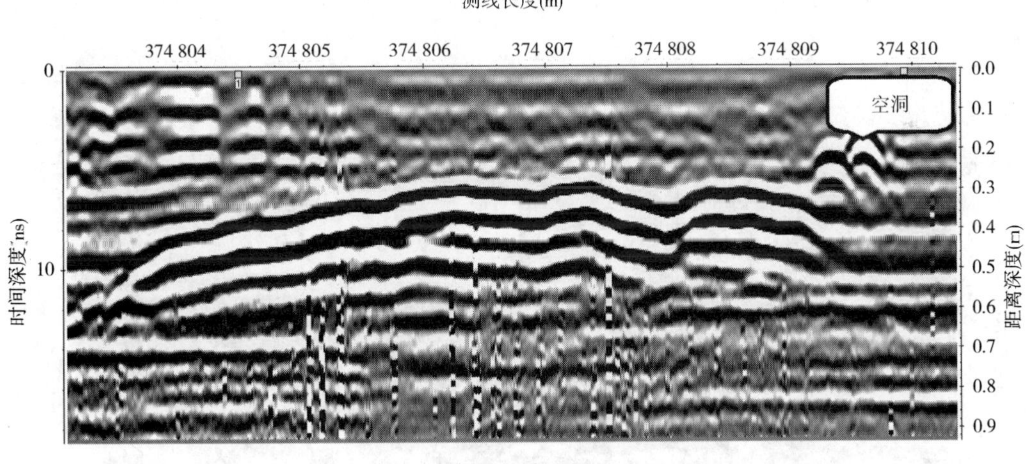

图 11-9　隧道混凝土结构中空洞的雷达图像

11.7.4　隧道混凝土结构厚度的判释

隧道混凝土结构初期支护及二次衬砌的厚度是控制隧道质量的关键要素之一。在处理后的雷达图像中,隧道混凝土结构呈层状,结合整体雷达图像及每道雷达波的特征,一般可较准确确定隧道初期支护及二次衬砌的厚度。图 11-10 所示为隧道初期支护及二次衬砌分界线的雷达图像。

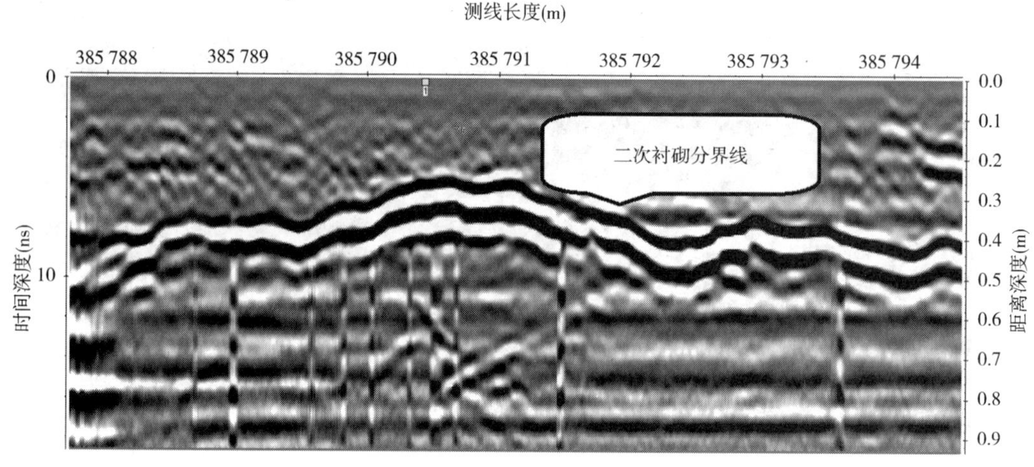

图 11-10　隧道初期支护及二次衬砌分界线的雷达图像

11.7.5　隧道混凝土结构健康检测中其他干扰波的判释

在隧道混凝土结构的健康检测中，所采用的天线虽然都是屏蔽天线，能屏蔽部分干扰信号，但是并不能屏蔽所有的干扰信号，尤其是金属物体的一些干扰。

在检测过程中，电缆线、施工台车等都会对收集的数据产生干扰，有些干扰信号可以通过后期的数据处理进行消除，但是有些信号却无法消除。图 11-11 所示为隧道施工台车产生的干扰信号。

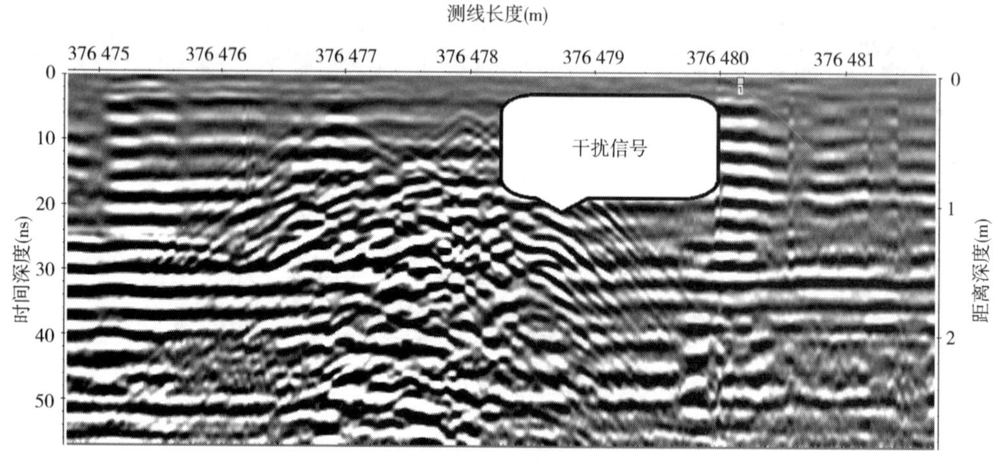

图 11-11　隧道施工台车产生的干扰信号的雷达图像

另外，在图像解释的过程中还可以结合雷达图像的波动模式，观察单道波的变化，将雷达图像的点模式和波动模式相结合可以更好地帮助我们分析混凝土结构中的缺陷，如图 11-12 所示为隧道雷达图像的波动模式。

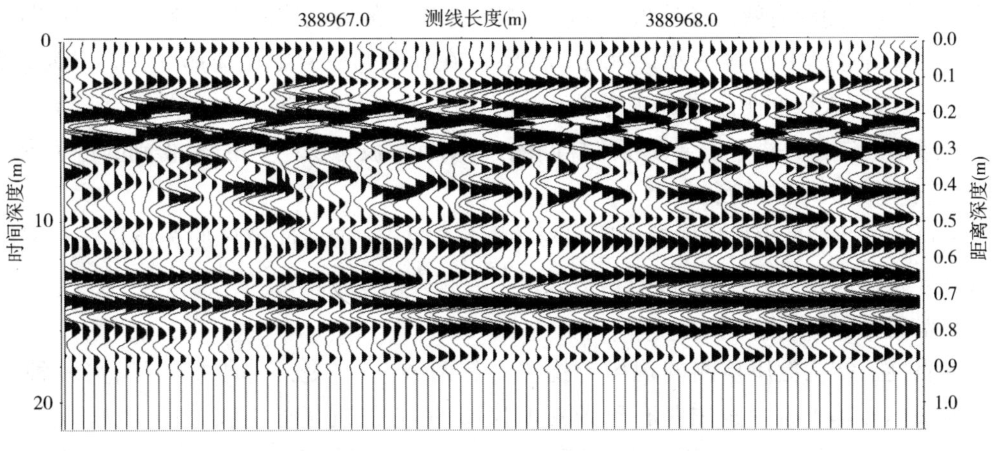

图11-12　隧道雷达图像的波动模式

11.8　地质雷达在隧道混凝土结构健康检测中的影响因素与处理措施

在利用雷达进行隧道混凝土结构健康检测的过程中,从最初雷达采集前的参数的选取到最后雷达图像的分析与解释都会受到各种因素的影响。在整个过程的各个阶段都必须将干扰因素降低到最少,比如不能完全寄希望于后期的数据处理而忽略采集数据时所产生的干扰,所有干扰因素集中在一起就会对最终的检测结果产生很大的影响。所以在检测的各个阶段要及时发现各种影响雷达检测的影响因素并尽可能将其排除。

11.8.1　地质雷达在隧道混凝土结构健康检测中的影响因素

初步接触雷达检测的时候,我们都会考虑地质雷达隧道混凝土结构健康检测的精确度的问题。雷达检测的精确度其实受很多因素的制约,有雷达波自身的特性、雷达仪器参数的选择、现场检测的干扰因素、雷达波速的选择等。

(1)雷达波自身特性的影响

雷达波具有高频和宽频的特性,雷达波的主频越高,主频段越宽,它的分辨率就越高。例如,在混凝土的健康检测中,雷达波的波速按经验值估算为0.1m/ns,波长是0.2m,分辨率取雷达波波长的1/8,所以采用500MHz和1000MHz的天线检测时,其分辨率分别可以达到25mm和12.5mm。

(2)雷达参数的影响

在利用雷达采集数据之前,需要选择合适的雷达检测参数,从而保证后面雷达图像的真实性及清晰性。雷达的检测参数主要包括天线的中心频率、天线的间距、时间窗口、采样率及测点点距等。

雷达天线中心频率的选择决定了地质雷达的分辨率和它的探测深度。天线的中心频率越高,雷达的分辨率就越高,但是其探测的有效深度越浅;相反天线的中心频率越低,雷达的分辨率越低，但是其探测的有效深度越深。在隧道混凝土结构的健康检测中，一般在检测初期支护及二次衬砌时可选择中心频率为 1GHz 的天线，而在检测仰拱时则需选择中心频率为 200～400MHz 的天线。天线间距选择合适的话，还可以增强来自目标体的回波信号。

测点点距的选择宜小于尼奎斯特采样间隔，否则反射波容易产生重叠，得到的雷达图形不清晰，不利于混凝土缺陷的判释。

而时间窗口及采样率的选取对雷达图形的影响较小，一般时间窗口的选择是在其理论值的基础上增加 30%，而采样率一般取雷达天线中心频率的 6 倍即可。

(3)现场检测的干扰因素

隧道混凝土结构健康检测的现场干扰主要有两种，一种是外部干扰因素，另一种是内部干扰因素。外部干扰因素主要有现场其他仪器的干扰、现场通信仪器的干扰、现场电缆线与电线的干扰、混凝土表面不平及其不均匀性产生的干扰、隧道里程的标记及检测时的抖动等，另外检测过程中检测人员的步行速度或者检测作业车的前行速度都会对检测结果产生影响。内部干扰因素主要有雷达波在钢筋及天线间产生的多次反射以及雷达系统内部的干扰波等。

(4)数据处理的影响

现场检测的雷达数据都需进行一定的数据处理才能得到清晰的雷达图形，再对其进行解释。数据处理过程中有关数据的选取，处理程序的选取都会对最终的雷达图形产生影响。例如数据处理过程中波速选择的不同，雷达图形中隧道衬砌的分界面就会产生变化，获得的隧道衬砌的厚度就有差异。

另外，雷达图像的解释存在很大的主观性，是检测中最重要的环节，所以最终雷达图像的解释需要理论知识扎实且具有丰富的实际经验的专业人员来完成。

11.8.2 减少隧道混凝土结构健康检测误差的方法与处理措施

针对以上几种雷达在隧道混凝土结构健康检测中的影响因素，总结出以下几种减少隧道混凝土结构健康检测误差的方法与处理措施。

(1)在检测之前，根据现场的施工工艺及检测目的等选择合适的雷达检测参数，从而获得更符合实际的检测数据。另外，在数据采集之前，应移走测线附近大的堆积物及仪器等，并且用明显的标记每隔 5m 左右表明隧道的里程。

(2)在数据采集过程中，首先每个数据文件的测线长度不宜过长，测线过长，检测过程中所形成的累积误差会加大，测线长度一般可控制在 100～200m 之间。对于需要重点检测的部位，可多布置几条测线。

(3)在检测隧道的拱顶和拱腰时，会涉及高空作业，这时首先要确保检测人员的人身安全，操作平台尽量不要晃动，车辆的行驶速度尽量均匀，从而保证操作人员能使测量轮紧贴隧道衬砌表面，避免测量轮发生空转。

(4)在采集数据的同时，需要对现场的情况做好一定的记录，以辅助日后的数据处理及图形解释。主要需记录检测的起始和终止里程号，中途有无遇到障碍物及其他可能产生干扰信号的物体,测量轮在检测过程中有无脱离检测表面而产生空转,测线范围内的隧道有无渗水现象等。

(5)在条件允许的条件下,通过现场量测、实验或钻芯取样等方法计算一定段落的雷达波波速,从而提高检测数据的精确度,减少误差。

(6)在数据处理的过程中要结合现场的记录情况,针对有干扰源的标段,选择几种数据处理方式对比研究,避免图形解释时过多受干扰信号的影响。

以上主要介绍了利用雷达对隧道混凝土结构进行健康检测前,雷达检测参数的选择;在雷达数据处理过程中雷达波波速的选择及数据处理流程。隧道中常见混凝土缺陷的雷达图像解释与分析及地质雷达在隧道混凝土结构健康检测中的影响因素与处理措施。重点在于如何利用 reflexw 软件获得清晰准确的雷达图像,本节只着重介绍了雷达具体应用于隧道混凝土结构健康检测中的一套处理流程。在雷达各种实际检测中,要根据具体的检测环境及检测目标体的特性等,总结出一套适合达到检测目的的一套处理流程,最终的目的都是为了放大有用信号,消除各种干扰信号,使雷达图像更清晰、更准确。

11.9　仓园隧道安全保证目标及措施

11.9.1　安全目标

坚持"安全第一,预防为主,综合治理"的方针,杜绝较大及以上施工安全事故,杜绝较大及以上的交通责任事故,杜绝较大及以上火灾事故,杜绝爆炸事故及爆炸物品丢失事故。

项目部成立安全生产领导小组,项目经理及总工程师任正、副组长,贯彻"安全第一,预防为主,综合治理"的方针,健全安全保证体系,做到思想保证、组织保证和技术保证,确保施工人身、设备安全。

11.9.2　安全防范重点及措施

本标段进口浅埋,地质破碎,因此不良地质段施工安全、运输安全、高处及临边作业安全和相关的人身、消防安全等是本工程的安全防范重点。针对施工特点采取如下防范措施。

(1)不良地质段施工安全防范措施

①隧道施工时设专职工程技术人员负责超前地质预报,发现不良地质情况及时上报并采取措施。

②加强监控量测,及时反馈监控量测资料,据以调整支护参数,确保施工人员、机械设备的安全。

③施工期间做好地下地表水的引排,防止隧道洞口的山体滑坡、崩塌。

④采用超前钻孔探测地质灾害及突水,现场准备充足的抽水设备,确保施工安全。

(2)运输安全防范措施

①严格车辆的检测、维修、保养和操作规程,严禁违章作业。

②提前做好雨季的材料储备,减轻雨季运输量。将"隧道坍塌、高空坠落、物体打击、行车安全"四大施工"惯性"事故作为日常安全管理的重点加以防范。安全保证体系框图如图

11-13所示。

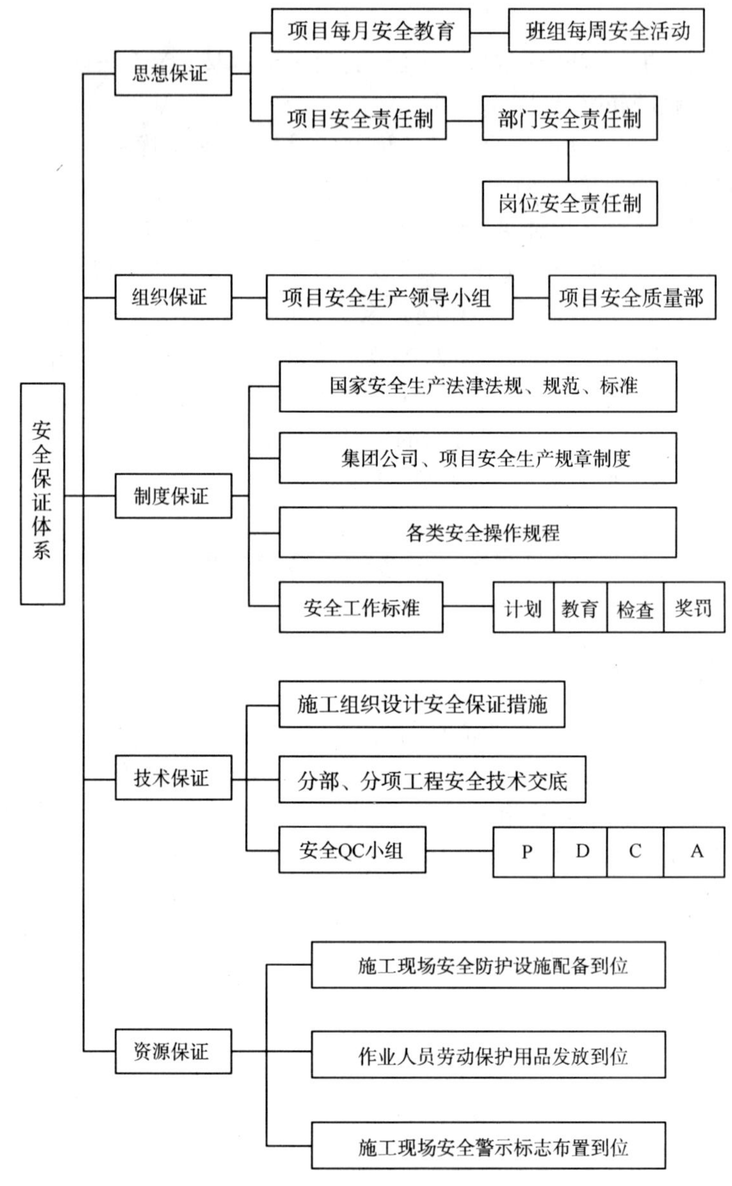

图11-13　安全保证体系框图

(3)高处及临边作业安全防范措施

高陡坡处施工,自上而下顺序放坡。严禁在同一地段上、下同时作业,开挖作业面与装运作业面相互错开,坡面上的松动石块及时清理,严禁在危石下方作业、休息和存放机具。

①汽车装土、卸土时,停卸地点平整坚实,在危险地段卸土设专人指挥。

②养生人员必须系好安全带,输水管路及其他设备拴绑牢固。

(4)人身安全防范措施

①所有进洞人员必须戴安全帽。施工人员,尤其是电工、电爆工、混凝土喷射手等严格按

规定佩戴好防护用品，违规者将按照项目部《安全管理制度》进行相应的处罚。

②作好特种作业人员特别是火工用品管理及使用人员的安全培训工作，特种作业人员要全部持证上岗，提高员工的安全防范意识。

③严格各种作业的操作规程，严防违规作业和机械伤人。

④工地建立防火责任制，职责明确。

⑤重点部位有专人管理，按要求设置警告标志，配置相应的消防器材。

(5)爆破安全管理

①爆破人员必须持有相应的爆破作业人员资格证，保管所领取的爆破器材不得遗失或转交他人，不准擅自销毁和挪作他用。必须将领取、使用、清退的爆破器材登记在工作日志上，并由安全员、单位负责人签字确认。

②设置爆破器材专用仓库，建立出入库检查、登记制度，收存和发放爆炸物品必须进行登记，做到账目清楚，账物相符。储存的爆炸物品数量不得超过储存设计容量，对性质相抵触的爆炸物品必须分库储存，严禁在库房内存放其他物品。专用仓库应当指定专人管理、看护，严禁无关人员进入仓库。

③运到爆破作业面的爆破器材，应有专人看管。作业地点只存放当班作业所需的爆破器材。

④爆破人员进行爆破时必须严格按照爆破设计规定进行爆破作业，严格遵守爆破安全规则和安全操作细则，爆破后检查工作面，发现盲炮和其他不安全因素应及时上报或处理，爆破结束后，将剩余的爆破器材如数及时交回爆破器材库。

(6)用电安全管理

①进行安全用电知识教育，定期检修电器设备。

②对电器设备外壳要进行防护性接地、保护性接零或绝缘。

③在洞内外潮湿环境情况下，施工临时照明设备及手提工具，不得使用超过36V的电压。

④电工在接近高压线操作时，其安全距离：10kV以下不得小于0.7m，20～35kV不得小于1m，44kV不得小于1.2m，否则必须停电后方可操作。

11.9.3　环保、水保目标和措施

严格执行国家《环境保护法》、《水土保持法》和地方政府的有关规定，坚持做到“少破坏，多保护，少扰动，多防护，少污染，多防治”，实施环境监控达标，确保环境保护，水土保持设施与主体工程“同时设计，同时施工，同时投入使用”，严格按照设计文件及批准的施工组织设计组织施工，将环水保及土地复垦措施落实到施工全过程。自觉接受并积极配合国家地方环保，水保行政主管部门监督检查，把兰渝铁路建成绿色，环保工程。环保组织机构框图见图11-14。

保证措施：

①永久用地范围内裸露地表用植被覆盖。

②对有害物质(如燃料、油料、废旧材料、垃圾等)通过可行的措施处理后运至指定的地点进行掩埋，以防泄漏，造成对动物、植物及环境的损害。

③施工机械的废油、废水，应采取有效措施加以处理，不得超标排放，造成河流和水源

污染。

④靠近生活水源施时,用沟壕或堤坝与生活水源隔开,避免污染水源。

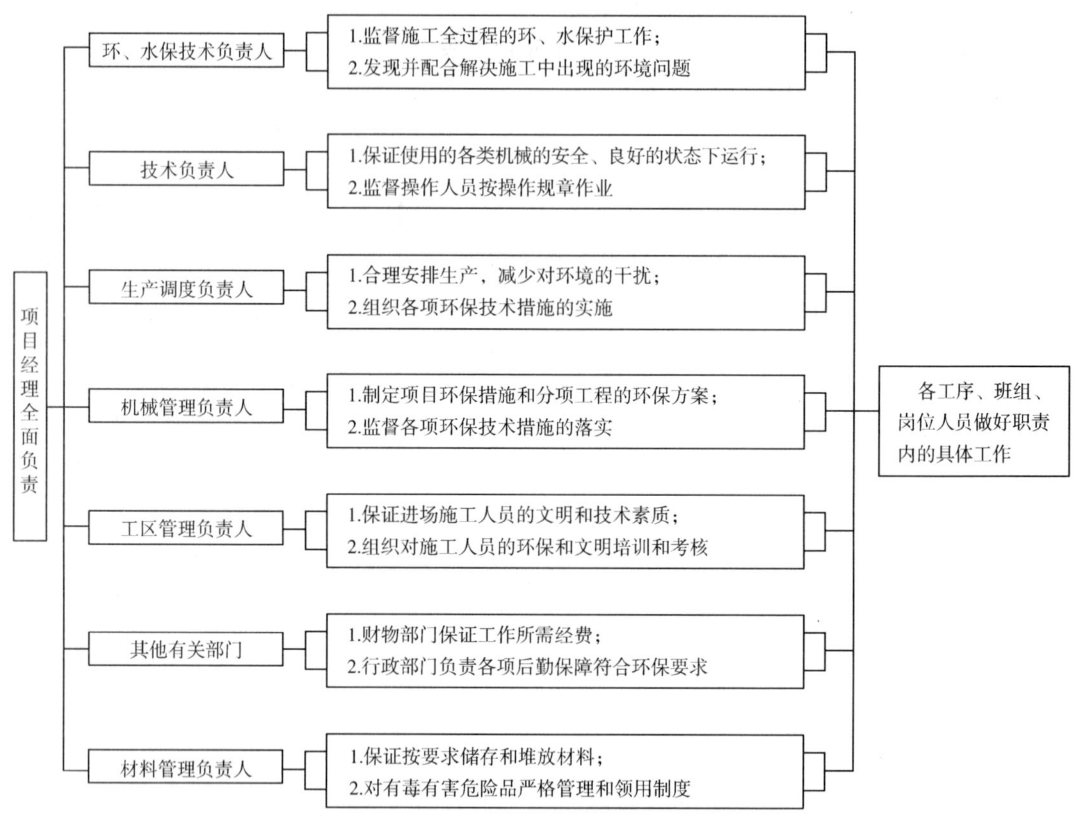

图 11-14　环保组织机构框图

11.9.4　文明施工

文明施工搞好友邻关系,才能为施工创造良好的外部环境,使大家能够在施工期间协作,互惠互利,自觉接受当地政府的监督,遵纪守法。与当地群众建立和睦关系。尽量为当地群众提供方便。听从建设单位和监理工程师意见、建议。

保证措施如下:

(1)主要管理人员持证上岗,各工区设立施工标志牌,标明工程项目名称、范围、开竣工期限、工地负责人,设立监督电话、接受社会监督。

(2)对进场施工的队伍签订文明施工协议书,建立健全岗位责任制。

(3)采用有效措施处理生产、生活废水,不得超标排放,并确保施工现场无积水现象。在多雨季节应配备应急的抽水设备与突击人员。

(4)现场布局合理,材料、物品、机具、土方堆放符合要求。

(5)施工内业资料齐全、整洁、数据可靠;办公室内按要求布置各类图表,及时反映现场状况及工程进度状况。

(6)加强夜间的安全保卫,设夜间巡逻队。

(7)在工地现场和生活区设置足够的临时卫生设施,每天清扫处理,同时,在生活区周围种植花草、树木、美化生活环境。生活垃圾集中堆放,统一搬运至指定地点废弃。

(8)施工期间经常对施工道路进行维修,确保晴雨畅通。

(9)车辆在运料过程中,易飞扬的物料用篷布覆盖严密,装料适中,不得超限。

11.9.5　应急预案及应急保障体系

安全生产事故灾难应急救援组织体系由分部应急救援指挥中心、分部有关部门、各工区安全生产事故灾难应急领导小组、安全员、应急支持保障部门、应急救援队伍和各工区相关部门组成。

经理部指挥长由项目经理担任,项目经理不在,由项目书记担任,依次类推;各部门负责人为部门应急责任人;工区应急小组长由工区长担任,工区长不在由副工区长担任,依次类推。

安全生产应急救援指挥中心具体承担安全生产事故灾难应急管理工作,专门协调指挥机构为有关部门管理的专业领域应急救援指挥机构。

各工区的安全生产事故灾难应急机构由工区确定。应急救援队伍主要包括分部应急救援队伍、各工区的应急救援队伍、社会力量及有关社会救援力量等。

现场应急救援领导小组以所在地工区为主,成立现场应急救援指挥部。现场应急救援指挥部负责指挥所有参与应急救援的队伍和人员,并负责及时向分部报告事故灾难事态发展及救援情况。

1)预警预防机制

(1)事故灾难监控与信息报告

安质部和各工区加强对重大危险源的监控,对可能引发特别重大事故的险情,或者其他灾害、灾难可能引发安全生产事故灾难的重要信息应及时上报。

特别重大安全生产事故灾难发生后,事故现场有关人员应当立即报告工区、现场负责人,负责人接到报告后,应当立即报告分部领导。分部领导在上报经理部的同时应当上报企业总部。情况严重亦应向当地人民政府和安监报告。

紧急情况下,可越级上报,可直接求救社会有关部门。

发生安全生产事故灾难的有关工区要及时、主动向分部应急救援指挥中心、有关部门提供与事故应急救援有关的资料。

(2)预警行动

各级安全生产事故灾难应急机构接到可能导致安全生产事故灾难的信息后,按照应急预案及时研究确定应对方案,并通知有关部门、作业班组采取相应行动预防事故发生。

2)应急响应

(1)安全生产领导小组办公室

及时向应急救援指挥中心报告安全生产事故灾难基本情况、事态发展和救援进展情况。开通与事故灾难发生地的工区应急救援指挥主要人员的通信联系,随时掌握事态发展情况。根据有关部门和专家的建议,通知联系地方相关机构做好准备,随时为应急救援指挥机构提供人员、技术帮助。派出有关人员赶赴现场参加、指导现场应急救援,必要时协调专业应急力量增援。对可能或者已经引发自然灾害、公共卫生和社会安全突发事件的,办公室要及时上报经理部、指挥部,同时负责通报地方相关主管部门。组织协调重大安全生产事故灾难应急救援工作,并协调落实其他有关事项。

(2)指挥和协调

救援指挥中心根据事故灾难的情况开展应急救援协调工作。通知有关工区及其应急机构、救援队伍和请求事发地毗邻工区、分部应急救援相关机构按照各自应急预案提供增援或保障。有关应急队伍在现场应急救援指挥部统一指挥下,密切配合,共同实施抢险救援和紧急处置行动。

应急救援指挥部负责现场应急救援的指挥,应急救援指挥部到达前,事发工区和先期到达的应急救援队伍必须迅速、有效地实施先期处置,事故灾难发生地区应全力控制事故灾难发展态势,防止次生、衍生和耦合事故(事件)发生,果断控制或切断事故灾害链。

(3)紧急处置

现场处置主要依靠本行政区域内的应急处置力量。事故灾难发生后,发生事故的工区、作业队按照应急预案迅速采取措施。

①事故发生初期,事故单位或现场人员应采取积极自救、互救措施,防止事故扩大,指派专人负责引导指挥人员及各专业队伍进入事故现场。

②指挥人员到达现场后,立即了解现场情况及事故的性质,确定警戒区域和事故应急救援具体实施方案,布置各专业救援队任务。

③各专业咨询人员到达现场后,迅速对事故情况做出判断,提出处置实施办法和防范措施;事故得到控制后,参与事故调查及提出整改措施。

④救援队伍到达现场后,应服从现场指挥长的指挥,采取必要的个人防护措施,按各自的分工开展抢险和救援工作。

⑤事故发生所在工作点要组织事故发生的单位严格保护事故现场,并迅速采取必要措施抢救人员和财产。因抢救伤员,防止事故扩大以及疏通交通等原因需要移动现场时,必须及时作出标志、摄影、拍照、详细记录和绘制事故现场图,并妥善保存现场重要痕迹、物证等。

⑥若进出现场道路被损毁,事故发生的施工单位应当尽快恢复被损的道路,提供抢险救灾物资和特种装备,并请求相关单位尽快恢复水电、通信等有关设施,保证抢险救灾工作顺利开展。

(4)医疗卫生救助

各工区应常备必要的医疗急救物品,负责组织开展紧急医疗救护和现场卫生处置工作。

根据现场情况(人员伤亡、便道路线),现场负责人可以向地方医疗机构请求,请求及时协调有关专业医疗救护人员、提供特种药品和特种救治装备进行支援。

(5)应急人员的安全防护

现场应急救援人员应根据需要携带相应的专业防护装备,采取安全防护措施,严格执行应急救援人员进入和离开事故现场的相关规定。现场应急救援指挥部根据需要具体协调、调集相应的安全防护装备。

(6)群众的安全防护

现场应急救援指挥部负责组织群众的安全防护工作,主要工作内容如下:

①应当与当地政府、社区建立应急互动机制，确定保护员工、地方群众安全需要采取的防护措施。

②决定应急状态下员工与群众疏散、转移和安置的方式、范围、路线、程序。

③指定有关部门负责实施疏散、转移、启用应急避难场所、开展医疗防疫和疾病宣传控制工作、负责治安管理等。

第12章 新工艺应用

仓园隧道属于围岩破碎,埋深浅,周围居民房屋建筑多。为了解决爆破振动对围岩的扰动以及减少对附近村民房屋的振动影响,在仓园隧道开挖过程中,对围岩破碎,居民密集居住地段使用了铣挖机开挖;介于湿喷工艺具有污染小、回弹率低、强度高的特点,在仓园隧道施工中使用了湿喷工艺。

12.1 铣挖法施工工艺简介

铣挖法是在液压挖掘机上,通过安装一台ER1500铣挖机(图12-1),利用铣挖机的铣挖头高速旋转切削岩土,人工配合修整开挖轮廓线达到设计要求的一种开挖方法。铣挖法可以有效地减少开挖对围岩的扰动,控制超欠挖,提高开挖质量,降低施工风险,减轻作业人员劳动强度。

图12-1 铣挖机

12.1.1　工艺流程

工艺流程图如图12-2所示。

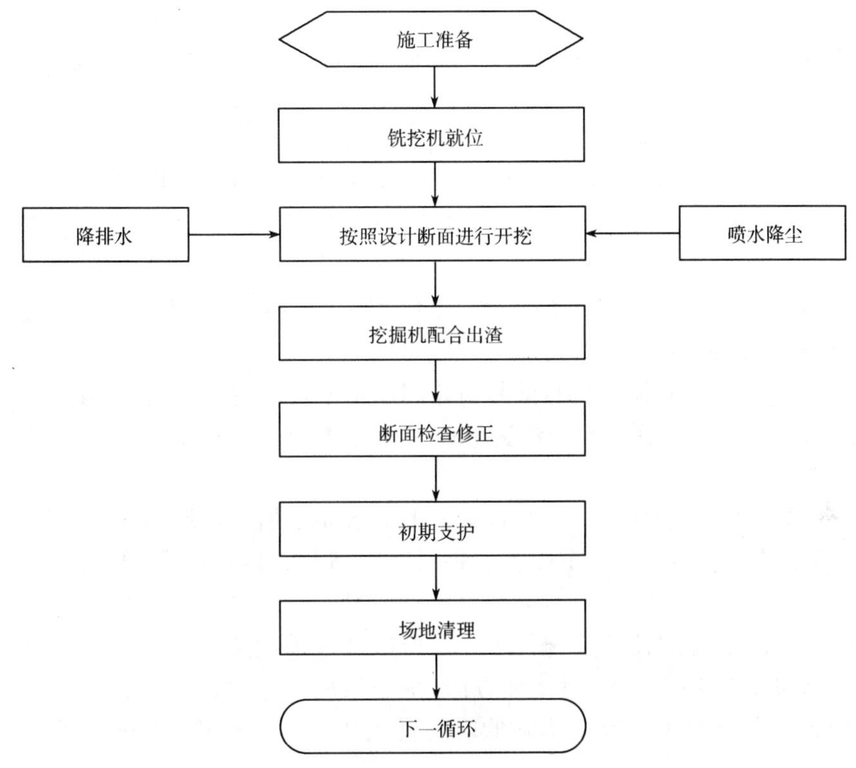

图12-2　工艺流程框图

12.1.2　施工步骤

第1步，用铣挖机对上台阶进行环形开挖（图12-3），考虑到作业空间要求，开挖高度1.2～2.0m，开挖进尺根据围岩情况选择1～1.5m。

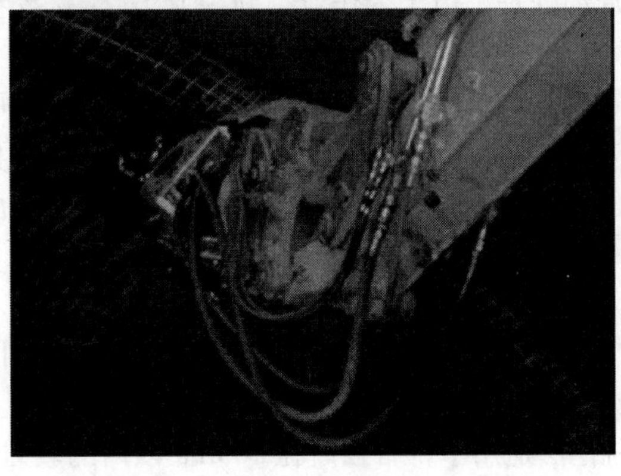

图12-3　铣挖作业

第2步，施作拱部初期支护，打设锚杆，挂钢筋网，喷射混凝土完成支护。

第3步，以破碎锤或挖掘机清除核心土，施作临时仰拱（视情况而定）。

第4步，中、下台阶左右错位开挖，开挖高度控制在3m左右，进尺为循环进尺，宽度3.0～4.0m。

中、下台阶采用铣挖机开中槽挖马口，再采用破碎锤或挖掘机清除核心土进行施工，开挖完成后及时施作初期支护。

第5步，开挖仰拱，拱架闭合，浇筑仰拱及仰拱填充。

第6步，施作防排水设施，绑扎钢筋，台车就位，浇筑二次衬砌混凝土。

从开挖断面设计来看，装配式铣挖机适应于左右分部分条块断面设计，从上到下开挖。铣挖注意事项：

（1）施工准备及设备配套选型。施工之前，根据围岩地质情况，选取合理的机械设备型号，进行合理的机械设备配套。

（2）工作面降水。工作面降水的目的是防止因渗水量过大，铣挖的岩渣成泥状而糊住铣挖头，以致降低铣挖效率。在采用台阶法施工时，工作面具有自然降水的能力，仅在拱脚及边墙等局部需要降排水处理。

（3）左右分部按设计断面铣挖。开挖断面设计按分部条块法开挖，横向左右分部，竖向上下分条块。分块大小：高度0.4～0.6m，左右每部分3～5块；开挖宽度3.0～4.5m；深度为设计循环进尺。

按设计断面铣挖掘进，先进行试掘，然后根据试掘效果调整断面设计等铣挖参数。每部从下到上按条块依次铣挖，顺截齿旋转方向，每一条块铣挖时，从左到右铣挖，并不断摆动或调整铣挖头。当铣挖速度或效率降低时将铣挖头游离工作面，等速度回升后再抵近铣挖。

（4）提高铣挖机铣挖效率。边角及底部等铣挖效率低的部位，由人工或其他机械设备清理。质量控制要求开挖循环进尺需满足设计；断面轮廓线虽然不能一次性修整到位，但能铣挖到的地方，必须修整整齐，并要保证隧道中线及高程控制。

（5）尽量采取流水作业。铣挖同时进行，采取流水线作业。一边开挖，一边通过配套机械设备实现出渣。或左右分部开挖，一部开挖另一部出渣，实现局部处理的平行作业。

（6）轮廓修整及人工局部处理。由于受作业空间限制，对于铣挖机局部处理不到的地方用人工修整。

（7）下台阶、仰拱机械（非爆破）开挖。对于下台阶，由于施工空间较大，可将铣挖机头换下，将液压锤安装在挖掘机上，或视围岩情况直接换上挖斗，对下台阶横向自上而下直接冲击或挖掘，每循环进尺控制在1.2m左右进行锚喷支护及超前支护。石渣由装载机装至自卸车上并运至洞外。完成后再换上铣挖机进行上台阶下一轮开挖。

仰拱开挖方法同下台阶，进尺控制在6m左右。

开挖下台阶及仰拱时，可视围岩情况将铣挖机与挖斗、破碎锤之间更换使用，岩质稍硬时，用破碎锤与铣挖机配合，能提高铣挖效率。

根据施工情况来看，铣挖法适用于岩石强度在10MPa以内的软岩掘进，对大于10MPa的岩石工作效率较低，铣挖机磨损速度快，成本较高。

12.1.3　铣挖机特点

(1)振动小,噪声低。
(2)易操作,控制准确。
(3)使用简单,施工安全。
(4)与挖掘机配套使用,不需另外采购设备,方便灵活。

12.2　湿喷工艺的应用

湿喷工艺是近几年国内开始推广的一种新型工艺,逐渐取代过去传统干喷工艺。由于它具有回弹量小,粉尘少、喷射混凝土强度高的特点,在国内隧道施工中得到广泛推广。

根据"新奥法"原理,隧道开挖要充分利用围岩自身结构,通过初期支护的作用形成新的受力结构来共同保证围岩稳定。这就要求喷射混凝土具有良好的强度和密实度来满足受力要求。仓园隧道由于围岩破碎,自稳能力差,为了保证初期支护和围岩形成一体满足受力要求,做好初期支护就显得十分重要。为了达到这一要求,仓园隧道采用了湿喷工艺。

12.2.1　工艺流程

工艺流程图如图12-4所示。

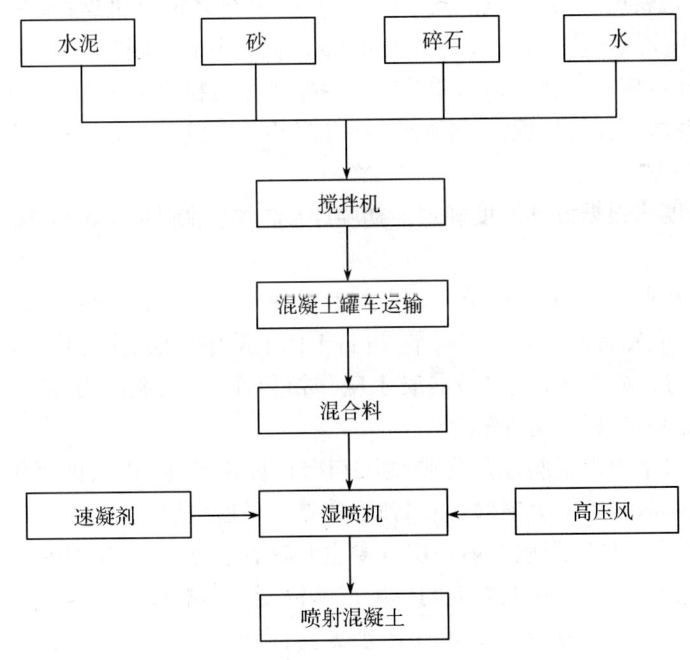

图12-4　工艺流程框图

12.2.2　主要设备

(1)主要机械设备(表12-1)

主要机械设备表　　表 12-1

序　号	设　备　名　称	数　量	规　格　型　号	备　注
1	拌和站	2	JS750	
2	装载机	1	ZL50	
3	混凝土罐车	2	$8m^3$	
4	湿喷机	2	TK600	
5	空压机	5	$20m^3/h$	

(2)施工材料及配合比

湿喷混凝土材料主要包括砂、水泥、碎石(5～10mm)、水、速凝剂、减水剂(根据需要),材料基本比例为:水泥∶砂∶碎石∶水∶速凝剂∶减水剂 =1∶2.2∶1.8∶0.45∶0.06∶0.008。

(3)施工步骤

①打开速凝剂辅助风→缓慢打开主风阀→起动速凝剂计量泵、主电动机、振动器→向料斗加混凝土。

喷射机安装调试后,起动喷射机时,按照先送风后加料的原则,待混凝土从喷嘴喷出后再供给速凝剂。操作时应特别注意控制好风压。风压过大,骨料碰到围岩后会大量回弹;风压过小,会造成堵塞管。实际操作中,应以混凝土回弹量小、易与围岩面黏着、表面有光泽为度控制风压。

②开机后注意观察风压,起始风压大于或等于 0.5MPa 才能开机操作,并根据喷头出料情况调整风压,边墙工作风压应控制在 0.3～0.5MPa 之间, 拱部控制在 0.4～0.65MPa 之间;供料应连续均匀,料斗内应有足够的存料并及时清除振动筛上粒径大于 15mm 的粗集料。

喷射上料要连续,要保持机筒内料满。并要在料斗口上设一 16mm 孔径的筛网,以避免超径骨料进入机内。

③一次喷层厚度应根据设计厚度确定。初喷厚度一般控制在 4～5cm,第二次喷射厚度可达 10cm 以上。

④喷射混凝土作业应采用分段、分片、分层依次进行。喷射顺序应自下而上。分段长度不宜大于 6m。喷射时应先将低洼处大致喷平,再自下而上顺序分层、往复喷射。

⑤喷射混凝土分段施工时,上次喷混凝土应预留斜面,斜面宽度为 200～300mm,斜面上需用压力水冲洗润湿后再行喷射混凝土。

⑥分片喷射要自下而上进行。要先喷钢架与壁面间混凝土,再喷两钢架之间的混凝土。边墙喷混凝土应从墙脚开始向上喷射,使回弹不致裹入最后喷层。

⑦分层喷射时,后一层喷射应在前一层混凝土终凝后进行,若终凝 1h 后再进行喷射时,应先用风水清洗喷层表面。一次喷混凝土的厚度以喷混凝土不滑移不坠落为度。既不能因厚度太大而影响喷混凝土的黏结力和凝聚力,也不能太薄而增加回弹量。边墙一次喷射混凝土厚度控制在 7～10cm,拱部控制在 5～6cm,并保持喷层厚度均匀。顶部喷射混凝土时,为避免产生堕落现象,两次间隔时间宜为 2～4h。

⑧喷射速度要适当,以利于混凝土的压实。风压过大,喷射速度增大,回弹增加;风压过小,喷射速度过小,压实力小,影响喷混凝土强度。因此在开机后要注意观察风压,起始风压达

到0.5MPa后，才能开始操作，并据喷嘴出料情况调整风压。一般工作风压：边墙0.3～0.5MPa，拱部0.4～0.65MPa。黄土隧道喷射混凝土时喷射机的压力一般不宜大于0.2MPa。

⑨喷射时使喷嘴与受喷面间保持适当距离，喷射角度尽可能接近90°，以使获得最大压实和最小回弹。喷嘴与受喷面间距宜为1.5～2.0m；喷嘴应连续、缓慢作横向环行移动，一圈压半圈，喷射手所画的环形圈，横向40～60cm，高15～20cm；若受喷面被钢架、钢筋网覆盖时，可将喷嘴稍加偏斜，但不宜小于70°。如果喷嘴与受喷面的角度太小，会形成混凝土物料在受喷面上的滚动，产生出凹凸不平的波形喷面，增加回弹量，影响喷混凝土的质量。

⑩停止喷射时，应先关闭速凝剂计量泵，之后停止加料，待喷嘴残留的混凝土及速凝剂完全吹净后，再停风、停机。

12.2.3 湿喷工艺特点

湿喷工艺是近年来隧道施工中采用的一项新工艺，与干喷工艺相比它具有以下特点：

(1)采用湿喷工艺施工的喷射混凝土的强度要比干喷混凝土强度高。

(2)回弹量小，可以节省喷浆料、加快施工进度，节约成本，提高效益。

(3)施工环境得到改善，可以较好地抑制粉尘产生，有利操作工人的身体健康。

(4)渗水严重的隧道不适宜使用湿喷工艺。

(5)对工人操作能力要求比较高。

第13章　仓园隧道施工总结

13.1　隧道概括

仓园隧道位于甘肃省陇南市武都区汉王镇仓园村,隧道下穿甘家沟泥石流沟,进出洞口主要分布于第四系砂质黄土中,洞身大部分布于细角砾土,局部洞身为风化千枚岩。隧道起讫里程:DK378 +146 ~ DK378 +885,地面高程约在1010 ~ 1090m,相对高差约80m,最大埋深约80m,全长739m。

整座隧道位于0.8%的下坡,左线83.181m位于$R = 10000$m的曲线上,右线123.181m位于R9995.533m的曲线上,其余均位于直线上。

13.1.1　工程地质特征

隧道通过地层主要为第四系全新统洪积细角砾土、粗圆砾土,第四系上更新统风积黄土、冲积砂质黄土、粗圆砾土及下伏的志留系千枚岩,隧道整体围岩较差。其中DK378 +380 ~ DK378 +643段下穿甘家沟泥石流区域,长度263m。

13.1.2　地质构造

隧道区在大的构造单元上处于秦岭纬向构造带和武都"山"字形构造体系的复合部位,构造作用主要表现为自中生代晚期开始大面积的缓慢抬升,岩体受到上述构造作用及白龙江—武都区域断裂带(F5距隧道1.5km)影响,沿白龙江两岸岩体节理裂隙发育,岩体较破碎。

13.1.3　水文地质特征

(1)地表水特征

隧道范围内甘家沟内有少量地表流水,平时流量较少,在雨季有大的洪流。

(2)地下水特征

根据钻孔提水试验成果,依据《铁路工程地质勘察规范》(TB 10012—2007)环境水、土对混凝土侵蚀性的判定标准,隧道通过地段的地下水对混凝土具硫酸盐侵蚀,环境作用等级为H3。

根据常规物探分析,甘家沟内洪积细角砾土内呈富水状。

根据钻孔提水试验成果,计算渗透系数$K = 1.34$m/d。利用裘布依公式,计算单位正常涌水量4080m^3/d · km,最大涌水量12240m^3/d · km。预测隧道通过甘家沟泥石流沟最大总涌水量3219m^3/d,且受季节降水的影响,涌水量变化较大。

13.2　隧道设计情况

13.2.1　原设计

隧道全长采用Ⅴ级围岩加强衬砌，拱部小导管超前注浆，小导管长4m，环向间距0.4m，纵向间距2.4m，初期支护采用Ⅰ20b型钢钢架。隧道进口明暗分界处、出口各设一环ϕ108大管棚，管棚长30m，环向间距0.4m。见表13-1。

原设计资料　　表13-1

围岩级别	预留变形量（cm）	初期支护											二次衬砌	
		喷射混凝土		锚杆			钢筋网			钢架				
		厚度（cm）	位置	位置	长度（m）	纵×环间距（m）	类型	位置	间距（cm）	类型	位置	间距（m）	拱墙（cm）	仰拱（cm）
Ⅴ	10～15	27/25	全断面	拱墙	4	1×1.2	ϕ8	拱墙	20	Ⅰ20b	全断面	0.6	50	55

洞身DK378+380-DK378+643为下穿甘家沟浅埋段，拱墙设ϕ50钢花管系统注浆，浆液采用水泥-水玻璃双液浆。洞内采用ϕ89大管棚超前支护，管棚长10m，环向间距0.4m，管棚内设钢筋笼，灌注水泥砂浆充填密实，管棚间设超前小导管预支护。

13.2.2　变更设计

（1）地表铺砌

地表C20混凝土铺砌由原来上游50m范围扩大到上游100m，上游50m铺设防水板，下游10m铺设防水板，并在甘家沟沟心大里程方向修筑150m（长）×1m（高）×0.5m（宽）的C20混凝土拦水墙。

（2）帷幕注浆

地表处理DK378+450～DK378+550段落，以隧道边墙净空外左8m和右5m范围内帷幕注浆，高度为隧道拱部以上5m至边墙底部。采用ϕ89钢管，端部在确定帷幕注浆范围内制作花管（在固结区内设出浆孔），间距1m×1m，从地表打入至隧道边墙底部，自下游往上游注1:1水泥—水玻璃双液浆，形成帷幕保护。

（3）地基加固

DK378+450～DK378+510段落依据地质实际情况，隧道仰拱位于软弱地层，由于承载力不足，对该段采取树根桩加固措施。树根桩压浆管采用ϕ89钢管，辐射状布置，孔间距0.4m，纵向间距1m，桩管长为6m。

13.2.3　建筑材料

（1）初期支护和预支护

喷射混凝土：C25 网喷混凝土。

锚杆：拱部 $\phi22$ 中空组合锚杆，边墙 $\phi22$ 全螺纹砂浆锚杆。

小导管：$\phi42$ 热轧无缝钢管。

管棚：$\phi89$、$\phi108$ 热轧无缝钢管。

钢筋网：$\phi8$HPB 钢筋。

钢架：型钢钢架 I 20b。

(2)二次衬砌

隧道衬砌：拱部、边墙、仰拱：C45 钢筋混凝土。

仰拱填充：C20 混凝土。

水沟、电缆槽身：C25 混凝土；水沟、电缆槽盖板：C35 钢筋混凝土。

隧道洞门：洞门端墙采用 C25 混凝土，挡、翼墙采用 C20 混凝土。

13.3 施工组织

13.3.1 人员组织

(1)班组划分

根据施工工序，现场共分组建了七个班组，分别是开挖掘进班，支护班，钢筋加工班，出渣班，二衬班，辅助班以及注浆班。

(2)人员详细配置情况(表 13-2)

人员配置表 表 13-2

序号	工种或职务	人数(个)	序号	工种或职务	人数(个)
1	队长	1	15	混凝土喷射工	8
2	副队长	1	16	混凝土泵司机	1
3	技术员	3	17	拌和机司机	2
4	测量员	3	18	电工	2
5	安全员	3	19	机修工	4
6	试验员	1	20	电焊工	4
7	材料员	1	21	木工	8
8	领工员	2	22	混凝土工	6
9	工班长	7	23	钢筋工	10
10	钻孔打眼	12	24	支护工	8
11	出渣司机	4	25	杂工	10
12	装载机司机	3	26	混凝土罐车司机	6
13	钻孔机司机	4	27	注浆工人	10
14	挖掘机司机	2	28	自卸车司机	2

13.3.2 设备组织

根据现场施工需要，现场共组织设备91台套，具体详单见表13-3。

设备配置表

表13-3

序号	设备名称	规格型号	单位	数量	备注
1	开挖台架	—	台	1	
2	防水板台车	—	台	1	
3	衬砌台车	—	台	1	
4	注浆台车	—	台	1	
5	凿岩机	YT28	台	20	
6	型钢加工机	—	台	1	
7	混凝土喷射机	—	台	3	
8	侧翻装载机	ZL50	台	2	
9	装载机	ZL50	台	1	
10	挖掘机	PC220	台	1	
11	混凝土输送泵	BT60	台	1	
12	强制式搅拌机	JS500	台	2	
13	通风机	—	台	1	
14	潜孔钻	—	台	4	
15	注浆机	—	台	4	
16	电动空压机	$20m^3$	台	4	
17	高压开关柜	—	台	2	
18	低压配电屏	—	台	2	
19	柴油发电机	200kW	台	1	
20	自卸车	—	台	2	运送混凝土喷射料
21	自卸车	—	台	4	出渣
22	变压器	400kVA	台	1	
23	钢筋弯曲机	—	台	1	
24	钢筋切断机	—	台	1	
25	钢筋调直机	—	台	1	
26	电焊机	BX500	台	6	
27	爬焊机	—	台	2	
28	高压水泵	—	台	4	
29	混凝土振动棒	—	台	6	
30	破碎锤	—	台	1	
31	混凝土运输车	—	台	4	
32	电钻	—	台	2	
33	风镐	—	把	3	
34	热熔焊机	—	台	2	

13.3.3 工期组织

仓园隧道从2009年6月开始施工,2012年1月贯通,历时30个月。

13.4 主要施工方法

13.4.1 进出洞施工方法

隧道进出洞遵循“早进晚出”原则,做好边仰坡防护和洞口防排水措施后,在洞口长管棚进行预支护完成后,正式进行开挖掘进,具体施工方法如下。

(1)施工工艺流程(图13-1)

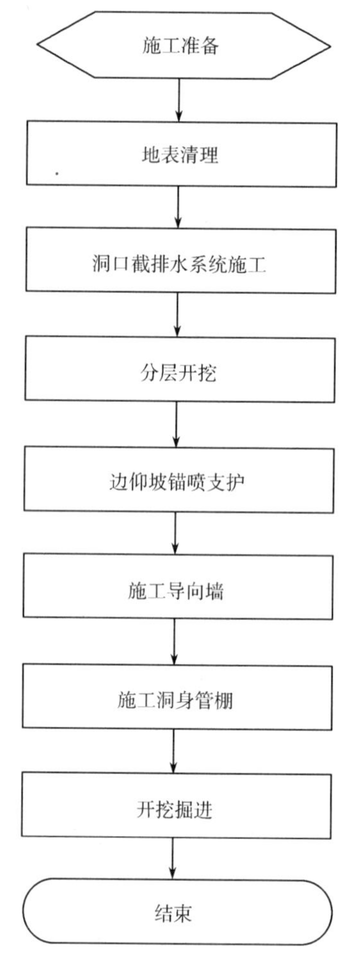

图13-1 工艺流程框图

(2)施工方法

①测量放样。洞口段位置按隧道设计图进行施测,确定好断面里程和尺寸后,从设计断面

边仰坡底角起，按坡度、洞口断面高度、实测地面高程确定边仰坡开挖线边线。

②截水天沟施工。在洞顶开挖线外距仰坡5～10m根据实际地形条件开挖截水天沟，作好洞口地表防排水。天沟开挖采用人工进行，对局部出露裸岩部位采用气动风镐凿除，人工砌筑。

③边仰坡开挖及防护（图13-2）。按照设计要求，对边仰坡进行刷方。刷方使用挖掘机由上而下分层进行开挖，边挖边刷，局部辅以人工刷方。坡面刷好后及时进行边仰坡临时防护，随开挖随防护。

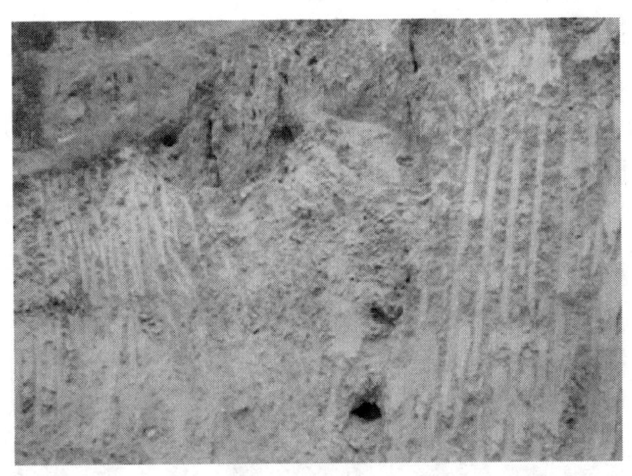

图13-2　边仰坡开挖

临时防护采用锚喷网防护，钻孔采用手风钻机进行，钻头直径大于锚杆直径15mm。系统锚杆在围岩开挖和初喷混凝土后打设，钻孔时确保孔口岩面整平，使岩面与钻孔方向垂直，局部随机锚杆的孔轴方向应与可能滑动面的倾向方向相反，其与滑动面的交角应大于70°，间距1.0～1.5m，梅花形布置。图13-3所示为边仰坡防护。

图13-3　边仰坡防护

锚杆埋设前，先对锚孔进行孔位、孔深、顺直度、孔径、方向检查，用高压风、水清孔，使孔干净无积水残渣。锚杆采用ϕ20螺纹钢筋，长3.5m。锚杆埋设采取先注浆后插杆方法施工，砂浆强度满足设计。用细钢管从孔底倒插式注浆，浆满后快速插入锚杆到埋设长度，然后用半干硬砂浆封实孔口，用楔子固定锚杆，并安设垫板，拧上螺母。锚杆埋设后24h以内不许碰撞，锚杆砂浆掺膨胀和早强剂，以提高其早期强度，埋设24h后，拧紧螺母，使垫板紧贴岩面。

洞口临时支护钢筋网用ϕ8钢筋制成，钢筋网在加工车间按一定规格成片进行制作。制作前进行调直、除锈、去油等工作，按照20cm×20cm点焊成网片。钢筋网与砂浆锚杆连接采取绑扎或焊接方式。

喷射混凝土采用湿喷工艺，喷射混凝土强度不小于C25，厚度大于10cm。在开挖完成后要进行初喷，初喷作用为封闭工作面、防止风化。喷层厚度不小于3cm。初喷完成后，立即进行锚杆和钢筋网的安装。在系统支护完成后进行湿喷混凝土，喷射混凝土由下向上分段、分片、分层螺旋式喷射。每段长度要以开挖分段分层一致。

④导向墙施工（图13-4）。明挖段开挖至暗挖段拱顶开挖轮廓线高度时，垂直下挖至设定的上半断面底部，临时喷射混凝土封闭暗洞掌子面。测量人员精确测量放出洞口位置，定出大管棚及套拱的位置。

图13-4　导向墙施工

沿开挖轮廓线环向紧贴安装3榀I18型钢钢架，每榀钢架间焊接环向间距为1m的φ25钢筋。导向管采用ϕ127×4mm的钢管，间距0.4m，倾角为3°（不含线路纵坡），方向与线路中心线方向平行。施工时在型钢上标注ϕ127×4mm导向钢管的位置，逐根焊接于钢架上固定。外侧其他型钢钢架，内、外层钢架采用钢筋焊接。立模加固，套拱厚度为0.6m，长度为2m。导向管两端封堵，以防进浆。浇筑采用C25混凝土，为管棚施工作准备。

图13-5　钻孔

⑤管棚施工。套拱混凝土达到100%强度后，实施管棚钻孔工作（图13-5）。长管棚中心距开挖轮廓线约40cm，长管棚钢管采用热轧无缝钢管，钢管直径108mm，壁厚6mm，节长3m、6m。钢管间距环向0.4m，外插角3°（不包含线路纵坡），方向与线路中线平行。隧道纵向同一断面内的接头数不大于50%，相邻钢管的接头错开1m，钢管采用螺纹

连接。编号为奇数的孔采用有孔钢花管，钢花管第一节长3m，编号为偶数的孔采用无孔钢花管，钢花管第一节长6m，以后每节均采用6m等长有孔或无孔钢花管。钢花管上钻ϕ10的注浆孔，孔间距15cm，梅花形布置，尾部留不钻孔的止浆段450cm。

钻孔前，根据纵坡及外插角调整钻机钻进角度，使钻机钻杆角度与线路方向呈3°夹角，调整完成后，固定钻机位置。为保证成孔质量，防止邻孔钻进时前面的成孔坍塌，钻孔间隔进行。先钻奇数孔，后钻偶数孔，成孔直径为127mm，以便顺利安装ϕ108×6mm钢花管。

奇数孔成孔后及时安装有孔钢花管，压注水泥浆（图13-6），水泥浆水灰比为1∶1，偶数孔成孔后立即安装无孔钢花管，防止塌孔。同时偶数孔的施工一方面可以检查奇数孔注浆质量，另一方面也可以进行补充注浆，提高注浆加固围岩的效果。施工过程中，每钻完一孔就顶进一根钢管，钻进过程中经常采用测斜仪量测钢管钻进的倾斜度，发现偏斜超过设计要求时，及时纠正。

图13-6　注浆

成孔检查：孔深采用控制钢管长度的方法检查孔深，倾斜度采用测斜仪量测。

注浆检查：注浆量控制，单孔注浆量为0.5m^3，压力控制，注浆初压为0.5～1MPa，终压为2MPa。注浆时采用注浆压力及注浆量双控制。

注浆结束后及时清除管内浆液，并用M30水泥砂浆紧密填充，以增强管棚刚度和强度（图13-7）。

图13-7　洞身管棚

⑥洞口明暗挖交接处开挖支护方法。管棚施工完成后,借助上半断面台阶高度,进行上台阶开挖与支护工作,掘进10~15m,开挖明挖段的下半断面。明挖段下半断面随挖随喷混凝土防护,挖至两侧墙底高程后,及时进行两侧边坡防护施工,同时进行暗挖段导坑下台阶开挖支护。

13.4.2 洞身开挖方法

仓园隧道全洞按照Ⅴ级围岩设计,因此开挖方法主要采取了三台阶七步开挖法以及大拱脚开挖法(图13-8)。

图13-8 洞身开挖

(1)三台阶七步开挖法

①工艺流程(图13-9)。

②施工步骤。

第1步:上部弧形导坑开挖。在拱部超前支护后进行,环向开挖上部弧形导坑,预留核心土,核心土长度宜为3~5m,宽度为隧道开挖宽度的1/3~1/2。开挖循环进尺根据初期支护钢架间距确定,最大不超过1.0m,开挖后立即初喷3~5cm厚混凝土。上台阶开挖矢跨比大于0.3,开挖后应及时进行喷、锚、网系统支护,架设钢架,在钢架拱脚以上30cm高度处,紧贴钢架两侧边沿按下倾角30°搭设锁脚锚杆,拱脚锚杆和钢架牢固焊接,复喷混凝土至设计厚度。

第2、3步:左右侧中台阶开挖。开挖进尺根据初期支护钢架间距确定,最大不超过1m,开挖高度一般为3~3.5m,左右侧台阶错开2~3m,开挖后立即初喷3~5cm厚混凝土,及时进行喷、锚、网系统支护,接长钢架,在钢架拱脚以上30cm高度处,紧贴钢架两侧边沿按下倾角30°搭设锁脚锚杆,拱脚锚杆和钢架牢固焊接,复喷混凝土至设计厚度。

第4、5步:左右侧下台阶开挖。开挖进尺根据初期支护钢架间距确定,最大不得超过1.0m,开挖高度为3~3.5m,左右侧台阶错开2~3m,开挖后立即初喷3~5cm厚混凝土,及时进行喷、锚、网系统支护,接长钢架,在钢架拱脚以上30cm高度处,紧贴钢架两侧边沿按下倾角30°搭设锁脚锚杆，拱脚锚杆和钢架牢固焊接，复喷混凝土至设计厚度。

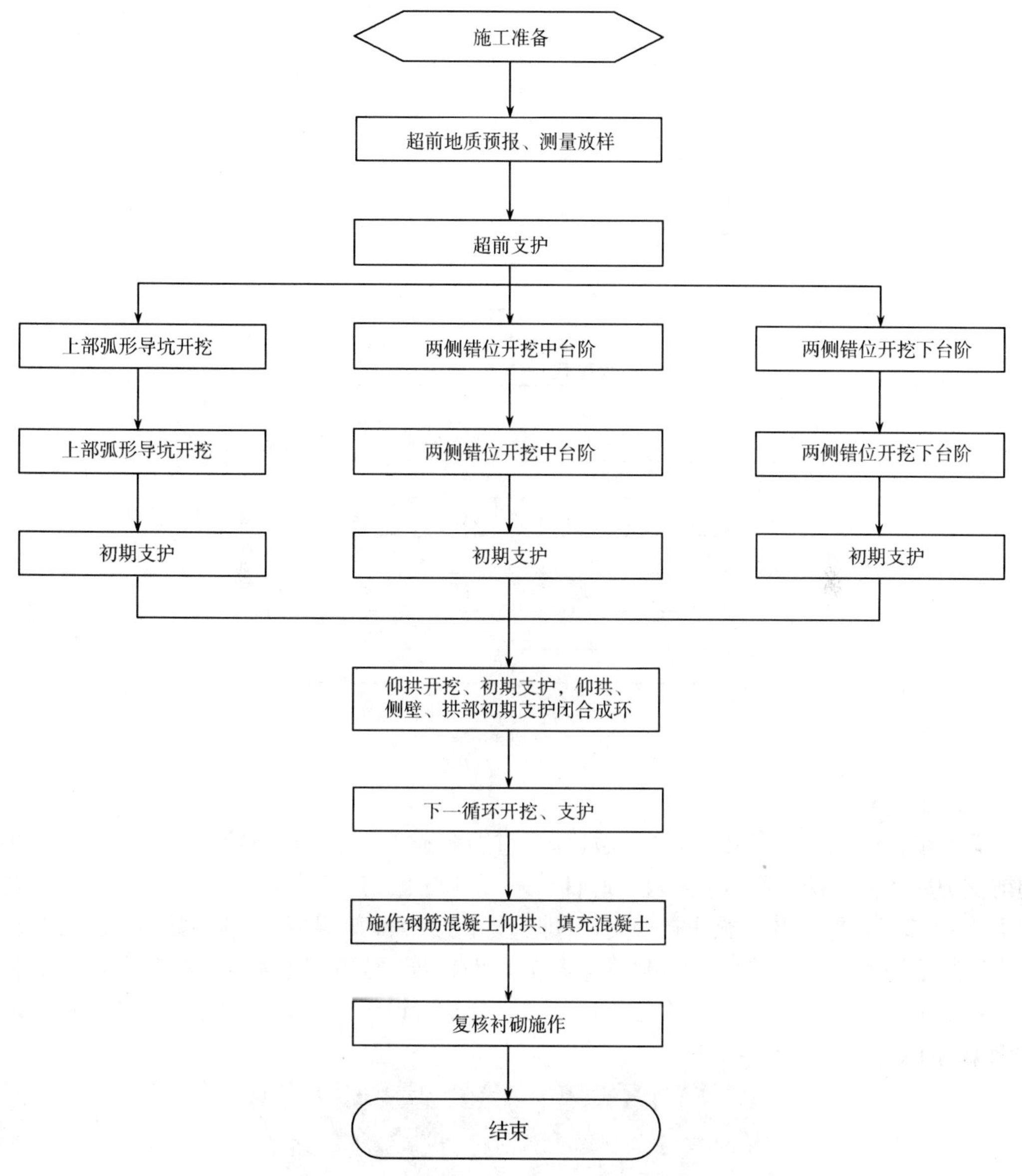

图13-9　三台阶七步开挖法工艺流程图

第6步：上中下台阶预留核心土。各台阶开挖分别开挖后及时施作仰拱初期支护，完成两个隧道开挖、支护循环后，及时施作仰拱，仰拱分段长度为4～6m。

第7步：隧底开挖。每循环开挖进尺长度为2～3m开挖后及时施作仰拱初期支护，完成两个隧底开挖、支护循环后，及时施作仰拱，仰拱分段长度为4～6m。

(2)大拱脚开挖法

①工艺流程(图13-10)。

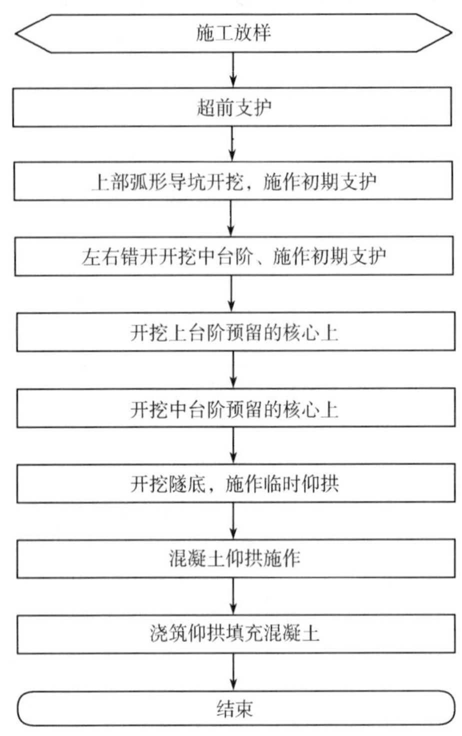

图 13-10　大供脚开挖法工艺流程图

②施工步骤。

第 1 步：利用上一循环架立的钢架施作隧道拱部 ϕ42mm 超前小导管（图 13-11）。在拱部超前支护后环向开挖上部弧形导坑，预留核心土，核心土长度为 3～5m，宽度为隧道开挖宽度的 1/3～1/2。开挖后及时施作初期支护，即进行初喷 4cm 厚混凝土，挂钢筋网，架设钢架，施作大拱脚系统支护，并在钢架拱脚底部紧贴钢架两侧边沿按下倾角 45°打设锁脚锚杆，锁脚锚杆与钢架牢固焊接，钻设系统径向锚杆后复喷混凝土至设计厚度。开挖循环进尺根据初期支护钢架间距确定。

图 13-11　超前小导管

第2步:左侧中台阶开挖。在滞后上部约3~5m后,开挖左侧中台阶。开挖进尺根据初期支护钢架间距确定,开挖高度为3.5~4m,开挖后及时施作初期支护,即进行初喷4cm厚混凝土,挂钢筋网,接长钢架,并设锁脚锚杆系统支护,钻设系统径向锚杆后复喷混凝土至设计厚度。

第3步:右侧中台阶开挖。在滞后掌子面2~3m后,与左侧中台阶开挖支护方式一样,施作右侧中台阶。

第4、5步:开挖上台阶、中台阶核心土。在滞后中台阶3~4m后,依次开挖上台阶、中台阶核心土,开挖进尺与各台阶循环进尺相一致。

第6步:开挖隧底。在滞后中台阶核心土4~5m后,开挖隧底剩余部分,开挖后初喷4cm厚混凝土,安设仰拱钢架并与左右侧落地钢架焊接牢固,复喷混凝土至设计厚度,及时施作仰拱及仰拱回填,仰拱分段长度为4~6m。

13.4.3　初期支护方法

(1)工艺流程(图13-12)

(2)主要施工步骤

第1步:初喷。开挖结束后,复核开挖断面,清理松散围岩,然后立即初喷3cm厚的混凝土,尽快封闭岩面,防止风化剥落,同时大致找平岩面,为拱架与岩面密贴做好准备。

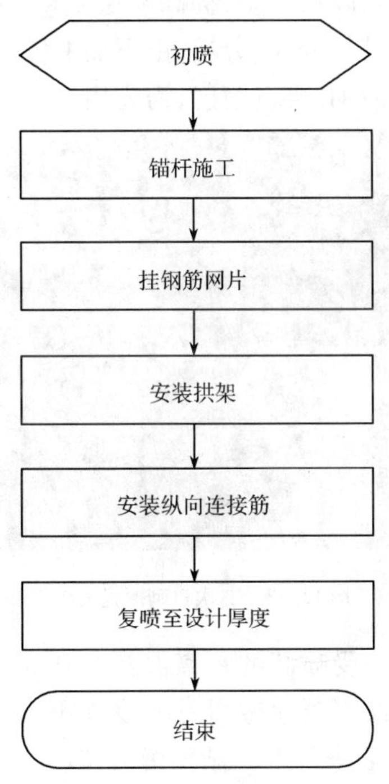

图13-12　初期支护工艺流程图

第2步:锚杆施工。

a.钻孔、清孔。利用风动凿岩机钻孔,锚杆孔位与岩面垂直,与设计孔位偏差不大于

150mm，钻孔圆而直，锚杆的钻孔直径大于杆体直径15mm，钻孔深度大于锚杆设计长度10mm。成孔后用高压风清除孔内石屑。

b. 锚杆安设。清孔后将注浆管插入距孔底5~10cm，然后缓慢注入砂浆，注浆管随注随拔，然后将锚杆插入孔内。锚杆插入长度不小于设计长度的95%。待砂浆达到强度后安加垫板，垫板与螺母上紧并与喷层面紧贴。

钢筋网加工安装。钢筋网预先在钢筋加工厂加工成2m×2m的方片，施工时运至工作面进行安装。钢筋网加工制作及安装时要除锈、去油污。钢筋网铺设时随混凝土初喷面起伏敷设，并与壁面接触紧密，每片钢筋网搭接长度不小于1~2个网格，搭接方式为焊接。钢筋网的节点与锚杆和钢架接头采用点焊的办法焊接牢固，防止喷射混凝土时晃动。

钢架加工安装。钢架按照设计要求在洞外加工场分单元加工，汽车运至洞内分段拼装。钢架安装前先在初喷混凝土面上标出钢架安装位置，按照设计间距固定在稳固的地基上。拱架安装后在拱脚处打锁脚锚杆。钢架平面垂直于隧道中线，其倾斜度不大于2°，钢架的任何部位偏离铅垂面不大于5cm。钢架与系统锚杆焊接成整体，钢架间设纵向连接筋。分部开挖时，及时将拱架连接成为整体，以提高钢架受力的整体性能。架立钢架后尽快进行复喷混凝土至设计厚度。

第3步：喷射混凝土施工。喷射混凝土采用湿喷工艺（图13-13）。喷射前埋设喷层厚度控制标志钉，每1~2m设一根。混凝土用强制式拌和机分次投料拌和。拌和料采用混凝土罐车运送到作业点。为减少回弹量，降低粉尘，提高喷层质量，采用混凝土湿喷机作业。混合料随拌随喷，供料连续；喷射作业分段、分片、分层，由下而上依次进行。分层喷射时，后一层在前一层混凝土终凝后进行，若终凝后1h再行喷射，需先用风水清洗喷层面。

图13-13　二次衬砌混凝土浇筑

喷射机工作风压稳定，喷头与受喷面的距离保持在0.8~1.5m范围内，喷射的角度最好保持与受喷面垂直，喷头操作连续不断地做圆周运动，并形成螺旋状，喷射的路线自下而上，做“S”形运动，喷射混凝土完成4h后进行下一循环爆破作业。

13.4.4　二次衬砌施工方法

（1）隧道二次衬砌采用9m衬砌台车，按9m长度分段整体浇筑。混凝土为拌和站集中拌制混凝土，由混凝土搅拌输送车运输至浇筑地点，然后由混凝土输送泵泵送入衬砌台车模板内。

(2)施工前清理基底杂物、积水和浮渣,准确测量使衬砌台车定位(图13-14),保证衬砌台车中线与隧道中线一致,测量复核无误后固定台车;装设钢制挡头模板,按设计要求装设止水带,并自检防水系统设置情况。灌注混凝土自下而上,先墙后拱,对称浇筑(图13-15)。

图13-14　台车定位

(3)混凝土浇筑时的自由倾落高度不超过1.5m,当超过时,采用滑槽、串筒等器具,或通过模板上预留的孔口浇筑。为保证混凝土的密实性,采用高频振捣器振捣,辅以附着式振动器。初期支护变形稳定前施工的二次衬砌,拆模时的混凝土强度应达到设计强度的100%;初期支护变形稳定后施工的二次衬砌,拆模时的混凝土强度应达到8.0MPa,当湿度不够时,脱模后喷雾洒水养护,养护期为14d。

图13-15　地表钻孔

(4)为保证衬砌混凝土与防水板及初期支护之间相互密贴,衬砌背后预埋注浆管,待混凝土达到强度后进行衬砌背后回填注浆。

(5)拱顶衬砌混凝土施工 。混凝土泵送软管从模板台车的进料窗口(从最低一级窗口逐渐上移)处注入混凝土。当混凝土浇筑面接近顶部(以高于模板台车顶部为界限),进入封顶阶段,为了保证空气能够顺利排除,在堵头的最上端预留两个圆孔,安装排气管,其大小以ϕ50mm为宜。排气管采用轻质胶管或塑料管,以免沉入混凝土之中。将排气管一端伸入仓内,且尽量靠前,以免被泵管中流出来的混凝土压住堵死,另一端即露出端不宜过长,以便于观察。随着浇筑继续进行,当发现有水(实为混凝土表层的离析水、稀浆)自排气管中流出时(以泵压≤0.5MPa 为宜),即说明仓内已完全充满了混凝土,立即停止浇筑混凝土,撤出排气管和泵送软管,并将挡板的圆孔堵死。封顶混凝土按规范严格操作,尽量从内向端模方向灌注,排除空气,保证拱顶灌注厚度和密实。

(6)衬砌背后压浆。隧道衬砌施工完成并达到80%强度后,进行衬砌混凝土背后回填注浆。注浆管预埋于衬砌混凝土内,每6m 设一处,镀锌钢管注浆口突出衬砌内缘 3 ~5cm,以便于连接。注浆材料采用1∶1水泥浆,回填注浆压力采用0.05 ~0.1MPa,终压0.2MPa。

13.4.5 拆换拱方法

(1)工艺流程(图13-16)

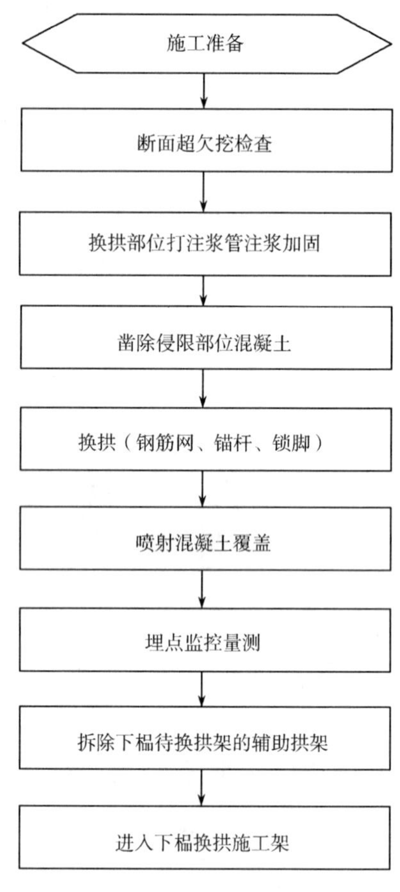

图13-16 拆换拱工艺流程图

(2)施工方法

①测量班对初期支护变形地段进行净空断面检查,绘制断面扫描图,确定处理段落及部位,用红漆标识。

②施作径向小导管。首先换拱段初期支护打设 $L=3$m、ϕ42mm 注浆小导管沿隧道拱墙周壁进行围岩径向注浆加固。注浆钢管间距为1m,纵环向间距1m。注浆采用1∶1水泥浆注浆

压力1.2～1.4MPa。具体实施中注浆压力根据施工过程中围岩变化、注浆情况、帷幕范围适当调整。注浆前对注浆设备及压力表进行检验。待浆液凝固后，结合净空测量数据，变形稳定后可进行换拱处理。

③拆除初期支护混凝土。拆除采取破碎锤配合人工风镐的施工方式进行。一次拆除一榀。拆除循序为先拱后墙。拆除至钢筋网或连接筋混凝土面时，切断钢筋网及连接筋，确保全部切断后对剩余混凝土进行凿除。在拆除喷射混凝土过程中对既有的钢筋网及连接筋进行切割处理。确保不破坏既有拱架受力。拆除后进行扩挖至设计轮廓线，预留沉降量为25cm。扩挖后对岩面进行混凝土初喷。初喷封闭围岩后再进行初期支护施工。待拱部换拱工序结束之后进行边墙混凝土拆除及支护工程。

架设拱架及喷射混凝土。拆除完一榀拱架初喷结束后，立即打设锚杆、挂钢筋网、安装拱架、复喷至设计厚度，埋设变形观测点。

13.4.6　地表注浆方法

(1)工艺流程(图13-17)

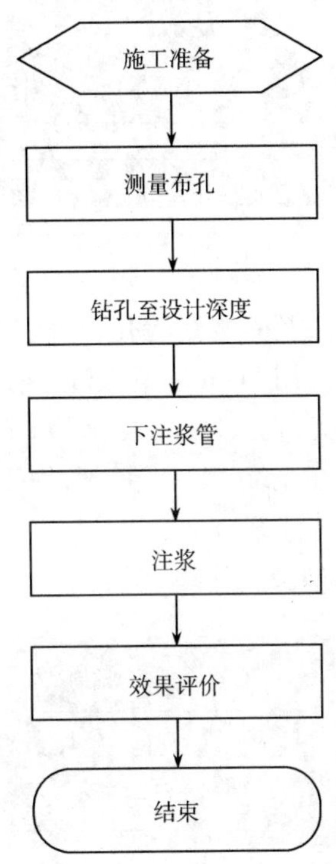

图13-17　地表注浆工艺流程图

(2)施工方法

①施工准备。对注浆场地进行平整，准备好钻孔、注浆材料和机具，检查钻机、搅拌机、注浆泵是否正常，保证其能正常工作，检查注浆管路确保管路畅通，检查注浆泵的压力显示系统确保其准确无误。

②测量放样。根据设计图测量放出注浆范围和注浆孔位置，测出各注浆孔处地表高程，计算出各注浆孔深度，并对每个注浆孔编号。

③设备选型。根据现场地质情况确定钻机型号，以满足进度要求；根据本隧道围岩破碎、遇水极易塌孔、土石夹杂、工期短、质量要求高的特点，选用 ZGYX-3500 液压行走潜孔钻机和 GZJIB 型注浆机。

④钻机定位。根据测量注浆孔位置进行钻机就位，场地夯实整平，保证钻机稳定、钻杆垂直。

⑤钻孔。根据测量提供注浆孔深度钻 ϕ110 孔至设计高程下 0.5m，钻进过程中用水平尺经常检查钻杆垂直度、调整钻机机座，确保注浆孔垂直（图 13-18）。

图 13-18　地表钻孔

⑥下管。钻孔完成后，退出钻杆，及时进行验孔，在注浆孔深度达到要求后及时下注浆管。

⑦封管。注浆前先对孔口封堵。用 5mm 厚钢板焊接在注浆管尾端，在钢板上部贴近导向管管壁钻一 ϕ20mm 的圆孔，在圆孔处焊接 15cm 长、ϕ20mm 的钢管，注浆时用 ϕ30mm 高强胶管套住 ϕ20mm 钢管进行注浆，同时在尾端做一止浆阀，便于封堵。

⑧注浆。注浆采用全孔封闭整体注浆，注浆终压 1.5MPa。注浆时，先注周边孔，以形成周边止浆墙，防止跑浆。注浆用 GZJB 型液压注单、双液浆（图 13-19）。

图 13-19　地表注浆

a. 注浆配制要求。

水泥浆的配制。浆液配制时，按浆液配合比称量加料，力求数量准确，加料顺序为先加水，在搅拌机搅拌的情况下加入水泥。注意浆液搅拌均匀倒入储浆筒时，必须经过筛网过滤，严禁包装纸及块状水泥进入储浆筒，浆液配比为：水泥∶水＝1∶0.7。

水玻璃配制。对当购进的水玻璃不在35～40(°Bé)范围时，加水稀释至35～40(°Bé)，稀释时，边加水边搅拌，边用波美计测量。浆液比例为：水玻璃∶水泥∶水＝1∶1∶0.7。

掺速凝剂。注双液浆时，需在水泥浆中掺 Na_2HPO_4 缓凝剂，掺量为水泥用量的2%～4%。加料顺序为：水—缓凝剂—水泥，搅拌时间应不少于5 min，放置时间不超过30 min。

b. 注浆结束标准。采用注浆终压和流量控制注浆是否结束，当压力达到1.5MPa后，并且流量很小而注浆压力突然增大超过1.5MPa，即可结束该孔注浆。

c. 现场试验。钻孔、注浆全面展开之前，先做试验孔，确定浆液参数、浆液扩散半径、钻孔间距，以达到最佳注浆效果；在注浆孔周围分别均匀依次布置0.8m、1.0m、1.2m注浆效果观察孔。经现场多次试验确定采用1∶1水泥浆，注浆孔间距1.0m，浆液扩散半径0.7m，注浆效果最佳。

13.4.7　地基加固方法

(1)工艺流程(图13-20)

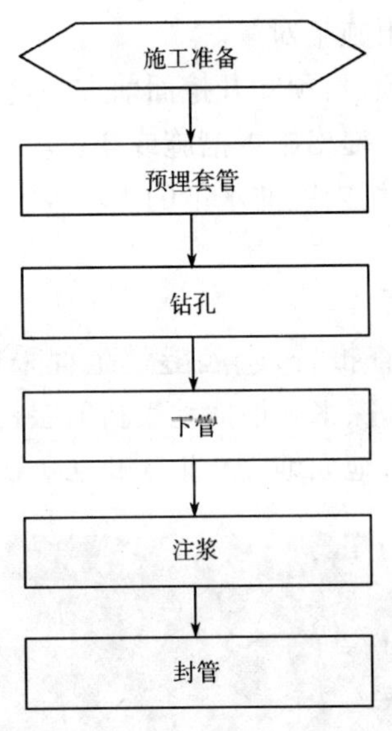

图13-20　地基加固工艺流程图

(2)施工方法

正常施作仰拱及仰拱填充，在施作前预埋 ϕ108mm 钢管，利用仰拱仰拱填充混凝土形成止浆墙。待仰拱混凝土达到75%强度后，利用潜孔钻顺着预埋的孔位进行钻孔。

①钻孔施工。钻孔使用潜孔钻，钻机固定在仰拱面。为便于计算孔深，选用定长2m一节的钻杆。下钻杆时丝扣涂抹黄油便于拆卸。钻孔以 ϕ91mm 钻头钻至设计深度，下入 ϕ89mm 的钢管，钢管之间用丝扣直联，钢管以下2m范围内打出浆孔，孔径 ϕ15mm，沿钢管梅花形布

置。每个钻孔结束后,进行验孔,合格后进入下一步施工。

②注浆施工。下入注浆塞,连接注浆管路,开始注浆,记录注浆时间和注浆量。注浆采用压力与注浆量双控,以压力控制为主(初始压力:0.5~1.0MPa,终压:2~3 MPa),注浆量控制为辅。

a.注浆材料:采用水泥—水玻璃双液浆,水玻璃用35(°Bé),水泥用PO42.5普通硅酸盐水泥。

b.采用的配合比:水泥:水=1:0.7,水玻璃:水=1:0.5,水泥浆:水玻璃=1:1,水泥浆的密度为1.619g/cm^3。

13.5 质量安全控制措施

13.5.1 超前地质预报

(1)超前地质预报目的

通过对围岩级别及其稳定性的预报,预知开挖面前方的围岩类别与设计是否吻合,判断其稳定性,随时提供修改设计、调整支护类型及开挖后确定二次衬砌时间的建议等。

通过对断层及其破碎带的预报:预知断层的位置、宽度、产状、性质、充填物的状态,是否为充水断层,并判断其稳定程度,提出施工对策。

通过对不良地质及灾害地质预报:预知开挖面前方一定范围内有无突水突泥、岩爆及有害气体等,并查明其范围、规模、性质,提出施工措施或建议。

通过对水文地质的预报:预知洞内突涌水量的大小及其变化规律,并评价其对环境地质、水文地质的影响。

(2)实施方法

根据仓园隧道设计提供的勘查报告,仓园隧道全程采用了TSP超前地质预报方法(图13-21、图13-22),另外采用了红外探水和地面地震折射层析法两种方法。全洞累计进行TSP超前地质预报6次,红外探水1次,地面地震折射层析法1次。

图13-21 TSP超前地质预报孔眼

图 13-22 TSP 超前地质预报实施

(3)实施效果

通过实施超前地质预报,可及时掌握掌子面前方围岩情况,为施工提供开挖方式、支护参数等建议,有效避免了安全隐患,对施工起到了指导作用。但是由于物探人员在波形收集及分析方面经验不同而存在预报不准或偏差的现象也有发生,所以单一依靠超前地质预报手段不足以全部判定围岩状况,还要结合现场掌子面揭示围岩情况、监控量测情况综合考虑确定开挖、支护参数。

13.5.2 监控量测

(1)监控量测目的

为保证施工安全及结构的长期稳定性,在隧道施工过程中,用现场量测的数据对围岩支护体系的稳定状态进行判断,确认支护参数和施工方法的安全性,为初期支护和二次衬砌设计参数的调整提供依据,验证支护结构效果。

(2)监控量测项目

仓园隧道监控量测项日主要包括地表沉降量测、拱顶沉降量测和水平相对净空变化量测 。

监控点布设位置及间距要求:

①地表沉降观测点垂直路线前进方向布置,纵向间距 10m,横向间距 5m。

②拱顶沉降观测点埋设在拱顶,沿线路方向布置,间距 10m。

③净空收敛观测点埋设在拱腰和起拱线处,纵向间距 10m。

(3)观测仪器

地表沉降观测采用水准仪观测,拱顶下沉采用全站仪观测,净空收敛采用全站仪观测。

(4)监控量测的方法和实施

①水平净空收敛实测。根据设计要求随时掌握岩石的变化情况,测点安装靠近开挖面又不宜被破坏的地方,并且保证在开挖后 12h(最迟不超过 24h)内埋设,且在下一次循环开挖前量测到初次读数,初期观测为每天两次,之后根据围岩变化速率调整观测次数。监测点的钢筋根部深入岩石并灌入锚固剂固定,在钢筋外露部分焊接 5cm × 5cm 的钢板,然后在钢板上贴测量专用反光片。

量测方法:每个监测断面水平对应测点,第一次量测完成后,记录量测数据,然后交换全站仪镜面再次量测，两次量测结果误差在1.00mm内取平均数作为水平净空量测结果（图12-23）。

图13-23　隧道净空变化量测

②洞内拱顶沉降监测实测。首先在隧道的仰拱埋设水准点，按照《国家一、二等水准测量规范》（GB/T 12897—2006）联测水准点的绝对高程。拱顶监测点位置和埋设时间同水平收敛点相同，埋设方法同水平收敛点一样要把钢筋插入岩石锚固剂固定，在钢筋外露部分焊接5cm×5cm的钢板，然后在钢板上贴测量专用反光片。

量测方法：使用全站仪测量水准点到反光片的高差，正、倒镜测量3个测回，每个测回高差值比较不超过1.00mm，取平均数作为拱顶下沉量测数据结果。

③地表沉降观测。地表上沿隧道轴线布置的监测点与洞内拱顶沉降及水平收敛点布置在同一断面内，用现浇混凝土方式埋设。利用附近地表布设的水准观测点，用水准仪对地表沉降进行观测。

（5）量测数据的整理分析

现场量测数据及时整理，绘制量测数据与时间的关系曲线，并进行数据处理和回归分析。

以位移—时间曲线为基础，根据位移值、位移速率等分析、评定围岩和支护的稳定性。判别初期支护的工作状态，支护特点并对初期支护进行安全评估。

当位移急剧增加，每天的相对净空变化超过1mm时，或位移—时间曲线出现反弯点时，应加强观测，通知现场施工密切注意支护结构的变化。

当地表沉降、水平净空收敛、拱顶下沉量达到预测最终值的90%以上，收敛速度小于0.1mm/d，拱顶下沉速率小于0.07mm/d·h，可认为围岩基本稳定进行下一道施工工序。

在同一断面上，当地表下沉量大而洞内拱顶和水平净空收敛值没有异常变化时，要进行现场观察和分析是否地表有局部滑坡并将数据和情况及时上报。

及时提交成果资料和上报监测数据，在观测期内，位移值超过设计值的20%及以上时，及时会同建设、勘察设计等单位查明原因，必要时进行地质复查，并根据实测结果调整计算参数，对设计预测位移进行修正或采取控制措施。

通过以上综合分析、评价及时修正设计、调整支护参数，对施工及时提供建议和措施。

13.5.3　施工步距

研究表明，隧道施工中及时封闭成环，缩短掌子面与二次衬砌，掌子面与仰拱间距对于保

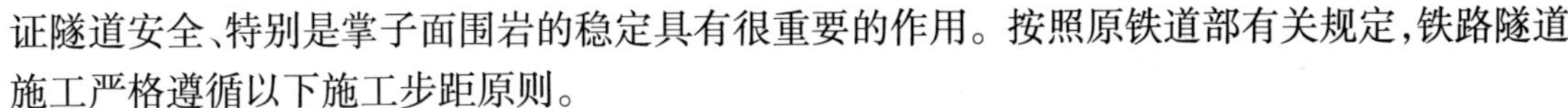

证隧道安全、特别是掌子面围岩的稳定具有很重要的作用。按照原铁道部有关规定，铁路隧道施工严格遵循以下施工步距原则。

(1)仰拱距离掌子面的距离要求：

①Ⅰ、Ⅱ、Ⅲ级围岩地段仰拱距离掌子面不宜大于90m。

②Ⅳ级围岩地段仰拱距离掌子面不宜大于50m。

③Ⅴ、Ⅵ围岩地段仰拱距离掌子面不宜大于40m。

(2)二次衬砌距离掌子面的距离要求：

①Ⅰ、Ⅱ级围岩地段二次衬砌距离掌子面不宜大于200m。

②Ⅲ级围岩地段二次衬砌距离掌子面不宜大于120m。

③Ⅳ及以上围岩地段二次衬砌距离掌子面不宜大于90m或设计规定。

(3)对于软弱围岩还要遵守以下规定：

①Ⅳ、Ⅴ、Ⅵ级围岩封闭位置距离掌子面不得大于35m。

②二次衬砌Ⅳ级围岩不得大于90m，Ⅴ、Ⅵ级围岩不得大于70m。

13.5.4 一管两包

兰渝铁路施工隧道比例高、施工风险大，为确保隧道施工安全持续稳定以及在出现紧急事件时抢险救援工作的顺利实施，兰渝公司要求参建单位在施工的隧道内设置应急"一管两包"，具体内容如下：

(1)救生应急管道。管道设置在隧道边墙脚以上1m处，采用直径不小于15cm、壁厚不小于8mm的钢管；管口距掌子面设置到下台阶处，另一端延伸至已施作衬砌段外不少于2m。应急管道内设置水管(饮用)、电话线、照明线等。应急管道需跟随掌子面不断延伸。

(2)掌子面附近设应急工具包。包内不少于以下应急工具：应急电筒(灯具)两只，活动扳手一把，钢锯一把，锤子一把，钢钎一把，有线电话机一部，哨子两个等。工具包用铁皮制作并上锁。

(3)掌子面附近设应急救生包。包内存放不少于以下应急物品：饮用水一箱(不少于20瓶)，军用压缩饼干一箱(不少于50块)，医用急救包一个(包括包扎纱布、消毒药水、常见外伤用药等)。应急食品、药品应定期更换。救生包用铁皮制作并上锁。

"一管两包"的实施，可以避免安全风险，对于塌方救援起到积极的作用。

13.5.5 两级管理

为了规范现场施工，杜绝外来人员进入施工现场，详细了解进洞人员及数量。隧道实行进场和进洞两级等级管理制度。

(1)进场管理。隧道作业范围内全封闭，只留一个大门，大门处设一值班室，配备值班人员两名24小时值守，对于进出场人员进行登记，防止与施工无关人员进入施工现场。

(2)进洞管理。在隧道洞口设立一值班房，配备两名值班人员24h值守，对于进洞人员工种、姓名、进出洞时间以及其他管理人员进出洞进行详细登记，确切掌握洞内作业人员、管理人员及其他人员情况。

两级管理制度的实施，可以有效化简施工管理风险，确保施工安全。

13.5.6 三员带班

为了保证隧道内施工安全、质量可控，仓园隧道洞内作业实行“三员带班制”。即每班作业实行领工员、安全员、技术员“三员”同时在施工现场带领工人作业。三员带班的好处是可以随时指导工人施工作业，及时发现安全隐患，及时排除或发出预警信号，确保作业过程规范、安全、可靠。

13.5.7 控制测量

(1)洞外控制测量

洞外控制测量采用 CPII GPS 测量方法，由项目精测队进行加密测量，在隧道进出口布设两个 GPS 控制加密点和两个二等水准点。

①洞外控制点布设位置及原则 。控制点布设在视野开阔、通视良好、土质坚实、不易破坏的地方。视线高离开旁遮障碍物 1m 以上，通过林地时，增加视线高度。用于向洞内传递方向的洞外联系边不短于 300m。

②洞外控制网精度设计。

a. 平面控制网精度设计。洞外控制网采用 CPII GPS 测量进行加密，按三等 GPS 精度施测，固定误差为 5mm，比例误差为 1ppm。要求最弱边边长相对中误差不大于 1/100 000，基线边方向中误差不大于 1.7″，基线长度小于 500m 时，边长中误差小于 5mm。

b. 高程控制网精度设计。高程控制网按二等水准测量精度施测，每公里水准测量的偶然中误差不大于 1.0mm，往返观测不符值或环闭合差不大于($4 \times L$)mm(L 为水准测量的环线或路线长度，单位为 km)。

(2)洞内控制测量

①导线点布设在施工干扰小、稳定可靠、便于设站的地方，点间视线旁离隧道内设施 0.2m 以上。

②隧道内导线布设成多边形闭合环，每个环由 4 ~ 6 条边构成。长隧道布设成交叉双导线形式，以增加网的内部检核条件、提高网的可靠性。

③隧道内导线随施工进度分期布设，建立新一期导线前，对原有控制点进行检测。

④洞内导线点以混凝土包埋钢桩，钢桩长度为 30 ~ 40cm 之间，并打入地面下 10cm，外露 1cm。埋设时四周用 30cm × 30cm 的木板支撑，以做到平整，上面加护盖，护盖背面写上导线点相对应的线路里程及点号。埋设点位距旁构筑物在 0.3m 以上。

(3)隧道内施工中线测设的原则

①采用导线测设中线点，一次测设不少于 3 个，并相互检核。

②采用独立中线测设中线点，直线上采用正倒镜法延伸直线；曲线上采用坐标法测设。

③衬砌用的临时中线点宜每 10m 加密 1 个点。直线上正倒镜压点或延伸；曲线上采用极坐标法测设。

④上下半断面施工时，上半断面每延伸 90 ~ 120m 时应与下半断面的中线点联测，检查校正上半断面中线。

⑤隧道内中线点应埋设混凝土桩，严禁包埋木板、铁板和在混凝土上钻眼。

(4)隧道内衬砌测量的原则

①立模前,利用隧道内控制点检查永久中线点或临时中线点位置及高程。检测与原测成果较差不大于5mm。

②检查合格后,在立模范围内放设不少于3个中线点及其横断面十字线方向,同时在断面上标定出拱架顶、起拱线和边墙底的高程位置。

(5)隧道贯通测量误差测量及调整

①实际贯通误差测量。

a. 在贯通面中线附近设一临时点,由两端导线分别测量该点坐标,坐标较差分别投影至线路中线及其垂直方向上,即为纵向和横向贯通误差。同时测量该点的水平角,求得方向贯通误差。仓园隧道实际平面贯通误差为5mm。

b. 由两端高程点分别测量贯通面处临时点的高程,其高程差即为高程贯通误差。仓园隧道高程贯通误差为10mm。

②平面贯通误差调整。

因为贯通误差≤50mm时,在保证隧道建筑界限要求的条件下,不需要调整。固本项目平面贯通误差不做调整。

③高程贯通误差调整。

a. 由两端测得的贯通点高程,取两贯通高程的平均值作为调整后的贯通点高程。

b. 高程贯通误差调整可按贯通误差的一半,分别在两端未衬砌地段,以未衬砌段的线路长度按比例调整其范围内各水准点高程。

c. 未衬砌段高程放样依据调整后的水准点高程进行。

仓园隧道从开工到贯通,历时30个月,顺利通过了全国第二大泥石流沟。施工过程中采用了三台阶七步开挖法、大拱脚法以及临时仰拱法,保证了隧道开挖的安全。通过采取地表帷幕注浆、洞内管棚、超前小导管等措施,使隧道安全、顺利地通过甘家沟泥石流沟。通过该项目实施,总结出了一套隧道通过浅埋、泥石流沟的施工方法,对于今后类似工程积累经验,提供了一定的参考依据。

参考文献

[1] 申灵君.软弱地层大断面隧道施工方案优化与施工技术研究[D].长沙:中南大学,2012.

[2] 焦国良.天津地铁大断面隧道施工技术与支护措施研究[D].成都:成都理工大学,2012.

[3] 陈永照.高速铁路隧道仰拱衬砌结构力学特性及快速施工技术研究[D].北京:中国铁道科学研究院,2012.

[4] 田卫明.隧道施工安全风险与现场管理研究[D].重庆:重庆交通大学,2012.

[5] 徐世康.浅埋偏压破碎围岩隧道施工技术研究[D].西安:长安大学,2012.

[6] 姚海波.大断面隧道浅埋暗挖法下穿既有地铁构筑物施工技术研究[D].北京:北京交通大学,2005.

[7] 汪德志.复杂地质环境下隧道施工技术[D].成都:西南交通大学,2011.

[8] 刘进军.高速铁路长大隧道施工机械配套技术研究[D].成都:西南交通大学,2012.

[9] 刘春阳.高原特长隧道安全快速施工技术研究[D].北京:北京交通大学,2012.

[10] 王文权.大跨软岩地铁隧道施工方法研究[D].成都:西南交通大学,2002.

[11] 时亚昕.隧道仰拱快速施工技术的现场试验研究[D].成都:西南交通大学,2004.

[12] 龚伦.山岭隧道信息化施工技术研究[D].成都:西南交通大学,2004.

[13] 曲桂有.渝怀铁路黄草隧道信息化施工技术研究[D].成都:西南交通大学,2004.

[14] 周建富.软弱围岩隧道施工技术[D].成都:西南交通大学,2005.

[15] 吴洪波.金洞隧道快速施工技术研究[D].天津:天津大学,2004.

[16] 傅鑫彬.浅埋软弱围岩大跨隧道的施工技术研究[D].成都:西南交通大学,2006.

[17] 杨仲杰.地铁隧道大跨断面施工技术[D].成都:西南交通大学,2005.

[18] 陈万忠.秦岭终南山特长铁路隧道施工技术研究[D].成都:西南交通大学,2006.

[19] 李勇.冉家坝隧道防水混凝土施工技术优化研究[D].重庆:重庆大学,2006.

[20] 程曙光.偏压隧道施工及病害处治技术[D].上海:同济大学,2007.

[21] 代忠梅.大跨铁路隧道信息化施工技术研究[D].北京:北京交通大学,2006.

[22] 张小旺.浅埋隧道施工过程仿真分析[D].郑州:郑州大学,2007.

[23] 操太林.浅埋大跨软弱围岩连拱隧道——黄梅山隧道施工技术探讨[D].合肥:合肥工业大学,2003.

[24] 王岚.高等级铁路隧道施工及监控技术研究[D].长沙:湖南大学,2003.

[25] 史胜利.软基浅埋隧道施工技术研究[D].长沙:中南大学,2007.

[26] 徐代宏.浅埋偏压软弱围岩隧道施工技术[D].成都:西南交通大学,2007.

[27] 张金夫.东秦岭隧道快速施工技术[D].成都:西南交通大学,2007.

[28] 丁士忠.金寨特长隧道施工技术研究[D].上海:同济大学,2007.

[29] 郭松影.铁路山岭隧道施工安全风险预警系统研究[D].重庆:重庆交通大学,2008.
[30] 向俊宇.大跨度隧道监控量测及动态反馈信息化施工技术研究[D].长沙:中南大学,2008.
[31] 苏兴.浅埋大跨度双线铁路隧道施工技术及变形控制技术研究[D].成都:西南交通大学,2008.
[32] 桂铬.浅埋软弱围岩小净距隧道施工技术与受力特征研究[D].长沙:中南大学,2008.
[33] 杨林浩.古浪峡隧道施工关键技术研究[D].天津:天津大学,2008.
[34] 黄兴华.软弱围岩条件下的浅埋隧道施工研究[D].长沙:湖南大学,2009.
[35] 张学钢.白炭坞软岩铁路隧道施工技术研究[D].西安:长安大学,2008.
[36] 卓越,邹翀.高水压岩溶隧道施工防水处理技术[J].隧道建设,2006,02:33-37.
[37] 段锋.浅埋偏压隧道施工技术[J].中国建设信息,2006,13:55-58.
[38] 黄南清.浅埋软岩大跨度铁路隧道施工技术研究[J].施工技术,2006,11:75-77.
[39] 贺廷西,苏万军.石太铁路客运专线大断面黄土隧道施工技术[J].铁道标准设计,2007,04:21-24.
[40] 杨帆.隧道浅埋偏压段地表回填注浆及开挖支护施工技术[J].铁道标准设计,2007,05:74-77.
[41] 史胜利.软基浅埋隧道施工技术[J].长沙铁道学院学报(社会科学版),2007,01:209-210.
[42] 王晓霞,杨长城,李刚.不良地质隧道施工技术[J].山西建筑,2007,33:317-319.
[43] 韩玫.浅埋隧道施工技术浅议[J].北方交通,2007,12:79-81.
[44] 陈光华.偏压软岩隧道施工技术[J].铁路交通技术,2008,04:100-103.
[45] 江亦元,王星华.昆仑山隧道施工技术[J].中国铁道科学,2003,03:13-17.
[46] 陈志良.超浅埋暗挖隧道施工技术研究[J].铁道标准设计,2004,10:83-86.
[47] 罗琼.岩溶隧道施工技术[J].隧道建设,2004,05:57-60+81.
[48] 史振宇.包家山特长隧道富水千枚岩地段快速施工技术[J].隧道建设,2009,01:72-75.
[49] 温利强.软弱围岩大跨隧道施工技术[J].山西建筑,2009,13:298-299.
[50] 裴奇方.大断面隧道施工方法的探讨[J].科协论坛(下半月),2009,07:12-13.
[51] 王妍薇.隧道施工安全评价的改进层次分析法[J].中外铁路,2009,05:195-199.
[52] 陈超群,赵永明.铁路隧道施工安全控制措施和建议[J].铁道建筑技术,2009,12:70-73.
[53] 邵国明.隧道施工技术浅谈[J].科技创新导报,2009,34:83-84.
[54] 郑联伟,罗雪峰.软弱围岩隧道施工技术[J].中国水运(下半月),2010,01:172-173.
[55] 曹文权.铁路大跨度隧道施工技术[J].铁道建筑技术,2010,02:40-43.
[56] 王梦恕,谭忠盛.中国隧道及地下工程修建技术[J].中国工程科学,2010,12:4-10.
[57] 王勇.浅议复杂地质条件下铁路隧道施工技术[J].科技创业家,2013,04:27+30.
[58] 张拉柱.高速铁路隧道施工技术的研究[J].中国高新技术企业,2013,19:111-112.
[59] 汪国庆.浅谈高速铁路隧道施工过程中的监理要点[J].低碳世界,2013,07:184-185.

[60] 贺云仁. 不良地质条件下隧道施工技术[J]. 中国城市经济,2011,11:224 +226.
[61] 郝猛,杨海生. 特长隧道施工技术难点及解决措施[J]. 交通标准化,2011,19:115-118.
[62] 叶飞,姜同虎,张金龙,等. 山岭铁路隧道施工技术综合分析[J]. 筑路机械与施工机械化,2011,10:22-29 +55.
[63] 贾红飞. 钻眼爆破施工技术在隧道施工中的应用[J]. 山西建筑,2011,36:157-159.
[64] 张俊波. 铁路隧道施工技术研究[J]. 黑龙江交通科技,2012,01:75-76.
[65] 赵艳峰. 隧道施工技术及质量控制[J]. 内蒙古铁路与运输,2012,01:59-60.
[66] 田富强. 关于铁路的隧道施工技术研究[J]. 科技资讯,2012,10:34 +36.
[67] 赵艳峰. 软弱围岩隧道施工技术探析[J]. 黑龙江交通科技,2012,03:76.
[68] 邵大鹏,李廷春. 浅埋偏压软岩隧道施工技术研究[J]. 铁道建筑技术,2012,08:41-43 +93.
[69] 常翔,张献伟. 客运专线隧道施工技术浅析[A]. 中国土木工程学会隧道与地下工程分会、中国岩石力学与工程学会岩石破碎专业委员会. 隧道、地下工程及岩石破碎理论与应用——隧道、地下工程及岩石破碎学术研讨会论文集[C]. 北京:中国土木工程学会隧道与地下工程分会、中国岩石力学与工程学会岩石破碎专业委员会,2007:8.
[70] 户晓亮. 关于软弱围岩隧道施工技术的探讨[J]. 科技与企业,2013,02:167.
[71] 中铁一局集团有限公司. 铁路隧道工程施工技术指南(TZ 204—2008),北京:中国铁道出版社,2009.